U0505650

国家社科基金
GUOJIA SHEKE JIJIN HOUQI ZIZHU XIANGMU
后期资助项目

流通服务业高质量发展的路径选择与政策体系构建

Path Selection and Policy System Construction of
High Quality Development of Circulation Service Industry

李　丽　著

中国财经出版传媒集团

经济科学出版社
Economic Science Press

国家社科基金后期资助项目
出版说明

    后期资助项目是国家社科基金设立的一类重要项目，旨在鼓励广大社科研究者潜心治学，支持基础研究多出优秀成果。它是经过严格评审，从接近完成的科研成果中遴选立项的。为扩大后期资助项目的影响，更好地推动学术发展，促进成果转化，全国哲学社会科学工作办公室按照"统一设计、统一标识、统一版式、形成系列"的总体要求，组织出版国家社科基金后期资助项目成果。

全国哲学社会科学工作办公室

前　　言

　　党的十九大报告明确指出我国经济已转向高质量发展阶段，正处在转换增长动力的攻关期。坚持质量第一和效益优先显得尤为重要。党中央和国务院一直都高度重视流通服务业的发展，十八届三中全会提出"推进国内贸易流通体制改革，建设法治化营商环境"，十八届五中全会提出"要促进流通中的信息化、标准化和集约化"，为流通服务业的改革和创新发展指明了前进的方向。

　　在我国经济下行趋势增强的情况下，消费拉动经济增长的基础性作用提高，"一带一路""互联网＋""中国制造2025"、供给侧结构性改革等新理念、新思路和相关配套政策密集出台，对流通服务业发展提出了更高的要求。发挥流通产业的桥梁作用，提高流通服务业供给水平，推动以需定产和供需匹配，高效完善消费结构升级，发挥新型消费引领作用，推进孕育新供给新动力，协助供给侧结构性改革，通过服务稳住增长大局。当前，我国经济正处于新旧动能接续、转换的关键时期，创新是推进新旧动能转换的核心，流通服务业曾经依靠资源投入的要素驱动方式已经无法继续推动其稳定发展；而依赖技术进步的创新驱动方式仍处于初步发展阶段，与之配套的政策、制度也有较多疏漏，不能推动流通服务业稳定发展，流通服务业发展动力的转换不可能一步到位。由于流通服务业涵盖的行业门类较多，加上我国流通服务业政策数量的增加和政策范围的不断扩大，其政策制定呈现出高复杂性的特点，需要更加严格的监管，对制度环境的要求也比其他行业高，需要交易双方具有较高的契约精神。流通服务业的这种复杂性，决定了单一的政策措施可能不利于流通服务业的发展，此外，我国政府部门多且杂，在政策制定时可能存在重叠甚至冲突，或者政策执行中存在拖延等问题，政策制定过程中的这些问题利用协同机制可以得到有效解决，多种宏观调控工具的协同与组合，可以比单一政策措施更优地实现既定政策目标，只有增加部门间和措施间协同，打破现有的政策领域边界，扩大单个部门的职责范围，才能更好地实现既定政策目标。目前，学界对于我国流通服务业政策的研究多偏重于分析我国现有流通服务业政策的不足和实施困境，并提出解决方案，而对于我国流通服务业政策的协同问题关注不多，尤其是流通服务业政策对流通服务业降成本、提质量和增效率的有效性的研究明显不足，特别是面对复杂多变的国内国际经济形势，如何增强流通服务业政策措施间的协同效应，减少不同流通服务业政策措施间的相互掣肘，从而对流通服务业高质量发展起到有效的推动作用。在此背景下，解析创新驱动推动流通服务业高质量发展的作用方式，明确各地区创新驱动的发展现状，探究创新驱动流通服务业高质量发展的实现路径，构建流通服务业高质量发展的政策体系，加强政策协同，对于实现流通服务业高质量发展具有重要的理论和现实意义。

本书的主要思路是以高质量发展为理念，探寻各区域流通服务业发展的内在实现路径，构建流通服务业高质量发展的政策体系支持流通服务业高质量发展的实现路径，以期对政府政策的制定、企业改革的方向等提供针对性意见，为流通服务业高质量发展政策的制定和高质量发展战略的实施提供决策参考。

本书主要具有以下两大特点。

（1）学术观点创新。一是认为创新是驱动流通服务业高质量发展的第一动力。在流通服务业实现高质量发展的进程中，最开始都是从要素驱动开始的，有的区域由于具有制度优势，如果能够实现技术突破，更加注重技术平台开发和加强公共设施建设，为发展高技术、高管理和高知识的流通企业提供适宜的土壤，由制度依赖转向技术依赖，通过技术创新最终实现创新驱动。有的区域由于具有技术优势，如果能够营造适宜的制度环境，由技术优势的内驱力通过制度的外在驱动最终实现创新驱动。二是认为政策协同是推动流通服务业高质量发展的实现手段。流通服务业发展的多领域性和复杂性，决定了流通服务业发展政策超越了现有的政策领域边界和单个部门的职责范围。这就要求政府通过政策协同，将不同的流通服务业发展政策措施协同起来，推动流通服务业发展。

（2）集成计量方法创新。建立一个"新发展理念—创新驱动—政策协同—推动流通服务业高质量发展"逻辑分析框架，实证测量"创新驱动效应—政策协同度—高质量发展"之间的相关关系，在研究方法上实现创新和突破。在研究过程中，采用编码分析法和统计分析法将发展政策的内容编码后将其量化，构建协同度模型测算政策措施协同度，对流通服务业政策进行量化研究；借助双变量门槛（也称门限）模型，测算全国各区域创新驱动效应，分析创新驱动和制度质量对流通服务业高质量发展的作用，探寻流通服务业高质量发展的可行路径；构建多元回归计量分析模型，运用 Stata 软件分析流通服务业发展政策措施协同对流通服务业发展的有效性，以期为构建流通服务业高质量发展的政策体系提供依据。

通过研究主要得出以下结论。

（1）在新发展理念下，创新驱动对我国流通服务业高质量发展存在明显的门槛效应。创新驱动水平相对低下时，流通服务业增长中的创新驱动效应并不很显著。但如果能够实现技术突破，进而由制度依赖转向技术依赖，通过技术创新最终实现创新驱动。技术创新与制度质量创新是流通服务业高质量发展的两大关键因素。其中，技术创新是内生动力，制度质量创新是外部诱因，制度质量创新往往滞后于技术创新。

（2）我国流通服务业发展中的创新驱动效应具有时空特征。以东部沿海地区为集聚中心，在时间维度上，持续增长，且在流通服务业发展的不同阶段表现出不同的特征；在空间维度上，则呈现出沿着由东南向西北方向扩散的"蔓延式"发展格局。创新驱动对流通服务业发展存在明显的区域差异。创新推动流通服务业发展的驱动作用在东部、中部东北部和西部地区分别表现为加速效应、收敛效应和分化效应。

（3）流通服务业高质量发展动力从要素驱动转换为创新驱动的内在路径大致分三步走。第一步，从"要素驱动型"转变为"制度依赖型"或"技术依赖型"，这一步创新驱动对流通服务业高质量发展的作用表现为分化效应；第二步，从"制度依赖型"转变为"技术依赖型"，这一步并非流通服务业高质量发展动力转换的必经阶段，但在流通服务业发展的过程中客观存在，该过程中创新驱动效应对流通服务业发展的作用表现为收敛效应；第三步，从"制度依赖型"或"技术依赖型"转变为"创新驱动型"。

当然，本书也存在一些不足之处，主要表现在流通服务业的范围界定不能涵盖新型业态，受数据收集限制，本书仅分析了批发和零售业，住宿和餐饮业，交通运输、仓储和邮政业等行业的数据，但快递业、物流业的数据在统计年鉴中没有专门统计，并且不易收集，使得流通服务业的数据分析不够全面。

一直以来，笔者都对区域经济和流通充满了浓厚的兴趣，始终致力于对区域经济和流通的理论及前沿问题进行学习与研究，在此之前，笔者已出版了《区域产业转移进程中的低碳物流与金融支持研究》《京津冀流通业与区域经济协同发展研究》《中国农产品流通体系研究——以京津冀为例》，以上研究都是围绕着区域经济和流通展开的。

本书的顺利出版，不仅得益于"科技创新服务能力建设—高精尖学科建设—应用经济学"项目和国家社科基金后期资助项目"流通服务业高质量发展的路径选择与政策体系构建"（编号19FJYB041）的资助，也得益于北京工商大学科技处和经济学院的大力支持。北京工商大学经济学院晁文博、刘迪、赵博文、陈佳波、王微微和李尚容等研究生对本书的编写也付出了很多的心血，在数据收集、文献整理、实证研究等方面做了大量的基础工作。经济科学出版社刘丽女士为本书的出版也付出了辛勤的劳动。在此，我们对所有为本书的出版付出心血的领导、同仁和学生们表示衷心的感谢。

由于水平有限，且区域经济和流通发展涉及的内容广泛，每个问题的形成都有着深刻的经济、社会背景，需要进行综合性研究，本书的不足和缺憾在所难免，区域经济和流通的发展也会产生新现象、新问题，这些都有待在后续的研究中继续探索、充实和完善。希望本书能够给广大读者有所启迪和帮助，也恳请读者对本书的不当之处予以批评和指正。

李　丽

2021 年 9 月 1 日

目　　录

第1篇　基础研究篇——流通服务业高质量发展的理论基础、国内发展现状及国外经验借鉴

第1章　导论 ……………………………………………………… 3

1.1　研究背景及意义 ……………………………………… 3

1.2　研究现状 ……………………………………………… 7

1.3　研究内容和研究思路 ……………………………… 34

1.4　研究方法 …………………………………………… 38

1.5　创新之处 …………………………………………… 39

第2章　基本概念界定与相关基础理论 ……………………… 41

2.1　基本概念 …………………………………………… 41

2.2　基础理论 …………………………………………… 48

2.3　关于流通服务业的范围界定 ……………………… 55

第3章　国内流通服务业发展现状及国外经验借鉴 ………… 56

3.1　我国流通服务业发展的现状分析 ………………… 56

3.2　美国流通服务业发展的经验借鉴 ………………… 63

3.3　日本流通服务业发展的经验借鉴 ………………… 65

3.4　伦敦流通服务业发展的经验借鉴 ………………… 70

3.5　典型国家和地区流通服务业发展趋势 …………… 71

3.6　国外流通服务业发展经验对我国的启示 ………… 74

3.7　本章小结 …………………………………………… 76

第2篇　路径选择研究篇——创新驱动流通服务业高质量发展的内在路径分析

第4章　创新驱动流通服务业高质量发展的门槛效应分析 ……… 81

4.1　创新驱动流通服务业高质量发展的动力转换机制分析 ……… 81

4.2 各区域创新驱动效应的测算 ···································· 89

4.3 创新驱动流通服务业高质量发展门槛效应的

实证分析 ··· 96

4.4 本章小结 ·· 113

第5章 流通服务业高质量发展的路径选择 ················· 115

5.1 流通服务业高质量发展的四种模式 ···················· 115

5.2 流通服务业高质量发展的路径分析 ···················· 117

5.3 本章小结 ··· 118

第3篇　政策协同研究篇——流通服务业发展政策的协同性与协同有效性分析

第6章 国内外流通服务业发展政策的演变分析 ········· 123

6.1 国外流通服务业发展政策的演变分析 ················· 123

6.2 我国流通服务业发展政策的演变分析 ················· 127

6.3 国外流通服务业发展政策对中国的启示 ·············· 136

6.4 本章小结 ··· 137

第7章 我国流通服务业发展政策协同性与协同有效性分析 ····· 139

7.1 我国流通服务业发展政策的量化 ······················ 139

7.2 流通服务业发展政策的协同性与协同有效性分析 ········ 145

7.3 批发和零售业政策协同性与有效性分析 ·············· 156

7.4 住宿和餐饮业发展政策协同性与有效性分析 ········· 168

7.5 交通运输、仓储和邮政业发展政策协同性

与有效性分析 ··· 178

7.6 本章小结 ··· 187

第4篇　典型案例分析篇——京津冀农产品流通效率及政策协同性分析

第8章 京津冀农产品流通效率评价 ······················· 193

8.1 数据包络分析 ··· 193

8.2 指标选择与数据来源 ······································ 196

8.3 京津冀农产品流通效率实证分析 ······················ 197

8.4　影响京津冀及河北农产品流通运行效率的因素分析 …… 202

8.5　京津冀农产品批发商技术效率及影响因素分析 ……… 209

8.6　本章小结 …………………………………………… 219

第9章　京津冀农产品流通发展政策的协同性与

协同有效性分析 ………………………………… 221

9.1　农产品流通发展政策的协同性分析 ……………… 221

9.2　京津冀农产品流通发展政策措施协同的有效性分析 …… 230

9.3　京津冀农产品流通效率提升的政策支持 ………… 234

9.4　本章小结 …………………………………………… 237

第5篇　政策体系构建篇——流通服务业 高质量发展的政策设计

第10章　流通服务业高质量发展的政策体系构建 …………… 241

10.1　基本构想 ………………………………………… 241

10.2　流通服务业高质量发展的政策设计 …………… 242

10.3　流通服务业高质量发展政策体系实践的条件保障 …… 275

10.4　本章小结 ………………………………………… 286

第6篇　总　结　篇

第11章　研究结论与研究局限 ………………………………… 293

11.1　主要结论 ………………………………………… 293

11.2　研究局限 ………………………………………… 302

附录　京津冀农产品流通调查问卷 ………………………………… 304

参考文献 …………………………………………………………… 308

第1篇 基础研究篇——流通服务业 高质量发展的理论基础、 国内发展现状及国外 经验借鉴

引　　言

　　本篇是整个项目的研究基础，通过文献研究、比较研究等方法和手段，从理论研究、实践发展、国际比较三个方面对我国流通服务业的发展进行一个整体的摸底和定位，并以此作为后续研究的基础。首先，对流通服务业的相关理论研究状况进行了系统梳理，归纳总结了流通服务业高质量发展的国内外研究现状和相关理论，界定了高质量发展、政策协同、流通服务业等内涵，划定了流通服务业的研究范围。其次，对我国流通服务业的实践发展现状进行整体描述和分析。最后，将我国流通服务业发展状况与其他主要国家或地区进行对比分析带给我国流通服务业高质量的启示。

第1章 导　　论

1.1　研究背景及意义

1.1.1　研究背景

流通服务业发展对稳增长意义重大。随着新型城镇化飞速崛起，移动互联、大数据、云计算、物联网、人工智能、区块链等新兴技术井喷式发展，为流通产业发展丰富了内容、提高了上限。新时代流通服务业发展的核心是高质量发展，以网络经济为代表的新流通革命已经到来，以网络经济为核心的"互联网＋流通＋制造"的格局正在形成。如何打造"高质量流通"，推动"中国制造2025"战略目标的实现是当前流通研究的头等大事。

1. 新时代流通服务业成为国民经济的战略性支柱产业

"十三五"时期是流通发展的重要战略机遇期。我国流通服务业保持较快发展，2020年全年社会消费品零售总额391981亿元，比2019年下降3.9%，全国网上零售额突破11.76万亿元，比2019年增长了10.9%。零售业中的百货店、超市、专卖店的零售额比2019年都实现了不同程度的增长。内贸流通转型升级已有实质进展。流通中新的领域、模式、功能得到发展，社会化协作水平上升，市场对资源配置的决定性作用提高，供需实现有效对接，消费拉升经济增长的作用更加突出，新时代流通服务业成为国民经济的战略性支柱产业。

2. 新时代对流通服务业提出了高质量发展的要求

新时代对流通服务业提出了高质量发展的要求。由国家发展和改革委员会（以下简称发改委）牵头建立的服务业发展部际联席会议制度在2018年5月的会议中强调，提高服务业发展质量和水平，是保障和改善民生的重要手段，是建设现代化经济体系的重要支撑，对新旧动能转换、稳增长和稳就业的贡献显得日益重要，全力推动服务业在新时代实现新作为。

当前中国税制生成的流通主体小微化、中国城镇规划生成的流通分散化，供给侧和需求侧之间的中间流通环节受到制约，阻塞了供给侧结构性改革的进程。为解决以上问题，探究流通服务业高质量发展是最好的切入点。

3. 新时代流通服务业呈现出新的发展趋势

"十三五"期间，新一轮科技革命和产业变革加速推进，新的流通革命蓄势待发，呈现出以下几大趋势。

一是线上线下从竞争走向竞合。从整体上看，电商和实体经济不是对立的，实体经济是电子商务的基础，两者须相互结合才能完全释放经济活力。"十三五"期间，随着"互联网＋"深入推进，平台经济、分享经济、协同经济、体验经济等新模式快速发展，流通信息化、标准化、集约化水平大幅提升，线上线下融合加速和法制化营商环境的基本建立，电商和实体经济将由竞争走向竞合，边界日渐模糊，形成和谐共赢的良好局面。

二是产业跨界融合发展。流通服务业与制造业、农业的融合更高效，连接生产、消费各个环节，提高供需两侧的对接效率和水平，进而推进供给侧结构性改革的作用强化。流通产业同金融产业的结合也更为完善，供应链金融得到蓬勃发展。流通自身的不同业态间跨界趋势日渐突出，单一购物功能的商业业态加速向集购物、餐饮、文化、娱乐等为一体的商业综合体业态转变。

三是消费结构加速升级。居民消费将从商品消费为主转为商品消费和服务消费并重。消费特点将从模仿式、排浪式消费转向个性化、多元化、定制化消费，从温饱型消费转向品质型消费。

四是流通智能化水平提升。当前以"互联网＋流通"创新为代表的流通创新方兴未艾，在向广度和深度不断向前发展的同时，催生了许多流通新业态、新组织、新渠道、新平台和新模式，不仅提升和改善了流通供给，而且扩大了消费需求，促进了国内市场的繁荣与发展，同时大大提升了流通企业的竞争力。创新成为流通发展的第一动力，智慧流通理论和实践不断进步，物联网、云计算、大数据、虚拟现实、人工智能和区块链等技术的广泛应用，智慧物流、智慧商店、智慧社区和智慧商圈等快速发展，使流通服务业由劳动密集型产业向资本、技术密集型产业转变。当前世界正在发生新一轮的以"网络交易与智慧物流"为核心的流通革命，流通服务业应该超越制造业、农业及其他产业，率先实现全面高质量发展。

研究流通服务业高质量发展正是最好的机遇。

4. 我国流通服务业发展面临新形势、新问题

一是重大突发公共卫生事件给流通服务业发展带来了新的挑战。进入21 世纪以来，国际社会及中国境内已发生了"非典""禽流感""埃博拉"等多起重大突发公共卫生事件。影响也迅速传导到流通领域，中断的交通和客流使得商贸业、住宿餐饮等行业几近瘫痪，大部分线下需求受到不利的影响导致客流量减少，营业额下降，甚至商家退出市场，部分流通服务业企业资金链断裂甚至破产。疫情后期可能会出现报复性消费，导致营业额短期内激增，也会有部分新商家进入市场。

二是流通服务业有效供给能力和水平不高。流通服务业规模大，但质量层次不够高。未来依靠"拿来主义"引进新技术的可能性将越来越小，不仅是核心技术，恐怕一般性的技术，从国外获得的可能性也越来越小、代价也将越来越大，但流通服务业的供给创新和研发能力还远远不够。

三是促进流通服务业高质量发展的政策支持体系尚不健全。"放管服"、市场体系、垄断和分割、监管体系等仍待改善。过去比较重视通过财政政策、货币政策等数量型政策，调控税收、公共支出和货币的供应量，以刺激流通服务业的增长。但这种增长是外生的并且易造成竞次效应。而人力资本政策、创新政策、结构升级政策等质量型的流通服务业发展政策关注短板，更注重于通过释放内生动力来推进流通服务业发展，刺激人民的创造力和原始本能，能够产生一个自发的良性循环。

四是人才尤其是结构性人才短缺问题凸显。现在的零售业与以往不同，遍地开花的便利店如何统一管理、采购，如何与广大消费者连接，如何精准地为每一个客户服务。在这方面的高层次人才是短缺的。现在人们的生活离不开物流，但通悉现代物流业务、了解国际惯例、操作经验丰富的高端物流人才紧缺的问题长期存在。

五是与流通服务业发展紧密关联的基础设施不完善。上海、北京可能问题不大，但是三四线城市特别是边远乡镇和农村，基础设施还不足，即使网购也是需要物流配送的。

5. 政府部门越来越重视流通服务业的发展

近年来，随着商品生产和交换的发展，作为先导产业的流通服务业在引导市场、决定生产、促进消费等方面发挥着积极的推动作用，在我国经济结构转型升级中也起到越来越重要的作用，流通产业早已成为第三产业的重要组成部门。新中国成立之初，商务部就明确指出要想转变中国经济

发展方式就必须搞活流通经济。"十三五"规划纲要中提出深化流通体制改革。国务院分别在 2012 年 8 月、2014 年 11 月和 2016 年 4 月出台了《关于深化流通体制改革加快流通产业发展的意见》《关于促进内贸流通健康发展的若干意见》《关于实施"互联网＋流通"行动计划的 12 项举措》，从中可以看出政府部门对流通服务业的重视，这些政策为我国流通提出了发展任务和发展方向，对我国流通服务业的发展起到了重要作用。学术界对流通的定位也发生了根本性变化，过去的"流通无用论"已经销声匿迹，目前市场经济体制下主流学界都转变为"流通支柱论""流通先导论"的支持者。因此，如何制定高效合理的政策来为流通服务业的发展提供引导和保障，已经成为我国流通理论界面临的重大课题，也是我国政府面临的一项艰巨任务。

1.1.2　研究意义

探寻流通服务业高质量的发展路径和构建高质量发展的政策体系迫在眉睫。党的十九大报告中进一步指出："创新是引领发展的第一动力。"《国内贸易流通"十三五"发展规划》强调创新驱动。

1. 理论意义

我国学术界对政策协同的相关研究还处在初探阶段，特别是对流通服务业来讲，现有文献中只有少部分关于流通服务业相关政策方面的研究，流通服务业政策协同方面的相关研究几乎没有。学术界关于流通服务业政策的研究主要是围绕单个政策的实施，很少有涉及对政策措施协同的研究，对于流通服务业政策措施量化的研究更是很少，学术界还没有关于流通服务业发展政策措施协同量化的标准，研究方法也主要是主观、定性方法，从定量角度对政策协同进行的研究较少。对产业层面特别是流通服务业方面政策的研究比较缺乏，甚至没有对流通服务业政策协同方面的研究。因此，本书首先分析了我国流通服务业发展现状及流通服务业政策的历史演变，其次基于对 1998—2019 年我国流通服务业政策的收集、整理和量化，揭示了流通服务业部门协同的演变情况，最后建立了政策协同度测量模型，从措施协同和协同有效性两方面对批发和零售业，住宿和餐饮业，交通运输、仓储和邮政业三个行业进行了分析，揭示了我国二十多年间的政策效果。

2. 现实意义

本书通过对我国流通服务业政策的演变和措施协同的有效性分析，将为后续政府制定流通服务业的相关政策提供决策参考。流通服务业已经发展成为国民经济的先导产业、基础产业和支柱产业,其快速发展及对国民经济的作用离不开国家政策的支持。但是我国流通服务业目前流通组织结构层次还比较低,流通服务业增加值在国民经济中所占比例相对来说较小,尤其是在我国市场"扩内需保增长"的现实需要下,市场对流通服务业的需求不断多样化、多层次化,流通服务业急需进一步升级,进而充分发挥流通服务业调整国民经济结构、转变发展方式等方面的作用,才能促使我国经济健康、快速地发展。因此,本书对我国流通服务业政策梳理、部门协同和措施协同情况的探讨,可以为政府制定流通服务业政策提供理论依据和决策参考。

流通服务业发展政策体系的构建对流通服务业高质量发展的意义重大。2018年服务业发展部际联席会议提出要清理那些过时的服务业相关政策,加强服务业相关政策的储备。我国当前的供给侧结构性改革影响重大、意义深远,其顺利推进需要紧紧牵住"政策"这个牛鼻子,以提高政策的质量为抓手、以增强政策的有效性为突破口,大力推进供给侧结构性改革。本书整理了从1980年至今包含全国人大、国务院、发改委、商务部和财政部以及地方政府等多个部门独立或联合制定的流通服务业政策共4485条。其中,中央政府88条、各部委1004条,地方政府3393条。这些政策的有效性需要研究,特别是我国流通服务业在不同子行业、不同区域的发展存在不均衡情况,需要政府在制定流通服务业政策时不能一视同仁,应针对不同子行业、不同区域的发展需求来制定相应的结构性政策,这就要求我国政府在政策制定过程中有必要将不同的政策措施协同和组合起来,增强政策的协同性和有效性,通过政策体系的构建和政策实施的协同性来推动流通服务业的高质量发展。

1.2 研 究 现 状

1.2.1 服务、服务业与服务业分类

1. 服务

服务的概念具有复杂性,且本身内涵广泛,学科或行业背景不同的学者,对服务的解释和理解存在着较大的差异。因此在学术界目前还没有关

于服务的统一的定义。但是不管怎么定义，基本上都认为服务是无形的，非实物的。吴建华（1995）认为服务的目的是满足需求，商品是服务的载体，服务作为劳动伴随商品售出。产品能够通过服务实现价值增值，企业提供服务也就是在向社会提供服务这种商品，同样能够得到利润。张程（2005）认为服务是非生产性的。近代以来，西方经济学家才把服务和有形的商品放在一起研究和讨论，从而将服务视为企业提供的一种产品。现代经济学家对于服务的研究越来越深入，认为服务本身就是一种商品，即认同了服务商品的说法。孟旭和张树青（2009）认为，服务是一种结构系统，它涉及环境、人力、物力这三个要素，服务本身能够被消费者购买，消费者购买服务的过程即消费者效用实现的过程。林红（2016）认为服务是一种为他人提供无实物形态的行为。

2. 服务业

服务业概念源于"第三产业"，理解服务业的概念的由来与"第三产业"概念密不可分。"第三产业"的概念首先由英国经济学家埃伦·费希尔（1935）提出，他在提出概念的基础上将这个概念用来作为产业结构划分的内容，即众所周知的三次产业分类法。"第三产业"主要是指旅游、教育、科学等和第一、第二产业对应的生产和提供无形产品的部门。服务业则是第三产业的一个重要的组成部分。克拉克（1957）在费希尔的基础上丰富了第三产业的内涵，他认为服务业不仅包括商业和金融业等，也包括个人生活服务，甚至律师事务和军队也属于服务业的概念。贺兴东（2013）则从内涵和外延两个角度来界定服务业，从内涵的角度来看服务业是提供服务产品的销售和生产的产业，从外延的角度来看服务业就是第三产业。

3. 服务业分类

（1）国外关于服务业的分类。

国际上有很多关于服务业分类的方法，但其中比较有代表性的有以下四种。

①卡托茨亚分类法，这种分类方法将服务业分成三个部分，分别为传统、新兴和补充服务业，该种分类方法的优点是肯定了新兴服务业的地位，缺点在于分类过于笼统和简单。

②辛格曼分类法，将服务业分为四类，分别为个人服务、流通服务、生产者服务和社会服务，这种分类方法的优点在于它体现了服务业的内部结构并能反映出它们的变化（Singelmann，1978）。

③联合国标准产业分类法（1990 年版），这种分类方法是最细的一种分类，它将服务业分为旅游业、国防和房地产等十一个大类。

④北美产业分类体系（1997 年），顾名思义，这是由北美的三个国家共同制定的一种分类方法。这种分类方法在学界最新的研究成果的基础上，将生产技术作为重点衡量的指标对服务业进行分类，并重新调整了产业结构的内容，其调整内容主要体现在：在制造业中增加信息产业的硬件部门；设立了"信息业"以及将原来的服务业进行细分。

（2）国内关于服务业分类的方法。

李江帆（1990）从服务产品特征的角度将服务业分为精神型服务产品和非精神型服务产品，其中精神型服务产品主要包括文艺和科研等，非精神型服务产品主要包括交通和商业等。陈卓咏（2008）将经济发展的特点视作分类的主要原则，考虑到分类的实际意义，并将服务业的独立主体放在核心地位，把服务业分类与统计年鉴相对应，提出了四级分类的方法。方远平和阎小培等（2008）在其他学者关于服务业的分类观点基础上，重点参照了辛格曼分类法，在国内创造性地将服务业分为生产性、分配性、消费性和社会性服务业。

目前还没有一个在国内外被学者公认的关于服务业的分类方法。首先与他们研究的角度有关，其次与服务业的快速发展有关，当今经济的快速发展，新的服务行业日新月异，对于新出现的服务行业划分的差异就产生了不同的服务业分类，但是总体而言，国内外的分类主要是从服务的功能和性质的角度来划分的，这是它们的共同点。从另一个角度来说，服务业的分类只有根据经济的发展作出动态的调整才是符合科学的分类，一成不变的分类，很可能会因不断出现的新兴服务业而失去存在价值。

1.2.2 流通服务业的分类

世界各国对于流通服务业的范围存在相异的理解和规定。在国家经济体系中流通服务业所关联的行业十分广泛，产业间的融合与各产业的飞速发展，使流通服务业的边界愈加模糊从而不易于划分。

由于西方主流经济学不重视分工及交换，在国外文献中很少见到对应国内学者研究的"流通产业（或流通服务业、流通业）"的关键词。

纵观国外文献，发现西方学者提出的"生产性服务业"（producer services）、"分销服务"（distribution services）与国内学者所说的"流通"（distribution 或 circulation）概念相近。

流通产业就是"商品交换发达形式"的产业载体，即流通产业应该是以发达的形式完成商品交换的产业。① 在马克思看来，流通产业的质的规定性主要体现在：一是流通产业主要进行商品交换行为，但并不是全部的交换行为皆由流通产业完成；二是流通产业是单独行业，是由单独经济主体运行的，其介于商品的生产者和消费者之间；三是流通产业是"特殊投资业"，和独立的货币投资密切关联。

关于物流和流通，1989 年美国物流协会给出了统一的定义，即在遵循消费者意愿的前提下，将完成品、原材料、半制品从生产地到消费地之间的转运和控制。辛格曼（1978）则对流通服务业从服务的视角来定义，认为流通服务业类似于批发和零售业（不包括餐饮业）、交通运输和仓储业及其他销售服务业。

江尻弘（1992）指出流通服务业范围包括生产者、批发商、零售商、物流业者、金融保险业者、各种服务业者，集体企业和政府机关及消费者。

西村（Nishimura，1993）使用产业关联表对日美流通服务业对比，认为流通服务业包括运输业、零售业和批发业等相关行业。

日本统计审议会流通统计部对流通产业的定义分为广义与狭义，广义流通服务业包括流通专门产业、流通关联产业和流通周边产业。流通专门产业分为商品交换流通产业（批发业和零售业）和物质流通产业；流通关联产业分为金融流通产业和信息流通产业；流通周边产业指服务流通产业，狭义的流通产业指商品交换流通产业（批发业和零售业）。经济合作与发展组织（OECD，1997）指出流通产业主要包括批发业及零售业，零售业与消费者对接，批发业作为中间产业位于生产者和零售商之间。麦卡锡（Mccarthy，1999）将流通分为微观和宏观，微观流通指利用对消费者行为的预测和满足进程的管控，为达成组织目的而实行的各类行为；宏观流通指为实现社会目的，将供应商与消费者高效地连接起来，推动商品从生产者流向消费者的社会经济过程。日本学者田岛义博（1999）认为执行流通职能的机构分为生产者、使用者和流通机关，其中流通机关作为"产业"专门承担流通职能。菲利普·科特勒（Philip Kotler，2005）以市场营销的视角，将流通产业看作市场中介机构进行探究，认为机构包括零售商、批发商和实体分销组织，并对其定义、类型和作用进行了辨析。

---

① 马克思，恩格斯. 马克思恩格斯全集：第 2 卷［M］. 北京：人民出版社，1957.

　　国内学界对于流通服务业的划分仍未形成统一，主要原因是流通涉及的行业范围很广，较多行业都承担着些许的流通职能。根据从生产到消费的循环进程所决定的服务范围不同，一般可将流通服务业划分为广义流通服务业和狭义流通服务业。持广义流通观的学者普遍认为流通产业是指整个流通领域里所包含的产业部门。如林文益（1995）认为流通产业主要包括商业、物资贸易业、仓储业、邮电通讯业、金融业、保险业等。马龙龙（2010）认为流通产业不仅包括专门从事媒介商流的批发、零售贸易业，从事物流的运输、仓储业及综合物流服务业等，还应该涵盖为上述流通产业直接提供资金、设备、技术、信息、管理等支持性要素的供应链企业。孟子敏（2002）、贺爱忠（2004）均认为流通服务业包括商业、物流业、信息产业和金融产业。郭敬哲（2016）认为商贸流通服务业主要归属于第三产业之中，从社会化和专业化的视角来看，我国商贸流通服务业包含第一产业、第二产业的衍生产业及第三产业中专门从事采购、物流以及分销等活动的服务机构，这些产业和机构间存在关联，但也有差别。这类学者界定的流通产业不仅包含了传统意义上的流通核心部分，还将同时为流通及其他生产和生活产业服务的产业涵盖。与广义流通观相比，狭义流通观则以金永生（2003）为主要代表，他认为对于流通产业的定义，应以流通为出发点和基础。判断企业是否从属流通产业，首先判断是否专门性从事商品流通；其次分析是否专为商品流通服务。由此认为流通产业囊括两类部门：一是商业，主要包括批发业和零售业；二是专门为商业服务的行业，主要包括物质仓储业、运输业、包装业等。前者是流通产业的关键部分，后者是流通产业的延伸，两者一同构建了流通产业的体系。金永生对流通外延的评判准则获得了学者们的一致认定（宋则，2003；马龙龙，2005；程瑞芳，2004 等）。所以，许多学者都以狭义外延的界定方法为标准，将流通服务业的范围限定为批发贸易业、零售贸易业和仓储物流业。还有一些研究因为数据可得性的原因，所研究的流通服务业为统计意义上的流通服务业，如吕娟娟（2015）认为流通服务业范围包括批发零售业、住宿餐饮业等。赵霖和吴苏楠（2017）依据世界投入产出数据库（World Input – Output Database，WIOD）统计的行业口径认为商贸流通服务业包括：批发、零售服务业，住宿、餐饮服务业，租赁与商业服务业，交通运输、仓储及邮政服务业。此外，还有学者喻学德（2017）认为流通服务业是指商品交换和金融领域内的服务行业，包括生产性服务业、交换性服务业和金融性服务业。

迄今为止尚没有适用于世界各国的统一的流通服务业分类体系。国外学者关于生产性服务业和分销服务方面的划分类似于国内学者所说的"流通";国内学者主要从广义和狭义的角度对流通服务业进行了分类。伴随现代信息技术及管理方法的引进,传统的流通产业中已有大部分发展为知识密集、技术密集和拥有现代管理方法的流通产业。新兴流通服务业业态接连显现,流通服务业囊括的产业一直处于动态的变化过程中,导致旧的分类法无法反映流通服务业的发展状况。因此,必须吸纳与借鉴已有研究成果,科学划分流通服务业,流通服务业的分类只有通过不断修正,才能展现流通服务业真实的发展情况。

1.2.3 流通服务业地位和作用的研究

对于流通服务业地位的研究,一直是流通领域研究的热点问题。当前,国内学者在探究流通地位时,已将流通服务业纳入全部产业来分析。通过对流通服务业地位的研究,可以准确地把握流通服务业在我国国民经济发展中的作用,从而对流通服务业进行战略定位。找准流通服务业的定位,才能正确分析流通和生产的关系,进而对国家及各级政府制定流通产业的发展目标给予支撑。

因为新中国成立之初,国内一直奉行"无流通、轻流通"的经济发展模式,"流通无用论"成为社会主流观点。随着改革进行和经济发展,流通逐渐体现出其在经济活动各方面的重要性。孙治方(1979)对"无流通论"进行批判,明确指出流通在国民经济发展中的重大作用,社会主义计划经济的关键在流通过程。在1986年全国中青年流通经济理论讨论会上,与会代表就流通范畴提出了"一重、二重、三重、线性和立体"流通观的认识,并就流通的地位和作用进行了深入的讨论,提出了生产决定流通论、生产流通并重论和异位论、流通中心论和流通决定生产论等观点。杨昌俊(1987)提出了生产流通决定论与非决定论统一的观点,他分别从本体论、整体论、职能论等多角度展开分析,提出了社会主义商品经济条件下的生产和流通的职能性关系应该是"生产为基础,流通为中心"的相互结合的关系。杨承训(1988)提出了"生产流通相互决定论",认为生产和流通在社会中的重要性是相同的,互相作用及影响,无主次之分。王绍飞(1990)提出了资金决定生产,进而决定商品的流通。

对流通服务业地位和作用的研究主要包括以下内容。

一是基础性地位和作用。张得银、陈阿兴和丁宁(2014)站在使用价值的角度探究研析社会再生产的实质及社会经济运作的基本规律，指出流通在社会再生产中的基础性地位和流通保障社会经济顺畅运行的决定性作用。

二是先导性地位和作用。宋则（2003）、刘国光（2004）、高铁生（2007）、王先庆（2007）、赵娴（2007）等提出了"流通先导产业论"，流通产业在国民经济中发展为先导型产业，发挥着先导性作用。杨龙志（2013）运用时差相关、格兰杰因果关系检验、脉冲响应与方差分解等方法，研究发现流通产业在长期上具有领先国民经济的特征，具有一定的先导产业性质；在流通产业对其他产业的关联或带动作用上和流通产业增长对其他产业的冲击响应上，交通运输、仓储和邮政业都表现了广泛而显著的先导性，而批发和零售业的先导性则表现不太充分。王菊红和郝正亚（2014）指出流通服务业的先导作用日益凸显和发挥。潘涛（2015）和郝瑶（2015）通过流通服务业及细分行业异质性，指出流通服务业在我国经济中的先导性作用。丁俊发（2017）指出流通服务业作为国民经济运行的晴雨表和先导产业，是国民经济运行方方面面情况的反映。郑轶（2017）基于供给侧改革的背景下，指出流通服务业的供给侧改革有利于其继续发挥先导作用。姚瑶（2018）研究了供给侧改革与流通产业的相互促进作用，并确定流通在调节分配、引领生产和促进消费方面的作用有利于促进流通产业在去产能、去库存、补短板方面发挥着重要作用，指出流通产业的先导性作用。田翠（2018）指出流通服务业作为高行业渗透率和大覆盖范围的重点行业，其良好行业环境氛围的塑造和对消费与投资的巨大牵引效应使得该行业在产业经济领域发挥先导作用。

三是基础性和先导性作用。黄国雄（2005）和洪涛（2005）分别提出了流通不仅在国民经济中发挥着先导作用，而且流通产业是国民经济中重要的基础性产业的"流通基础产业论"。干笑宇和廖斌（2014）通过对产业关联度、产业中间投入率、产业中间需求率以及产业感应力系数、产业影响力系数、社会贡献度等指标的分析，揭示了商贸流通服务业的基础性和先导性的产业的属性和特征。王芳（2016）利用投入产出模型指出流通服务业基础性和先导性的特征。王智庆（2016）通过阐述流通服务业及其细分行业异质性的特性，指出我国商贸流通服务业在优化产业结构、扩大内需、促进消费和引导生产方面有十分明显的先导性和基础性作用。

四是其他地位和作用。黄鸥翔（2004）、冉净斐和文启湘（2005）、曹金栋和杨忠于（2005）等分别从流通产业竞争力、产业结构优化、国家安全和战略型产业标准等方面论述了流通产业是战略性产业的观点。贾志芳和王金曼（2013）指出现代流通产业作为我国国民经济的基础型、先导型以及战略型支柱产业持续进化，逐渐演化成社会主义市场经济发展中弱化需求约束、实现商品顺畅流通的载体。杨光（2014）认为我国国民经济中，流通产业是一项具有战略性和基础性的产业。朱斌、尹月和辛路（2016）指出流通服务业是在现代市场经济下标志着经济整体发展水平的一个先导性、基础性产业，是国民经济的重要支柱产业。

1.2.4　高质量发展的研究

1. 高质量发展的内涵

高质量发展的内涵尤为丰富，由于高质量发展是2018年国务院政府工作报告首次提出的新表述，时间尚短，相关研究并不多，且至今社会各界仍无法对其内涵给出各方都认同的统一定义。当前学术界主要从以下几个角度进行界定。

一是社会矛盾变化和新发展理念角度。赵昌文（2017）认为应坚持以人民为中心、以解决新时代我国社会主要矛盾、解决发展不平衡不充分问题以及满足人民日益增长的美好生活需要为根本标准，评判是否为高质量发展。从而有利于更好满足人民在经济、政治、文化、社会、生态等方面日益增长的需要。推进人的全面发展、社会全面进步的发展即是高质量发展。杨伟民（2018）认为从我国社会主要矛盾变化和新发展理念的视角，高质量发展是能较好地满足人民日益增长的美好生活需要的发展，拥有新发展理念的，是创新成为第一动力、协调成为内生特点、绿色成为普遍形态、开放成为必由之路、共享成为根本目的的发展。林兆木（2018）和任晓（2018）认为我国经济高质量发展是能够更好地满足人民日益增长的美好生活需要的发展，是体现创新、协调、绿色、开放、共享发展理念的发展。即从规模的"量"到结构的"质"，从"有没有"到"好不好"，完成传统经济向新经济的"两个转变"。张军扩（2018）认为经济高质量发展意味着未来不单要重视量与经济的增长，更要重视结构的优化、环境的保护、社会文明的提升及社会治理的完善等，更加强调经济、政治、社会、文化、生态五位一体的全面发展和进步。张涛（2020）认为高质量发展的内涵是动态变化的，随着经济社会发展水平的不断提高，其内涵也不断丰富，是可以满足人民日益增长的美好生活需要的发展。

二是宏中微观角度。刘迎秋（2018）从微观层面上认为高质量发展主要是指以产品和服务高质量为主导的生产发展，本质上是整个生产过程的高质量发展。胡敏（2018）认为高质量发展在中观层面上主要体现为区域经济发展的协同性和开放性等，宏观层面上主要体现为整体国民经济的发展质量和效率，衡量指标可以采用全要素生产率。赵大全（2018）认为高质量发展是一个宏观概念，包括以下几方面：它最基本的内涵是充分发展；新时代更加强调平衡发展；中华民族伟大复兴的使命要求其具有国际竞争力；社会主义本质决定其要有利于实现人的全面发展，并将经济高质量发展概括为"人尽其才、物尽其用、地尽其利"。吴金明（2018）从马克思劳动价值论的"二元价值构成"出发，构建"二维五元"价值构成分析模型，以此为基础提出高质量发展是基于新理念、新动力、新动能和软价值、软资源、软制造主导发展的路径和模式的总称。夏锦文等（2018）认为经济高质量发展涵盖供给、需求、配置、投入产出、收入分配、经济循环等多个层面，其核心要义是通过转变发展方式、优化经济结构、转换增长动力实现经济质量的提升和经济效益的提高。

三是供求和投入产出角度。李伟（2018）认为高质量发展即高质量的供给、需求、配置、投入产出、收入分配和经济循环。实现高质量的供给就是要提高商品和服务的供给质量，需要持续适应需求端消费升级趋势，提升供给端的产业素质、企业活力、产品与服务质量和水平。应以消费升级带领供给体系进化，破除资源由低效部门向高效部门配置的阻碍，提高资源配置效率，实行合理的初次分配和公平的再分配，主要缓解突出的不平衡，保证经济稳定健康可持续发展。王珺（2017）、蒲晓晔和亚尔科·菲德尔穆茨（Jarko Fidrmuc，2018）认为高质量发展不仅是指某一种产品或服务标准符合国际先进水平，而是整个供给体系都要有活力、有效益与有质量，即这个供给体系具有高收益的新兴产业成长快，低收益产业的资源向新兴产业的流动快，使新兴产业在国民经济的比重上升快的特点。陈昌兵（2018）认为高质量发展的内含广泛，但关键在于提升劳动生产率与全要素生产率。高培勇等（2020）认为高质量发展是一个总括性的理念，经济的高质量是社会高质量和治理高质量的输出。

四是问题角度。赵昌文（2017）就经济社会发展中凸显的不平衡、不充分问题，定义高质量发展。例如，城乡收入分配差距较大、风险过度积聚、环境污染严重、创新能力不足都不是高质量发展；促进共同富裕、防范化解风险、创新驱动和人与自然和谐共生才是高质量发展。任保平（2018）指出高质量发展主要体现为五大新发展理念，创新能够为高质量发展提供动力支持，协调发展能够解决高质量发展过程中出现的不平衡问题，绿色发展能够解决人与自然的和谐问题，共享发展能够实现公平正义。

综上所述，虽然关于高质量发展的内涵尚未有统一表述，但是学术界主要从社会矛盾变化和新发展理念角度、宏中微观角度、供求和投入产出角度以及存在的问题与问题解决的角度对其内涵进行界定。

2. 我国经济高质量发展问题研究

我国经济已由高速增长阶段转向高质量发展阶段，当前我国还未实现高质量发展。我国经济发展质量还存在以下几个方面问题。

一是传统制造业需要转型。张军扩（2018）认为传统制造业范围及体量更大，对满足人民群众需要及国家整体发展的影响更大，故传统制造业是新时期转向高质量发展的重要方面。我国制造业产品的质量档次、安全标准等不高。他认为要通过智能化、精细化、服务化、品牌化，促进传统产业转型升级，提高质量、效率和竞争力。余斌（2018）认为当前国内停滞在生产中低端产品为主的生产环节，供给体系无法完全满足消费者所需要的商品，以至于消费者进行海外采购。而这个问题十分复杂，包括消费环境、国内外定价、税收等问题。只有这些问题得到解决，才有可能说我们迈向高质量的发展阶段。

二是服务业质量层次有待提高。张军扩（2018）认为服务业与制造业相似，规模大不过质量层次亟待提高。以生活性服务业为例，服务质量、安全标准等方面良莠不齐，问题频出，使大量的消费需求转向国外，这对我国相关产业领域的国际形象产生不利影响。生产性服务业的情况也类似。金融保险服务、电信数据服务、会计审计服务等整体存在质量不高的问题，不仅限制了自身的发展，而且也制约了其他领域的转型升级。

三是生态环境质量问题突出。张军扩（2018）认为好的生态环境和居住环境，不只是幸福生活的根本需求，也是现代化的关键内涵。

四是科技创新能力不足。赵昌文（2017）认为目前我国实体经济高质量发展科技创新的支持不足，致使产能过剩和有效供给不足同时存在。受到高水平人才急缺、配置结构及人才培养机制不完善等问题的阻碍。刘迎秋（2018）认为我国技术创新处于"瓶颈期"，当前引进技术多于自我创新。

五是城乡建设质量需要提升。张军扩（2018）认为城乡建设是国家现代化的重要内容，十分影响人民群众生活质量。未来要提升建筑房屋的标准，关键对老旧小区实行整改，注重农村建设水平。

综上所述，目前我国经济发展质量仍然存在较大问题，主要表现为传统制造业发展落后、服务业质量层次不够高、生态环境问题突出、创新能力不足以及城乡建设质量较低等，若要实现经济高质量发展，这些问题必须得到良好解决。

1.2.5　我国流通服务业发展现状的研究

近年来，我国经济逐步由工业主导向服务业主导转变，由工业经济向服务经济迈进，服务业发展成为我国国民经济第一大产业和就业第一主体。我国流通服务业也得到飞速发展，流通服务业在我国国民经济和各行业的发展中的作用日益突出。但是我国流通服务业虽然总体规模不断扩大，但是流通成本高、环节多、运行效率低下，区域发展不平衡、整体竞争力不足和现代化水平不高，总体上，我国流通服务业发展与发达国家相比，仍然有很大差距。因此国内许多研究者通过研究流通服务业的发展现状，分析我国流通服务业发展中存在的问题，提出政策建议来促进我国流通服务业的发展，以促进生产和消费升级。本书主要从我国流通服务业整体发展状况、区域发展状况、竞争力、现代化及各方面的国际比较等方面总结对我国流通服务业的发展现状。

1. 流通服务业发展整体水平的研究

这方面研究的主要结论是流通服务业发展整体水平不高。

对于我国流通服务业发展研究，主要是围绕流通主体、模式、基础设施建设、信息化水平、组织化程度等方面展开的。周凌云、顾为东和张萍（2013）研究认为城乡流通市场繁荣，交易规模持续扩大；交通基础设施不断完善，流通能力不断提升；流通主体多元化，民营经济发展迅猛；流通模式创新发展，流通服务业态多样化。但同时也存在城乡流通二元分割，流通渠道衔接不畅；流通中间环节过多，流通成本居高不下；流通信息化水平较低，流通技术装备落后等问题。芮明杰等（2013）认为我国流通产业还存在产业集中度不高，流通企业规模偏小；以传统业态为主，流通企业盈利能力较弱；运行效率有所提高，但变动较大；溢出效应不强；先进技术应用情况与欧美等发达国家仍存在较大差距等问题。周丽群（2015）认为在经济发展新常态下，我国内贸流通呈现以下新特征：消费市场增长由高速转为中高速，流通企业原有发展模式难以为继，供需不足的矛盾并存，个性化、多样化、多层次消费渐成主流，信息、服务消费增长明显，大众消费稳步回升，绿色健康消费深入人心。刘涛（2016）指出我国"互联网＋流通产业"的创新活力旺盛，迅速向各个领域蔓延。传统流通产业发展遇到困境，开始主动变革和转型；流通服务业态出现分化，流通网络布局发生改变等。熊涓和左宇珊（2016）认为我国商贸流通服务业在竞争力上明显不如发达国家，我国专门从事商贸流通的企业整体规模较小，大型企业少之又少，在整体组织上缺乏有效监管。因此在管理过程中无法建立一个相对有效的市场体系。刘彬斌（2016）认为由于我国流通服务业以中小企业为主，很难单独负担新常态发展环境下的企业信息化建设，信息系统规划建设的能力不强，信息化水平不高。荆林波（2017）通过预判认为未来五年里，我国流通服务业将面临四个巨大的变革：社会消费品零售总额会不断创造新纪录；城镇化对流通空间布局的影响作用越来越大；电子商务提高流通效率；流通治理现代化问题日益紧迫。王晓东等（2020）研究发现就整体而言，我国流通服务业的效率对制造业的绩效发挥着正向的积极的作用。高爽（2020）研究发现我国流通服务业的发展水平和人口集聚的协调度较高，且区域存在明显差异，东部地区的协调度明显高于中西部地区。

对于国外流通服务业研究主要集中在农产品流通方面。如卿硕（2013）认为发达国家的农产品流通模式可归纳为美国的产地直销模式和日本的批发市场模式两种类型。张红程和韩红莲（2013）通过借鉴美日等发达国家先进的农产品流通体系发展经验，提出我国加大流通基础设施建设力度、培育农产品流通主体、建立现代化流通信息系统、推动市场管理规范化建设等建议。方琳娜等（2016）通过深入剖析日本路边站式"地产地销"流通方式发展背景、功能、类型，认为路边站在实现新鲜农产品与消费者的对接、增加就业与提高农民收入、推进农业产业化经营与激发农村经济活力、培育地方农产品品牌与保障农产品安全等方面发挥了重要作用。匡远配和詹祎蕊（2016）发现中美日在农产品流通主体、基础设施、流通渠道、交易方式与政府政策五个方面均存在较大差距。马欢欢（2017）通过借鉴东亚模式、西欧模式与北美模式的先进经验，提出必须要大力发展现代农产品批发市场，做好相关基础配套设施建设，制定完善的法律政策等措施，以促进我国农产品物流体系健康发展。还有一些学者从流通服务业整体发展角度进行对比分析。如张丽霞（2016）通过对美德日韩等发达国家发展经验和趋势的研究，得到几点启示：流通服务业与国家经济发展水平密切相关；商贸流通服务业战略需与经济发展阶段相协调；商贸流通服务业发展需要完善法律法规体系；商贸流通服务业发展要求建立综合协调机制。瞿淦（2018）从业态发展模式、空间扩张模式、物流运作模式、盈利模式等方面进行中外比较，认为我国流通企业存在规模差距悬殊、管理水平较为落后、经营理念需优化、品牌竞争力不足等问题。徐多和韩曙平（2020）指出美国整体流通组织化程度比较高，因此农产品的流通效率也比较高，且整个流通模式的各项功能都比较完善。

2. 各区域流通服务业发展的研究

这方面研究的主要结论是流通服务业发展区域不均衡。

资源禀赋、政策支撑和发展机制区域上失衡，致使流通服务业对宏观经济增长、消费扩大、区域经济发展、相关产业增长以及经济运行效率提高等方面的促进作用凸显区域差异性。国内学者通过建立各种指标体系和模型分析流通产业发展的区域差异。王春宇和仲深（2009）使用聚类分析法探究城市经济发展状况，进而将流通产业发展水平和城市经济发展水平进行协整检验，结果表明人均社会消费品零售额对人均 GDP 的影响有显著的区域差异特征。王德章和刘丽丽（2006）采用 2003 年的数据，对珠三角地区流通产业对 GDP 的贡献度进行实证测度，该贡献度为 32.7%，高于全国平均水平 7.9%。王德章和宋德军（2007）运用自回归分布滞后模型，利用 1990—2005 年的年度数据，研究发现流通产业对东中西部三大区域经济发展的贡献度呈现显著的差异性。赵锋（2013）设计了群 AHP - FA 测度方法，构建中国流通产业发展水平测度模型，采用 1997—2011 年的统计数据定量测算了中国 31 个省（自治区、直辖市）的流通产业发展综合指数，研究发现，中国省际流通产业发展水平的区域差异呈现平底 U 型特征。刘增佳（2013）研究发现 2005—2011 年我国流通产业发展的总体差异呈稳定下降趋势，西部地区内部的流通产业发展差异最大，其次是东部地区和中部地区。俞彤晖和郭守亭（2014）发现中国区域流通效率存在区域发展失衡形势，经济发展水平相对较高的东部地区流通效率高，经济发展水平相对较低的中西部省份流通效率低。赵锋（2014）认为我国省际流通产业发展差异先小后大，基本为平底 U 型特征。东中西部整体差异为长期上升态势，总体差异中区域内差异占较高比例。徐丽（2015）从流通规模、流通结构、流通设施以及流通效率四个角度对 2004—2013 年长江经济带流通服务业现状进行分析，研究发现长江经济带流通服务业区域差异较为明显。陈宇峰和章武滨（2015）运用超效率 DEA 模型测度了 1997—2010 年全国 29 个省份的流通效率和影响因素。发现东部地区商贸流通效率最高，中西部地区的效率较为低下且较接近。林翔和陈俊滨（2015）基于 2004—2013 年数据发现：东部地区各省份流通产业发展水平的绝对差异在逐渐扩大，相对差异先缩小再增大，而中西部地区流通产业发展水平的绝对差异和相对差异则是在保持平稳中出现下降；省域流通产业发展在空间分布上具有集聚特征，而且这种集聚程度在观察期内有所增强，且存在空间上的依赖性和异质性；经济发展水平、城镇化率和交通基础设施水平对流通产业发展具有明显促进作用，城镇化水平是最大驱动因素。崔时雨（2017）研究发现我国流通服务业现代化水平区域差异呈现明显东高西低的不均衡状态，省份之间的差异也较大。俞彤晖（2018）研究发现样本考察期内流通产业发展水平的地区差距呈现不断扩大态势，地区总体差距主要由地区间差距引致。各省份呈现显著的多极化分布特征，随着时间推移，极化现象逐渐消失。因此，东部地区应注重合理引导流通资源分配，通过跨区域合作增加高端流通资源积累。中部地区需着重引入东部先进技术，完善流通产业空间布局，提高区域流通效率。西部应实行适当倾斜的流通产业发展政策，出台专项扶持措施，改善当地流通基础设施建设水平。

总之，由于流通服务业区域不平衡发展对区域一体化、城乡一体化造成很大障碍。通过流通服务业高质量发展路径选择与政策体系构建的研究，对解决流通服务业区域发展失衡有重要现实意义。

3. 流通服务业竞争力的研究

这方面研究的主要结论是流通服务业竞争力有待增强。

对于竞争力的研究主是通过构建竞争力评价指标体系进行的，通过流通产业区域竞争力的评判和国际对照，便于正确分析各区域流通产业发展水平及其竞争力状况，以便有目的地实行措施增强流通产业区域竞争力，实现流通产业跨越式发展。

（1）有关竞争力指标体系的研究。洪涛和郑强（2002）推出了城市流通力的综合评价指标体系，包括政府支持指标和总量指标等六大一级指标体系以及 13 个二级指标。集中性指标体系将评价的核心问题聚焦在"竞争力"上。从流通产业和流通企业层面评价流通产业竞争力的指标有流通规模、流通结构、流通方式、流通效率等。《中国城市流通竞争力报告》（2012）包括了规模、结构、密度、设施、效率、贡献力、辐射力、成长力八大流通特征下的 41 个评价指标。

（2）国内流通服务业竞争力研究。张宝友和朱卫平（2013）研究发现物流标准化工作有力地促进了我国物流产业的发展，只是标准数量、标准委员会、标准研究经费和专利数量对我国物流产业国际竞争力的影响程度存在差异。刘根荣（2014）研究发现"十一五"期间多数东部省份的流通产业处于富有竞争力区间；多数中部省份处于中等竞争力区间；多数西部省份处于缺乏竞争力区间。郑书莉等（2014）认为区域流通产业竞争力是区域经济长期发展的结果，也要求各关联产业协同发展，交通运输仓储、商业服务、物流、金融、餐饮等行业均为相关或支持性产业。吕雅蘦（2016）按照流通产业潜在竞争力—现实竞争力—发展竞争力递进的逻辑顺序构建指标评价体系，运用因子分析法对中部地区流通产业竞争力作出评价并与东西部样本省份进行比较。张丽（2016）以中部地区省会城市为例，建立包括基础和潜在竞争力指标，通过产业规模等子指标构建了流通服务业竞争力评价指标体系。崔卫华和胡玉坤（2016）认为流通效率是提高中国农产品流通体系竞争力的最关键因素；流通现代化和流通环境的影响力次之；而流通规模对中国农产品流通体系竞争力产生较低的负面影响。2005—2014 年中国省际农产品流通体系竞争力水平差距较大，但存在明显收敛趋势，较大的省际差距主要来自东部地区内部和地区间。祝合良和叶萌（2017）研究发现我国流通服务业标准化水平与国际竞争力之间存在长期而稳定的均衡关系和一定的因果关系，提高标准化水平和完善我国商贸流通服务业标准体系建设，大力实施标准化战略。肖湘和陈潇潇（2020）研究发现标准化能够提升商贸流通业的国际竞争力。

（3）国内外流通服务业竞争力对比。吴敬琏（2003）指出与发达的市场经济国家相比，中国流通服务业存在数量上严重不足以及效率低、产品成本高、缺乏竞争力等方面的缺陷。他提出政府方面应当为流通服务业营造透明的法治环境以及符合现代市场经济需求的政府监管框架；流通企业要从自身特性出发，利用现代信息技术改善经营流程，提升管理服务水平。兰伯格（Lamberg，2006）从社会、技术和企业战略选择三方面，分析了 1945—1995 年芬兰零售行业竞争优势的来源。认为结构性的和认知文化层面的企业在某些历史情况下，会从有利状态转化为劣势。提出将管理认知包含在企业的结构层次、意识形态和系统性和技术特点等各个方面。刘东明（2013）认为正确认识流通国际化程度与流通国际竞争力衡量标准，可以明晰本国流通国际化现状，制定基于竞争优势的发展战略，避免长期陷入"比较利益陷阱"。武钰敏（2015）基于全球价值链的视角，通过 SCP 分析研究发现我国流通服务业普遍进入壁垒低、规模小且集中度低，致使我国流通服务业国际竞争力弱。我国流通服务业市场竞争呈失序混乱的低水平竞争模式；行业规划不合理、相关法律制度不全及不规范的竞争政策都加深我国商贸流通市场的低水平程度。陈文玲（2016）指出流通已成为国际核心竞争力。

总结来看，对流通产业竞争力综合评价选择的评价方法较为单一，在评价过程中指标权重目前学术界还没有一种公认的确定方法。就目前研究现状来看，今后对流通服务业竞争力的研究，需要进一步确定筛选指标的原则，建立更为完善、科学、可行的指标评价体系，增强计量分析的客观可靠性。提高流通服务业的竞争力需要政策的支撑，从而促使流通服务业的高质量发展。

4. 流通服务业现代化水平的研究

这方面研究的主要结论是流通服务业现代化水平有待提升。

（1）关于流通现代化内涵的研究。对流通现代化的研究是从十四届三中会上国家明确地提出推进我国流通现代化发展的口号开始的。关于其内涵学界还没有得到一致的结论。黄国雄和曹厚昌（1997）、曹厚昌（1997）认为商业现代化包括流通组织、流通方式、流通设施和技术、管理及信息处理五个方面。丁俊发和张绪昌（1998）认为商品流通现代化主要体现在人员意识、知识素质、流通设施、工艺及标准、流通管理、流通方式和经营方式等方面。晏维龙（2002）认为流通现代化应体现于流通观念、流通组织、流通技术和流通布局等的现代化。李飞（2003）将流通现代化内容概括为物质、制度与观念三个层面。李飞（2005）对流通现代化内涵的研究归纳为状态说、动态说、综合说。徐永安（2006）认为流通产业现代化包括流通体制、流通组织、流通方式、流通技术、流通设施设备、流通观念和流通人才的现代化。夏春玉等（2010）在此基础上进行了补充，将不同的流通现代化观点归纳为状态说、动态说、综合说和现代说。周凌云、顾为东和张萍（2013）认为流通服务业现代化是凭借先进理论、思维方法、经营管理方式和科学技术手段，对传统流通格局中的商流、物流、资金流和信息流进行整体改造和提高，以便全面、系统、大幅度地提高流通的效率。晁钢令（2013）认为新一轮的流通现代化是基于多元化、便捷化、知识化、体验化、个性化的市场需求，并依托网络技术、移动通信技术、供应链技术和现代化管理技术而进行的商业业态创新过程。舒莉（2013）通过建立涵盖支撑要素、发展状态和发展功能现代化三大指标运用纵横向拉开档次法测算流通现代化发展水平。李杨超和祝合良（2014）认为流通现代化主要与流通总量和基础设施、流通组织化程度、流通效率、流通效益四个公共因子相关。汪渊（2015）认为新时期下的商贸流通现代化是以国际化和社会整体现代化为背景，新兴商贸流通方式和现代信息与技术革命为支撑，改善商贸流通服务业内部要素和外部环境，促进商贸流通经济全面发展的动态过程。与传统的流通相比，现代化的流通是动态的、创新的、系统的、信息的。总之，现有研究对流通现代化的界定存在不同的观点，内容较为分散，主要集中于人才、技术、制度、管理和设施的现代化。

（2）有关流通服务业现代化水平的评价。关于流通产业现代化，我国学者从全国和区域层面进行了相关研究，对农村现代化研究较多，主要是由于我国经济二元结构和发展不平衡，农村流通问题较为突出，农民利益受损，引起了学者对农村流通产业的发展问题的关注。张晓萍等（2008）认为农村流通现代化主要表现为一方面让农产品多进城解决农民卖难；另一方面工业品多下乡，解决农民买难。涂洪波、李崇光和孙剑（2013）发现我国各地区农产品流通现代化发展水平极不平衡，地区农产品流通现代化程度与该地区整体现代化进程具有一致性。王伟新和祁春节（2013）发现我国农产品流通现代化整体发展水平不高，东中西部地区农产品现代化发展水平差距明显，高低依次为东中西。周桂良（2014）发现苏北农村农产品购销体系对苏北农村现代化商贸流通市场影响最大。涂洪波等（2014）发现我国农产品流通现代化不同地区显现出偏态分布而非正态分布，按发展阶段呈现金字塔型，全国农产品流通现代化总体程度低，区位因素与经济综合实力较高程度影响农产品流通现代化的水平。李定珍和张颖（2015）发现湖南农村流通呈现显著的地区差异，其中，湘中地区发展好于湘南、湘北地区，湘西地区发展明显滞后。提出通过构建农村流通现代组织体系、强化基础设施建设、管理规范以及行业协调、营造良好的农村流通现代化发展环境等推动湖南农村流通现代化水平建设。殷志扬等（2017）认为商贸流通服务业现代化意味着利用先进手段、设备等方法和途径提升商贸流通服务业发展水平，从而促进产业升级、规模扩大和结构优化。

（3）国内外流通服务业现代化比较。总体来看，我国与发达国家差距较大。涂洪波（2013）发现，中美、中日、中法在农产品流通规模与效益水平、流通组织与经营方式现代化、流通设施与技术现代化、流通体制现代化四个方面均存在较大差距，应成为我国农产品流通现代化今后重点改进的方向。齐艳和贾晋（2014）对比国内外农产品流通模式，发现国内农产品比北美生产集中度低；流通环节链条烦琐；缺少服务于农产品流通的基础环境。相比国外的农产品批发市场，国内主要是集贸市场，同时北美和西欧模式中成熟的信息网络是国内农产品流通中没有的。沈艳（2014）分析了美日发达国家的农产品流通模式，提出我国应加快农产品物流基础设施建设、改革现行农产品批发市场管理体制、逐步形成以大型批发市场为核心，以连锁超市、零售等流通方式为补充，以现代化交易、信息、检测、储藏等技术为基础，以稳定、有序、规模化的农产品经销商队伍为主体的具有中国特色的现代化农产品物流体系。

1.2.6　流通服务业高质量发展的路径选择研究

实现流通服务业的高质量发展，就要从我国国情出发，从国家的宏观调控、产业结构调整、企业间的良性竞争等方面入手，通过各种途径有效解决流通服务业发展过程中面临的困境，其具体包括以下路径。

1. 政府扶持政策和产品品牌化建设的路径研究

这方面研究提出的主要路径是充分利用政府扶持政策，加快流通服务产品品牌化建设。

王德章和张平（2014）认为商贸流通服务业的改革要注重长期的发展策略，凭借规模实力、品牌服务及合作竞争，使价格竞争逐渐让位高水平的品牌和服务竞争。王菊红和郝正亚（2014）认为政府应从宏观经济角度为商贸流通企业的发展提供积极的成长环境，从制度、资金等方面为商贸流通企业提供扶持。吕娟娟（2015）认为政府应该提倡或帮扶建立有市场影响力的流通服务业企业，增大其规模，提高组织化程度，进而促进规模经济。同时受到社会群体的监督与支持，统筹有效整合流通服务业的资源，从而提高企业服务质量和生产经营能力。董誉文（2016）指出在供给侧结构性改革背景下，中国政府应优化要素投入结构，全面推进技术研发投入，提升人力资本素质，提高资本产出效率，分地区、分阶段采取不同策略提高全要素生产率，促进商贸流通服务业增长方式从"要素驱动"向"效率驱动"的转换。

2. 信息化和人才培养方面的路径研究

这方面研究提出的主要路径是提升我国流通服务业的信息化程度，并注重相关人才的培养。

任保平（2012）认为现阶段中国商贸流通服务业发展方式还基本处于投入推动型的粗放式发展阶段，要实现从粗放式向集约式发展方式的转变，必须增加物质资本及人力资本投入。要加速流通企业的技术进步，来提高流通效率和效益，在加大技术投入的基础上，进一步促进流通服务业的信息化。吕娟娟（2015）认为应强化流通从业人员培训，提高其人均劳动生产率。解决流通服务业营运能力不足现状，改善流通渠道，从根本上提高流通服务业发展水平。张文超（2017）认为我国流通产业必须运用现代信息技术，结合电子商务的多元化营销方式，使住宿餐饮业、批发零售业能够同高端服务业在电子商务市场内实现有机融合，进而拓宽流通渠道，提升高端服务业的价值链控制力。喻学德（2017）认为流通服务业应该抓住机遇打造一个沟通各个产业的流通信息平台。首先，为应对"大数据"时代，必须建立和完善流通数据库，用以对流通服务业进行分析和预测并形成预测预警机制；其次，需要加快推进流通电子商务应用进程；最后，建立一个商流和物流信息平台，为流通服务业实现在线交易，数据查询和订单处理等功能。张玉辉（2017）认为应该将信息化建设作为发展流通服务业的战略任务，适应"互联网＋"时代的发展趋势和要求，完善信息基础设施建设，促进信息化与流通服务领域的融合。

3. 创新驱动发展的路径研究

这方面研究提出的主要路径是加大创新力度，以创新驱动发展。

贾莹和王铁山等（2015）认为以技术创新牵引商业模式创新，以商业模式创新拉动管理创新，最终实现生产性服务业与制造业的深度融合，完成生产性服务业的转型升级。熊涓和左宇珊（2016）认为应借鉴发达国家先进经验，不断地推出新型的商业业态以及商贸流通企业组织方面的创新。董誉文（2016）认为通过推进流通服务业技术创新，加大前沿技术研发、推广和扩散方面的投入，提高商贸流通服务业技术装备水平，实现商贸流通服务业运作过程中的机械化、标准化、信息化，以信息技术改造提升流通企业经营管理水平和流通运行效率。张文超（2017）认为通过科技创新能加快我国流通服务业创新化发展。张祥（2018）认为在物流业发展中坚持创新发展就要坚持理念创新、技术创新、模式创新、管理及服务创新，要坚持创新引领驱动、促进高质量发展。

综上所述，从目前学术界对我国流通服务业发展路径方面的研究可知，提高信息化水平、品牌化建设、专业人才培养等均是其高质量发展的有效措施，但创新驱动是实现流通服务业高质量发展的关键因素，借助技术创新可以提升信息化程度，通过服务创新可以树立品牌效应，通过人才创新可以培育出适应发展需求的专业化人才等。

1.2.7　流通服务业发展政策研究

1. 流通服务业发展的政府干预研究

当前我国商贸流通服务业进入快速发展阶段，对政府如何有效发挥作用成为国内研究学者关注的热点。多数学者研究中都发现了发挥政府作用对于流通服务业发展的关键作用。比如，周强和姜向阳（2003）认为经济体制革新是推动流通服务业向现代化发展的重要因素。政府作为宏观调控的直接执行者必须以更开放的精神创新管理体制，形成产权清晰、政企分开、管理规范与现代市场经济发展相适应的新的体制。李达勇（2011）认为现阶段政府作用于流通服务业的发展已不能仅仅停留在直接干预微观企业的层面，而是在遵循市场经济运行规律的前提下对资源的优化配置起到进一步的优化作用，对整个行业进行宏观引导、规划和扶持。中央政府应重点研究宏观政策的制定，地方政府应在具体的规划、引导、协调方面起关键作用。聂霞（2013）认为物流业发展涉及大规模的公共基础设施建设，并伴随"市场失灵"，为促进物流业发展要求政府必须提供高质量的公共产品和引导政策。顾鸿浩（2014）认为政府在流通服务业发展中的作用，也从计划经济体制下的严格管制转变为市场经济体制下的适当干预。市场自身的调节功能当前不能完全解决问题，需要政府创新、转变其职能，进行适度的干预、管制、引导。依绍华（2014）认为必须完善相关法律体系，及时出台《农产品批发市场法》《电子商务法》；制定全国性发展规划，尤其是在农产品批发市场和物流基础设施方面统一布局、突出重点；以政府授权、政府参股、政府购买、合作开发等多种形式，完善流通产业公共支撑体系内容，提高公共产品的供给水平；以部际协调和部省联合的方式，建立跨部门联动机制。高铁生（2014）认为在流通领域一定要在重视市场机制自主调节作用的同时，更好地发挥政府的作用，解决多年来备受诟病的缺位与越位问题，从而进一步完善市场体系，为流通领域提供公共产品，维护流通秩序，营造良好商业环境。路红艳（2015）认为按照规制理论，新一轮流通体制改革的核心是要转变政府职能，正确处理政府与市场关系，区分需要放松规制的领域和需要加强规制的领域，使政府"有形之手"与市场"无形之手"有机结合起来。梁潇（2014）认为我国流通产业的转变，必须明晰政府与市场的关系，重点是界定政府的有关政策和职能。任友德（2016）、旭昕（2017）均认为政府可以通过有效保护产业安全和促进现代流通服务业快速发展来促进现代流通服务业发展。

陈曦和张泰（2017）研究发现农产品电子商务平台与流通体系的发展和融合过程中，充分发挥政府规制作用成为推进两者融合的必然选择。刘莎（2017）研究发现为了更好地发展回民区流通服务业，回民区政府应在完善发展规划、增强规范力度、增强队伍建设等进一步发挥作用。沈文捷（2018）实证研究发现政府干预对流通整体上没有显著影响，但对于西部地区流通服务业具有显著促进作用。余欣（2020）指出我国当前宏观产业政策调整对流通基础产业比较落后的西北地区贡献更大，加强资本分配和政策调整对各个地区流通服务业的动态均衡发展有积极的促进作用。

总体上讲，国内对于流通服务业发展中政府作用的探究关键围绕重要性和意义，也须注重调节政府与市场关系，而针对政府如何发挥"有形的手"的作用方面所作的研究不够具体，所以借鉴国外政府政策的研究有利于我国政府政策的具体制定。刘建颖（2013）通过深入分析美德日韩等国流通服务业发展提出有序发展流通服务业必须以有效的政策、科学规划指导、严格的政府管制及健全完善的法律法规为前提。任友德（2016）提出日美欧盟等国政府都对流通服务业发展设计了具体的市场规则，我国政府缺少充足的引导和调控。纵观发达国家流通服务业的发展过程，政府对市场的高效引导和管理是有序发展的关键前提和推动。我国应该基于流通服务业实际状况，出台有针对性的举措与政策，努力引领流通服务业实现转型升级。

2. 流通服务业发展的政策支持研究

（1）我国流通服务业政策研究主要集中于财税政策。其中，在各子行业中物流业的政策研究最为丰富。刘成龙（2013）认为我国流通服务业税收存在税负偏重、重复征税、政策落实不到位、"营改增"导致物流业税负增加等问题，应以结构性减税为契机，稳步推进增值税扩围与转型改革，在税制结构优化中完善流通服务业的税收政策。郭月梅和田文宠（2013）认为税收政策对促进流通服务业发展具有积极作用，但现行流通服务业税收政策仍存在一些问题，在一定程度上影响和限制了流通服务业的发展。黄丽萍和李慧（2013）提出加大流通服务业结构性减税支持力度，进一步降低流通费用；利用税收优惠政策提高流通企业运营效率与技术水平；利用所得税、增值税等优惠政策鼓励流通企业做强做大，形成国际竞争力。张云华和张天阳（2013）认为我国流通服务业流转税征收体系较为复杂、现行税收政策助推中小流通企业发展效果不明显、特定流通服务业态的税收优惠政策体系尚未建立。叶舟（2015）认为流通服务业内部结构发生调整时，税收政策也应进行相应的调整，并建议进一步降低流通环节的税负，特别是零售和批发业、住宿和餐饮业的税负，适当提高物流业的税负。张小兰（2016）从宏观税负、边际税负、税收增额贡献率等多个角度，对国内流通服务业的税负现状进行科学分析，进而提出与税收政策相关的可行性建议。李丽萍（2017）指出流通服务业内部主要产业的税负水平差异较大，且各产业的税收增额贡献率、税收协调系数等都呈现出了较大的差异性。根据流通服务业的发展需求调整税收政策、优化税收结构。

（2）国外流通服务业政策研究。聂霞（2013）通过对美日物流业政策研究提出加强基础设施建设，建立衔接通常、运输高效的综合运输体系，坚强引导、放松管制，促进物流市场开放与现代化，加快标准统一，健全监控体系等建议。路红艳（2014）认为我国与日本虽然都是政府主导的经济发展模式，但在流通管理体制、企业所有制、流通渠道组织体制等方面还存在较大差距。刘怡君和彭频（2015）指出发达国家重视绿色物流规划，出台具体的引导激励政策以及扶持政策，优化发展不同的共同配送模式。高泉（2016）认为日本政府主导制定实施纲领性物流政策，从总体上规划和引导绿色物流发展，其绿色物流政策与立法体系完善，可操作性强，并随着经济社会变革及时调整，保持了较好的稳定性和连续性。张丽霞（2016）通过对美德日韩等发达国家的流通服务业政府管制、流通服务业法律法规、具体的流通服务业规划指导和多元的流通服务业协调服务的研究，得出我国流通服务业发展的启示。

（3）关于物流业政策研究。李红侠（2013）认为应结合物流业发展特点构建促进现代物流业发展的激励性财税政策，且重点应放在采用多种政策手段和工具鼓励先进物流技术装备的投入以及绿色物流体系、物流信息化、重点行业现代物流中心等方面的建设上。王民浩（2013）认为税收作为政府调节社会资源配置的重要杠杆，对物流业的健康发展起着举足轻重的作用。盖玉娥（2013）提出明确物流业税收优惠政策的整体取向、厘清促进物流业发展的具体税制优化思路、改进财政支出政策、提升物流企业自主创新的税收激励等建议。胡基学（2014）从理论上论证财税政策支持物流业发展的必要性和有效性，厘清财税政策的作用范围、选择支持的方式。汪婷（2015）认为物流业发展离不开政府政策的支持，尤其是促进其发展的税收政策的支持。

综上可知，对于相关政策的研究主要集中在财税政策上，对于其他政策的研究较少，且大多集中于农产品流通和物流业的政策研究。

3. 流通服务业政策体系研究

国内外关于流通服务业的政策体系研究大部分集中在物流业。

（1）我国流通服务业政策体系研究。夏春玉（2004）认为我国物流政策体系的基本框架应该包括物流基础设施与物流网点政策、物流设备与工具政策、物流效率化政策、物流产业化政策、物流环境政策和物流国际化政策。林勇和王健（2006）认为新兴的、复合型的现代物流业发展需要国家政策的扶持和引导，并从近期和远期目标两方面提出构建我国现代物流政策体系的基本思路。陈文玲（2009）指出必须进一步建立完善我国现代物流政策支持体系，形成推动现代物流发展的政策集成效应和政策支撑力。王冲（2012）从支持政策、保护政策、促进政策和调控政策四个方面对我国农产品流通体系建设进行了研究。李志博等（2013）指出我国农产品流通政策体系在产地市场建设政策和具体指导措施尚待完善、农产品流通标准化体系尚待建设和销地市场整体规划布局不合理等。汪旭晖和李璐琳（2018）从财税、物流、海关和法律四方面构建起确保跨境电商持续健康发展的政策体系。

（2）对国外流通服务业政策体系的研究。赵尔烈和于淑华（1993）认为日本的流通政策体系是包括维护市场经济流通秩序为目的的流通秩序政策，维持经济、市场、物价稳定和保护消费者利益政策，以维持零售业公平有效竞争为目的的零售组织政策，以提高流通效率为目的的流通现代化政策。提出我国应建立流通秩序新政策系统、维护公众和消费者利益的流通政策系统、流通现代化的发展政策系统和流通宏观调控政策系统。孙前进（2012）指出日本商品流通政策包括商业和物流政策两大部分，前者包括流通功能政策、流通企业政策和综合政策，且随着日本经济发展，尤其是流通服务业发展而不断调整的。沐潮（2014）指出新加坡政府的积极支持政策主要包括兴建一流的物流基础设施，提供各项专项教育与培训计划，与物流专业机构、协会或商会合作，定期举办物流研讨会，促进国际合作、积极打造全球电子物流中心等。

1.2.8　政策协同性研究

国内外学者都提出过对于政策协同的理解，马尔福德和罗杰斯（Mulford & Rogers，1982）认为其包含两层意思，第一层是两个部门共同创造新的政策，第二层是两个部门共同使用已经出台的政策，来应对同样的环境变化。内尔森和斯特德（Meijers & Stead，2004）认为在现实生活中，存在着一些复杂的问题，若要行政权力的介入需要多部门的配合，这就产生了部门之间的协同。他们认为政策协同包括两个方面，一方面是部门内部的协同，另一方面是部门之间的协同。赫尔佐格（Herzog，2006）从国际的视角研究政策的协同问题，不同的政府部门存在着共同的政策目标，那么不同国家也会存在相同的政策目标，这就涉及国家与国家之间的政策协同，特别是在全球化日益深入的当下，无论是跨国企业谋求发展还是打击跨国犯罪，各国之间存在着广泛的共同利益，当然就存在着广泛的政策目标，不同国家政府之间的协同也就产生了。费希尔（Fischer，2008）等分别在单一政策和协同政策情况下，研究能源气候政策对碳减排和可再生能源发展的影响。发现协同政策比单一政策更有利于以更低的成本促进碳减排和可再生能源的发展。卡利等（Carley et al.，2009）强调要加强不同地方政府政策之间的协同。彭纪生等（2008）认为政策协同是指政策的制定和实施主体利用不同政策措施互相协调来实现不同的政策目标。郑佳（2010）从政策颁布主体的角度，而与前面描述的客观因素的要求不同，政策颁布的主体本身存在着政策目标，有着相同政策目标的部门会联合起来发布政策，这样不仅节约了成本，也提升了政策实施的效果。冯锋和汪良兵（2011）强调中央政府和地方政府间存在利益博弈，应加强两者之间的协同。周志忍和蒋敏娟（2010）、内尔森和斯特德（2004）持有基本相同的观点，在其基础上丰富了研究，认为政策协同包含三项内容，一是部门内部的上下级之间的协同，二是不同部门之间的协同，三是政府部门和社会部门存在相同的目标时，也会联合起来形成协同。伊格莱西亚斯和锐澳（Iglesias & Rio，2011）等对国内政策协同的必要性进行了讨论，均强调应加强国内政策的协同。休斯等（Hughes et al.，2013）强调要加强政策制定与评估间的协同。政策协同不但关系多元行动主体、空间和时间等多维度，还表现在不同的深度或层次上。迈尔等（Maier，2014）对欧盟海洋战略框架指令和美国国家海洋政策的制定程序和实施效果等进行了分析，强调这两种政策的有效实施取决于两国政府各部口间的积极协同。赵锦（2016）运用协同治理理论及实证分析与规范分析相结合的方法，对我国"大数据背景下网约车服务业的协同治理"问题进行系统研究，提出了综合施策，催化有效型领导和引导、加强沟通，增强协同治理共识等建议。王洛忠和张艺君（2017）构建了一个包括内容维度、结构维度和过程维度在内的政策协同三维分析框架。张蕾等（2020）从政策力度、政策措施两个方面制定评分标准，分析了我国新能源汽车政策和相关部门的协同演变情况。研究发现我国新能源汽车产业政策已由单一政策措施向多种措施演变，由"政策"驱动逐渐向"政策＋市场"驱动转变，对新能源汽车产业的管理已形成以国务院为最高决策层、各部委共同参与的多元化模式。

1.2.9　政策有效性研究

关于服务业政策有效性研究较少，主要围绕生产性服务业与政策评估这一主题。奥拉亚和达因（Olaya & Dyner，2005）对产业政策评价方法的研究指出政策需关注内部效应，尤其环境上的可持续性。匡跃辉（2005）将科技政策评价标准与方法分为效应、效益、效率和生产力等指标，评估方法可采用对比分析、自我评定、同行评议、抽样分析、成本效益分析等方法。陈宇霞（2016）找到社区政策实行中实际困境的来源，应打破社区"行政化""自治性"二重矛盾的运行原理，提高城市社区执行公共政策的有效性。

1.2.10　政策量化研究

政策量化需要传统社会科学的专业知识和理论以及自然科学提供的专业测量算法和测量理论的支持。能够对当前政策的问题得出科学的分析和建议。用数字化的测量语言，能对政策进行量的比较，使政策对比和改进的工作变得相对容易。威廉·配第（1676）使用了多种统计学计算方法对当时的政策进行量化分析，并将研究成果写入其著作《政治算术》。后来比利时数学家凯特勒用数学中的概率解释随机社会政治现象，使政策测量有了较大进展。政策测量作为一门独立的学科，从其开展之日起便与量化分析的数学手段紧密结合。政策的制定和开展必须使用量化手段使其精细化，政策的量化分析必须有自然科学学科的加入，最基本的便是对数学、统计学、运筹学等学科知识的运用。

从政策量化的角度来研究政策文本，国内外学者均进行了广泛深入的研究，利贝卡普（Libecap，1978）将研究视角投向关于矿产权的政策，以法规政策的翔实程度为打分指标，政策法规内容越翔实，则分数越高，如果某项法规仅仅是对过去法规的重复，则不计分。通过这种方法对政策法规进行量化，并进行了下一步的政策效力的分析。殷华方等（2006）将研究的重点放在了外资政策，从相关文献获取投资目录并将其进行分类，并制定了权重的标准，对这些政策进行了量化并研究了其有效性。彭纪生等（2008）对技术创新政策量化并分析后得到了一些重要的结论，财政部和商务部这种掌握了经济和行政资源的部门是科技政策制定的核心部门。政策颁布的趋势是逐渐由单一的政策措施和单一的部门向多措施和多部门转变。不同政策措施之间的协同对于经济发展的影响不同。芈凌云和杨洁（2017）对于节能减排政策进行了量化研究，研究发现，强制性的措施对节能的效果没有偏温和型的政策措施的效果好。张永安和马昱（2017）从中关村这样一个很小的地域视角对政策进行了量化分析，研究发现，国家级和市级的政策所关注的重点不同，国家级政策主要关注的是技术等能够让行业持续健康发展的政策，而市级政策的重点是为企业解决经营上的困难，特别是资金上的困难。

1.2.11　创新与经济发展的研究

1. 制度创新与经济发展

新制度经济学派的代表人物瑞典经济学家冈纳·缪尔达尔因深入分析制度因素在经济发展中所起的作用而获得诺贝尔经济学奖。他批判了传统经济学的均衡理论，认为经济社会的各个因素间的关系不是均衡平等的，他提出的"循环累积因果联系"理论运用"整体性"方法探索制度等非经济因素在经济发展中的作用，他从社会公平的角度提出了多项措施推动发展中国家的经济发展。

2. 技术创新与经济发展

索洛（Solow，1951）在熊彼特关于创新研究的基础上从阶段和过程两个维度对技术创新理论做出了系统的解释。索洛（1957）探究了技术进步对经济发展的作用，测算出不同经济发展阶段技术进步贡献率。

洛伦岑和安德森（Lorenzen & Andersen，2009）通过对欧洲八个国家444个城市化的研究中发现第二、三产业的技术创新推动了城市化的发展和区域经济增长，技术溢出也推进了周围区域的经济增长。安德森等（2010）发现技术创新对大城市的经济增长作用更加显著。文奇盖拉等（Vinciguerra et al.，2011）发现基础设施的发展能够促进技术创新并带动经济增长。卡特（Carter，2013）研究发现城市可持续发展最关键的因素是技术创新，技术创新带来的技术溢出会使城市化发展更有创造性。

3. 创新驱动与经济发展

国内外学者围绕创新驱动经济发展的命题开展了许多研究。创新驱动是国家竞争优势的重要体现。当前经济由高速发展进入增速换挡期，单纯的要素驱动已经很难支撑经济的持久平稳增长，创新驱动逐渐变成经济增长的新动力。怎样实现增长动力由要素驱动向创新驱动的转换广受学者关注。弗曼等（Furman et al.，2002）指出，构建国家创新驱动体系，有组织地集群创新、共享公共创新基础设施、维系协同创新关联可以高效推进创新驱动水平的提高。弗曼和海耶斯（Furman & Hayes，2004）指出，投入创新活动的经费及人力资本是创新能力的决定性因素。夏天（2010）总结了世界创新型国家的发展历程，将创新驱动过程划分为创新前段、中段和后段三个阶段，探究了我国城市区域实现创新驱动发展的理论路径。唐未兵等（2014）发现，由于技术引进依赖、创新的机会成本与逆向溢出等因素的影响，创新对经济增长方式转变的作用是不定的。朱子云（2017）从要素生产率的角度研究经济增长的动因结构及转换趋势，认为现阶段全要素生产率的增长动力正在转向以产业之间要素配置结构的优化为主。

1.2.12　研究评述

总体而言，现有研究成果从高质量发展的内涵及判断标准、流通服务业的概念及分类、流通服务业发展现状、流通服务业政策、流通服务业路径选择、政策协同性、政策有效性和政策量化等方面进行了全面深入的研究，内容非常丰富，以往的研究在研究方法、研究结论、研究视角等方面都各有特色，形成本书的重要研究基础。但现有关于流通服务业高质量发展的研究几乎没有，有从创新驱动视角研究经济增长的路径选择，认为创新发展解决的是高质量发展中的动力问题，但没有关于创新驱动流通服务业高质量发展的研究，且创新驱动经济增长的研究，也大多是基于概念模型的理论描述，在实证过程中均采用替代变量开展分析，缺少从正面分析经济增长动力转换内在路径的研究。当前我国经济发展已经进入高质量发展的新时代。由于流通服务业发展的多领域性和复杂性，超越当前政策领域界限及单独部门职责范围的各种宏观调控工具的协同与组合，可以比单一政策措施更好地实现既定政策目标。这需要我国政府将不同的流通服务业发展政策措施协同和组合起来支撑流通服务业发展。但从以上国内外研究可以发现，传统的政策研究大多集中在逻辑分析层面，对政策的评价也大多停留在定性阶段，关于流通服务业发展政策量化研究的文献几乎没有。基于现实问题的紧迫性、重要性和已有文献的不足，本书将从创新驱动视角出发，拓展内生增长理论，在此框架下分析创新驱动、制度质量、政策协同与流通服务业发展的关联机制，寻找流通服务业高质量发展切实可行的内在路径。

近年来我国流通服务业出现了一系列新情况、新问题、新挑战和新矛盾。新时代新技术、新业态、新模式不断涌现。比如，重大突发公共卫生事件负面冲击巨大的商贸、物流等产业，给流通服务业发展带来了新的挑战；提升消费电子产品供给创新水平，利用物联网、大数据等技术推动电子产品智能化升级，提升手机、计算机、彩色电视机、音响等各类终端产品的中高端供给体系质量，为流通发展开辟了更广阔的空间；商业综合体、新零售等新业态发展迅速，为制造业转型升级提供了有力支撑；为深入贯彻落实《国务院关于进一步扩大和升级信息消费持续释放内需潜力的指导意见》，大力推动信息消费向纵深发展，强化经济发展内生动力，工信部和发改委制定了《扩大和升级信息消费三年行动计划（2018—2020年)》等。以上这些是我国多年来着力推进经济结构调整带来的可喜变化。巩固这一发展态势，使流通服务业在带动制造业和消费升级方面发挥更大作用，对于保持我国经济稳增长具有重要意义。但我国流通服务业发展也面临若干突出问题。比如，流通效率低、成本高，市场布局待优化，实体商业转型慢，供应链发展水平低，内外贸联动发展不足，管理体制机制仍不健全等突出问题。以上新情况、新问题、新矛盾、新挑战以及中央提出的新要求，都需要我们重新审视流通服务业发展问题，反思我国执行多年的流通服务业发展政策问题，吸取国际经验教训，进一步研究流通服务业高质量发展政策体系的构建和路径选择问题，而这正是本书的主要研究任务。

1.3　研究内容和研究思路

本书主要内容可以概括为基础研究篇、路径选择研究篇、政策协同研究篇、典型案例分析篇、政策体系构建篇和总结篇六大部分。

1. 基础研究篇

该篇包括第 1~3 章，旨在为整个研究开展奠定基础。回答：①流通服务业高质量发展的研究现状和相关理论。②国内流通服务业的发展现状。③国外流通服务业的发展经验。

其中第 1 章为导论，包括研究背景、研究目的和研究意义、文献综述、创新之处、体系结构和研究方法等，并详细说明了研究内容与框架。第 2 章主要是本研究涉及的相关基本理论和基本概念界定，主要包括政策协同、流通等相关理论和高质量发展、创新驱动、政策协同和流通等基本内涵的界定。第 3 章为现状分析。主要分析美国、日本、伦敦等国家及城市的流通服务业发展经验和国内流通服务业的发展现状及启示，站在中日美国际比较的视角对我国流通服务业发展实践进行相对定位。从国内和国际两个方面着手，理解流通服务业的实践发展情况是整个项目的工作基础。

2. 路径选择研究篇

该篇包括第 4~5 章。通过理论机理分析和实证研究回答我国流通服务业高质量发展的内在路径。

第 4 章分析流通服务业高质量发展的内在路径。包括以下几个部分：①创新驱动流通服务业高质量发展的理论机制分析。②我国东、中、西、东北各区域创新驱动效应的时空特征。根据创新驱动的内涵，构建创新驱动效应理论模型，从时空两个维度分析我国东、中、西、东北各个区域创新驱动效应的时空格局。③分析创新驱动对我国流通服务业高质量发展是否存在明显的门槛效应。由于技术壁垒的存在，技术创新促进流通服务业发展的直接效应会在自主创新能力不足的时候遇到突破障碍，因此流通服务业发展中的创新驱动效应很可能呈现非线性特征。为探究流通服务业发展中的创新驱动效应是否存在非线性效应特征，构建面板门槛回归模型进行实证检验。④流通服务业高质量发展的双门槛效应分析。通过单门槛模型来探究我国流通服务业高质量发展的影响因素存在不足之处，在单门槛模型的基础上添加制度质量变量，由于制度质量和创新驱动效应之间存在一定的乘数效应，因此构建制度质量和创新驱动的双门槛模型更深一步探究流通服务业高质量发展的动力转换和内在路径是很有必要的。在上述单变量门槛效应模型的基础上，引入制度质量的乘数效应，构建具有双重门槛变量的门槛效应模型，从制度质量视角出发，发掘创新驱动对流通服务业发展带来的效应。第 5 章分析流通服务业高质量发展的路径选择。分析流通服务业增长动力的模式和三种增长路径，分析各区域流通服务业高质量发展的内在路径选择。根据双门槛效应模型，从要素驱动型、技术依赖型、制度依赖型、创新驱动型四个维度分析我国不同区域流通服务业发展路径依赖的不同特征，据此明确流通服务业高质量发展的内在路径选择。

3. 政策协同研究篇

该篇包括第6~7章。流通服务业高质量发展路径的实现需要政策协同的支撑，探究推动流通服务业高质量发展的政策支持措施。

第6章分析日美和我国流通服务业发展政策的演变以及国外流通服务业发展政策对我国的启示。第7章分析我国流通服务业发展政策的协同性与有效性，首先对我国流通服务业发展政策措施进行量化，制定政策措施量化的标准，构建政策措施协同度模型和协同有效性分析模型，然后实证分析流通服务业及三个子行业（批发和零售业，住宿和餐饮业，交通运输、仓储和邮政业）不同政策措施的协同性及措施协同对流通服务业发展的成效。

4. 典型案例分析篇

该篇包括第8~9章，分析"京津冀农产品流通体系运行效率、影响因素与农产品流通政策的协同性有效性"，通过京津冀农产品流通的典型案例分析，寻找提高农产品流通运行效率实现农产品流通高质量发展的路径和政策措施。

第8章运用数据包络分析法评价京津冀和河北十一个地市农产品流通体系的运行效率。运用典型相关分析法对京津冀农产品流通体系运行效率的影响因素进行分析。运用 Translog – SFA（超对数随机前沿模型）分析京津冀农产品批发商的技术效率和影响因素。第9章分析京津冀农产品政策措施协同及协同的有效性。

5. 政策设计篇

该篇包括第10章，构建流通服务业高质量发展的政策体系。

第10章基于以上理论分析、国内外现状分析、路径选择理论与实证分析、政策协同分析和典型案例分析，构建流通服务业高质量发展的政策体系，提出各区域实现流通服务业高质量发展的不同路径应采取的政策措施、流通服务业和农产品流通政策设计的建议以及配套政策，从理念树立、部门协同、措施协同、组织体系的构建、运行机制的完善和外部环境的营造等方面提出流通服务业高质量发展政策体系实现的条件保障。

6. 总结篇

该篇包括第11章，阐述研究结论与研究局限。

本书的技术路线如图1.1所示。

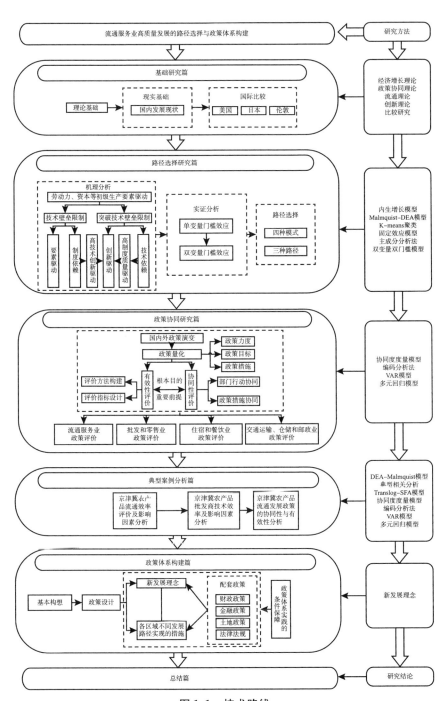

图 1.1　技术路线

1.4 研 究 方 法

1. 实地调研法

针对不同子行业、不同行为主体、不同利益群体将用多种调研方法展开全方位调研。关于调研地点,选择京津冀区域,了解京津冀农产品批发商的流通效率,2019 年 3 ～6 月到北京新发地批发市场、天津何庄子农产品批发市场以及河北新发地批发市场、白佛批发市场和双鸽批发市场的批发商,进行调研和数据采集,发放调查问卷共计 420 份,收回 396 份,将填写不完善以及作答存在自相矛盾的 67 份问卷数据予以剔出,即有效问卷共计 329 份,占所收回问卷的 83.08%。除此之外,还到发改委法规司和政研室、商务部政研室采用座谈、深度访谈、专题研讨和主题会议等形式了解流通服务业政策的制定情况,获取各行业电子商务、技术创新、制度创新等方面的数据,完成现状分析。

2. 创新驱动效应模型

利用数据包络分析法(Data Envelopment Analysis,DEA)来测算我国各个地区的创新驱动效应,从时间和空间维度挖掘测算我国东、中、西、东北各区域创新驱动效应的时空分布特征。数据包络法是进行效率评估的一种常用方法,基本原理是根据多项投入和产出指标对目标单位进行效率评价。创新驱动就是人力资本投入到科技产出的内在过程,将创新驱动分为创新驱动投入和创新驱动产出两个部分。第一,创新驱动投入中,在规模报酬不变的情况下可以将创新投入分为人力投入和资本投入,这两种投入会对产出有直接影响;第二,创新驱动产出部分可直接表现为科技产出,创新驱动效应就是人力资本投入对科技产出的驱动效应。

3. 单门槛效应模型

由于技术壁垒的存在,技术创新推动流通服务业发展的直接效应会在自主创新能力不足的时候遇到瓶颈,因而流通服务业发展中的创新驱动效应很可能呈现出非线性特征。为探究创新驱动对我国流通服务业高质量发展是否存在明显的门槛效应,构建面板门槛回归模型来进行实证检验。

4. 双门槛效应模型

通过创新驱动单门槛模型探究我国流通服务业高质量发展的影响因

素仍然存在不足之处，在单门槛模型的基础上添加制度质量变量，制度质量和创新驱动效应之间存在一定的乘数效应。通过构建创新驱动和制度质量的双门槛模型更深一步探究流通服务业高质量发展的动力转换和内在路径。

5. 编码分析法

收集整理我国流通服务业发展政策，按照不同历史时间节点、不同子行业、不同层级（国务院、各部委和地方政府）等类别构建多维矩阵数据库，对流通服务业发展政策进行编码，探究我国政府在制定流通服务业发展政策中使用的关键政策措施，为后续对流通服务业的政策量化做好前期准备。

6. 协同度模型和面板计量模型

构建协同度模型，在对比量化数据加法效应和乘法效应的基础上，对政策措施的协同性进行度量。选择 1978—2019 年流通服务业增加值作为流通服务业发展的指标，并作为政策措施协同的因变量，以政策措施协同、上一年流通服务业增加值等为自变量，构建面板计量模型，运用 Stata 软件，分析流通服务业发展政策措施协同对流通服务业发展的有效性。考虑到政策从实行到发挥效果存在时滞，在具体分析时将根据 AIC 信息准则和 SC 准则来确定自变量的滞后期数。

7. DEA – Malmqusit 指数分析

从投入和产出两方面选取指标对京津冀农产品流通体系运行效率进行动态评价。

8. Translog – SFA（超对数随机前沿模型）

运用该方法对京津冀农产品批发商的技术效率进行测评。

1.5　创　新　之　处

1.5.1　学术观点的创新

（1）创新是驱动流通服务业高质量发展的第一动力。在流通服务业实现高质量发展的进程中，最开始都是从要素驱动开始的，有的区域由于具有制度优势，如果能够实现技术突破，更加注重技术平台开发和加强公共设施建设，为发展高技术、高管理和高知识的流通企业提供适宜的土壤，由制度依赖转向技术依赖，通过技术创新最终实现创新驱动。有的区域由于具有技术优势，如果能够营造适宜的制度环境，由技术优势的内驱力通过制度的外在驱动最终实现创新驱动。

（2）政策协同是推动流通服务业高质量发展的实现手段。流通服务业发展的多领域性和复杂性，决定了流通服务业发展政策超越了现有的政策领域边界和单个部门的职责范围。这就要求政府通过政策协同，将不同的流通服务业发展政策措施协同和组合起来，推动流通服务业发展。

1.5.2 研究方法的创新

集成计量方法创新。建立了一个"新发展理念—创新驱动—政策协同—推动流通服务业高质量发展"逻辑分析框架图，实证测量"创新驱动效应—政策协同度—高质量发展"之间的相关关系，在研究方法上实现创新和突破。在研究过程中，采用编码分析法和统计分析法将发展政策的内容编码后对其量化，构建协同度模型测算政策措施协同度，对流通服务业政策进行量化研究；借助双变量门槛模型，测算全国各区域创新驱动效应，分析创新驱动和制度质量对流通服务业高质量发展的作用，探寻流通服务业高质量发展的可行路径；构建多元回归计量分析模型，运用 Stata 软件分析流通服务业发展政策措施协同对流通服务业发展的有效性，以期为构建流通服务业高质量发展的政策体系提供依据。基于实地调研与发放问卷获得的农产品流通的相关数据，构建 Translog - SFA 超对数随机前沿模型对影响京津冀农产品流通主体农产品批发商的技术效率及影响因素进行实证分析，运用 SPSS 软件，采用典型相关分析法分析京津冀农产品流通体系的流通效率。采用 DEA - Malmqusit 指数分析，从投入和产出两方面选取指标对京津冀农产品流通体系运行效率进行动态评价。

第2章 基本概念界定与相关基础理论

2.1 基本概念

2.1.1 高质量发展的内涵

党的十九大报告明确提出我国已经步入中国特色社会主义新时代。目前，我国经济已转向高质量发展阶段，正处在转换增长动力的攻关期。创新是驱动变革的深层动力。高质量发展是新时代经济的基本特征，政界、业界和学界对其内涵的认识都有不同的见解，究竟什么是高质量发展？通过党的十九大以来对高质量发展的各种解读可以发现，高质量发展要以人民为中心，坚持创新、协调、绿色、开放、共享，坚持质量第一和效益优先等。

党的十九大报告指出创新是引领发展的第一动力。创新驱动是国家竞争优势的重要体现。随着经济由高速发展转入增速换挡期，单纯的要素驱动已经难以维持经济的持续稳定增长，创新驱动开始成为经济增长的新动力。《国内贸易流通"十三五"发展规划》强调创新驱动流通服务业发展，智慧供应链等新概念应运而生。创新成为流通服务业发展的第一动力，传统流通服务业通过升级改造得以提升，现代流通服务业通过创新得以不断壮大发展，通过创新驱动进而实现流通服务业的高质量发展。

程虹（2018）认为高质量发展有两个衡量标准，一个标准是劳动生产率；另一个标准就是判断一个地区经济发展主要是依赖要素驱动、投资驱动，还是依赖创新驱动。全要素生产率（Total Factor Productivity，TFP）是衡量创新最优的指标。李阳和谭柯（2018）建议为推动建设高质量的现代流通体系要利用创新技术打造流通新业态，即要改造升级传统的商业基础设施、开发建设新型的商业基础设施，重点加强商业基础设施的智慧营销、智慧物流、智慧供应链等功能。通过技术创新实现制造企业与流通企业的协同，形成高效的产业链条；通过制度层面创新为无人科技、金融科技等应用营造良好的制度氛围。

2.1.2　政策协同的内涵

政策协同一直被理解为综合了"政策协同""政策一致""政策合作""政策组合"等概念的宏观术语。这些政策术语虽然有着细微的差别，但是从政策协同层面上考虑时，它们有共性的特征，即"在处理跨部门之间的问题时，各部门互相配合，力争达到政策的统一"。针对政策协同的理解，主要可以从三个方面进行思辨，即状态（status）、过程（progress）和能力（ability）。从而产生了三种理论：一是状态论。该理论核心观点认为政策协同是政策实施所追求的一种理想化结果。皮特（Peters，1998）视政策协同为政府政策与政策计划的一种有序状态，该状态具备冗余最少化、高度一致化和完整化的特征。二是过程论。该理论核心观点强调政策协同为各种政策要素相辅相成的动态过程。马尔福德和罗杰斯（1982）认为政策协同是政策主体、政策措施及政策目标之间协作的结果。三是能力论。该理论视政策协同为内生的能力。梅特卡夫（Metcalfe，1994）指出政策协同是一种提升政策实施整体效果、拒绝碎片化、强化一体化的能力。马泰和多加鲁（Matei & Dogaru，2013）认为政策协同是使公共政策战略化，确保决策具有一致性的能力。显而易见，不论是状态论、过程论，还是能力论，对政策协同的三种定义都体现出一个核心思想，即"政策一致、整体优越"。

政策协同有很多种表述，如政策协调、政策整合等，当前许多政策问题超出了现有的政策领域，也涉及多个职能部门的配合，所以需要不同主体之间的配合。本研究认为政策协同就是上级政府为了推动实现跨部门政策目标，突破现有政策领域边界，加强各部门沟通联系，整合各部门之间政策的行为。此处上级主要是指中央、地方政府所统辖的各领导部门。政策协同的对象不仅包括制定部门之间的协同关系，还包括某一具体政策内部的政策协同关系。

2.1.3　流通的内涵

国外对流通的界定，主要可以从马克思和一些美日学者得出。马克思认为，流通具有两方面的含义：一方面是广义的流通，其与生产过程相一致，目的是从资本层面达到生产与流通过程的统一；另一方面是狭义的流通（马克思视之为"真正的流通"），其具体表现形式为商品和货币的互相交换，具体体现在买和卖两个阶段内使用价值的转移与价值实现。克拉克（Clark，1921）从流通过程角度阐述了流通的含义，认为流通包含着生产者向消费者的转移和商品自身转移这两个过程。美国市场协会（1960）将商品流通视为一种商业活动，其可以实现物资和劳务从生产者向消费者转移。保田芳昭和加藤义忠（1988）认为商品流通是连接生产和消费的纽带。日本学者田岛义博（1999）称流通是把商品从生产者手中转移到消费者手中的行为或者针对这一转移行为而采取的活动。铃木武等（1993）认为流通是在生产者和消费者之间的一种架桥活动，这种活动依靠人、场所及时间展开。日本学者田村正纪（1999）认为流通是为生产和消费架起桥梁的中间过程。日本商业学会（1971）认为产品通过流通实现了从生产者到消费者的社会性和经济性转移。所以，狭义的流通就是单纯指商品流通，而广义的流通还涉及资金的流转。

　　国内学者也从各个方面对流通概念进行了界定。陈文玲（1997）指出流通是一种过程，该过程中具备交换价值的物质在不断寻找通道并最终得以实现。吴宪和陈顺霞（2000）指出商品在货币的助力之下，不断从生产领域到消费领域转移，这种以货币为媒介的商品交换所形成的各种关系之和就是流通。夏征农（2002）在《辞海》中把流通定义为一个环节，即在商品经济条件下，流通与生产、分配、消费一起组成了社会再生产的四个环节。流通与生产是相互作用的，流通的规模以及社会性是由生产决定的，同时流通也会阻碍生产从而影响消费。宋则（2004）指出流通是实体经济运行之中商流、物流、信息流及资金流的加总，流通类型主要包括农产品、工业消费品及工业投资品等。丁俊发（2003）认为流通作为社会再生产过程中一个单独的经济活动，已经不单单是商品交换过程，更是商流、信息流、资金流和物流的总和。李骏阳（2005）也认为流通是商品运行过程中引发的商流、物流、信息流及资金流的总称。

　　总之，对于流通内涵的界定，学者们一致认为流通是社会再生产过程中的重要环节，并对流通的定义逐渐进行拓展。本书定义的"流通服务业"首先是基于狭义"流通"，即商品从生产者到消费者中间的实物转移过程。

2.1.4　流通服务业高质量发展的内涵

　　根据对流通服务业和高质量发展内涵的界定，本书认为全要素生产率可以作为衡量流通服务业高质量发展的标准，流通服务业高质量发展以新发展理念为引领，以人民为中心，是体现"创新、协调、绿色、开放、共享"的发展。

2.1.5 流通效率

多数文献提及流通效率时，往往作为一个较为笼统的、总括性、复合多维的概念。由于流通效率的概念具有广泛性，对流通效率进行明确界定是很难的，福井清一（1995）认为可以从流通环节中购入卖出价格比、市场信息传递、流通差价结构和市场进入限制四个方面来评价流通效率。谢泼德（Shepherd，1963）指出流通效率是流通产品的总价值与流通总成本的比值。安鲁伊（Anrooy，2003）认为流通效率是在流通过程中通过对资源的有效配置，消费者满意程度所能达到的最大值。徐从才（2006）指出流通效率是流通过程中价值得以补偿的程度和各方利益的和谐程度，具体可分为流通产业效率及流通组织效率。寇荣和谭向勇（2008）认为流通效率是流通领域中每个环节和整体效率的总称，反映在流通过程中各种产出与投入的直接或间接比较。张磊等（2011）认为农产品市场的整合程度是市场高效率的重要方面，农产品市场之间的整合程度通过市场机制的作用来影响资源及农产品的流通程度，农产品市场整合程度越高，商品越能达到最优分配，农产品流通效率也就越高。流通时间也是农产品流通效率的重要方面，农产品流通时间包括从收购、运输、加工到批发、零售整个过程所需时间。尤其对于蔬菜、水果与鲜肉等不易保存的农产品而言，过长的流通时间会严重损害其质量，因此尽量缩短流通时间能够提升农产品的流通效率。

可见，学者们基于不同角度对流通效率的理解具有较大差别，流通效率很难用单一指标进行评价，研究认为流通效率是商品流通的整体效率的总称。结合研究的目的与数据获得的可能性，研究认为通过计算流通市场中经营主体的技术效率的高低，能够较好地反映商品的流通效率。除此以外，流通时间的长短与流通损耗等同样能够较好地反映商品流通效率。尤其对农产品而言，较短的流通时间和较低的流通损耗意味着农产品在流通过程中的损耗小，流通速度快，从而降低农产品的经营成本，增加收益。

2.1.6 流通体系的界定与构成

对于流通体系内涵的界定，学术界存在不同的看法。姚今观（1996）

最早提出了农产品流通体系这一概念，同时对粮油、生鲜农副产品及原料三类农产品的流通体制改革提出了一些有针对性的建议。许春华和金虹（2001）提出为了便于与国际接轨，可以将农产品流通体系分为农产品市场体系、农业科技创新体系、农村经济信息网络体系和农业政策法规体系四个方面。蒋华东（2007）分别从市场体系和流通主体两个层面构建流通体系。李志萌（2005）认为流通体系要想实现现代化必须具备完善的市场体系（初级市场、中心市场和终点市场、批发市场和零售市场、现货市场和期货市场）、形式多样的市场主体（流通龙头企业、批发商、贩运商、代理商、流通合作社、经纪人队伍等）、现代的流通网络信息体系和现代管理机制。任博华（2008）认为商品流通体系是与商品流通有关的各要素相辅相成、协作配合所产生的有机整体。根据每个要素产生的不同效果将流通体系进一步划分为渠道体系、流通载体及规范与支撑三种不同的要素。渠道体系类要素是指流通主体及其相互关系，即商品生产与销售的交易主体及不同主体间关系，如龙头企业、合作社、批发商、零售商、代理商、中介人等；流通载体类要素主要是指商品流通中需要的各种基础设施和从事商品交易的各类场所，如批发市场和零售市场；规范与支撑类要素主要指为保证商品顺利流通的信息技术保障与政府部门的政策支持等。上述三种要素相辅相成、相互协作，形成了商品流通体系的基本架构。常剑（2009）主张将流通渠道与流通者共同组成商品流通体系，其中流通渠道主要分为三个环节，即生产、流通和市场，而流通存在于流通渠道的全过程、各环节。生产环节是指生产商、专业户、生产基地、合作社、加工企业等从事的生产活动；流通环节是指由生产商、合作社等流通主体从事的商品流通；市场环节主要是指为产地批发市场和销地批发市场等为商品流通提供交易的场所。王家旭（2013）指出流通的主体、客体、载体、环境及模式构成农产品流通体系。廉晓玉（2018）将农产品流通的主客体、相关政府、市场监督服务体系及载体作为农产品流通的组成要素。刘依林（2017）认为流通体系包含了流通领域中各环节的流通组织及流通渠道。

本研究认为流通体系是指在特定的流通环境之中，流通主体依靠流通载体，经过流通渠道进入市场之中，完成规范化的交易，这其中各要素协作配合形成规范化、系统化的有机整体，各要素围绕市场主体，完成商品交易。必须牢固树立以市场为主体在流通体系中的地位，强调各要素服从于市场，服务于市场。本研究更加倾向于王家旭（2013）界定的流通体系范围，即由流通主体、流通客体、流通载体、流通环境、流通模式五大类要素组成，该界定比较全面。在梳理总结上述学者研究成果的基础上，构建了二级流通体系，并对二级体系的内容进行了细化，见表2.1。

表2.1   农产品流通体系构成

一级	二级
流通主体	生产商、中介人、加工企业、流通龙头企业、代理商、经纪人队伍、批发商、贩运商、零售商、微商、消费者等
流通载体	交通基础设施、批发市场、期货市场、零售市场、线上、线下等
流通客体	各种商品
流通环境	各类政策、政府监管机构等流通监管服务体系、信息平台、大数据、区块链、互联网＋、云计算、"'一带一路'、京津冀协同发展、长三角经济带"三大国家战略等
流通模式	实现商品交换的方式

流通体系可以分成二级体系，其中一级体系是由流通的主体、载体、客体、环境及模式组成的，二级体系的具体内容如下所述。

1. 流通主体

流通主体是指进行商品生产和销售的交易主体，参与流通过程的消费者也包括在内，具体来说包含行业龙头、中介人、批发零售商、加工制造企业、贩运商，还有消费者、微商等。这些主体在商品流通中扮演着不可或缺的角色。当前，流通体系中流通企业是主要的流通主体，中介人一般都是经营规模相对较小且数量很少。消费者也是商品流通的主体，它的消费意愿也会影响到商品的流通。微商主要是指那些依靠社交媒体来对其商品进行宣传交易的个人或企业，常见的社交平台如微信、微博等。

2. 流通载体

流通载体指运载商品的设施设备及参与流通的商品交易市场。具体包括交通基础设施、批发市场、期货市场、零售市场及线上市场（如淘宝等）。我国交通基础设施基本上形成了铁路、公路、水路、航空等多种方式为一体的交通网状布局。流通是生产和消费的中间环节，商品通过产地、销地批发市场及零售市场到达消费者。批发市场是商品现货交易场所，集商流、资金流、物流、信息流、消费流于一体，是影响商品流通效率的重要因素。淘宝已成为线上最大的商品流通平台，"淘宝村""淘宝镇"的涌现，表明淘宝在某些地区已经相当普及。

3. 流通客体

流通客体是指商品流通中的交易对象，包括各类商品。

4. 流通环境

流通环境是指商品流通的外部环境。具体包括各类政策、监管服务体系、信息平台、大数据、区块链、互联网＋、云计算、"'一带一路'、京津冀协同发展、长三角经济带"三大国家战略等各种外部环境。为了创造良好的流通环境，我国政府付出了大量努力，做了大量工作，出台了大量政策，为优化商品流通体系创造了较好的外部环境。流通监管服务体系包括实施流通政策的政府监管机构及为维护商品流通市场秩序的相关服务体系。我国目前的商品监管机构主要包括工商、税务、质检、认证、交通、城管、消协等各种机构，这些监管机构的工作效率会影响流通效率。通过大数据，打通销售前端、中端、消费端的市场信息，构成以价格为中心的数据库。再凭借云计算强大的计算、存储能力处理农产品的大数据，提高处理信息效率，为商品流通过程中的价格形成、信息传递、精准营销、食品追溯等提供了便利。流通环境要结合当前"一带一路"、京津冀协同发展、长江经济带等国家战略的大背景，加强与"一带一路"沿线国家和区域农产品的贸易联系，组成以全国骨干批发市场为节点，贯穿南北、连接东西、辐射内外的全国商品流通骨干网络。

5. 流通模式

流通模式是指在一定的流通环境下，由流通主体、客体和载体按照某种组合实现商流、物流和信息流的转换，完成商品交换的一种方式。我国目前商品流通模式大概有以下五大类：以批发市场为核心的流通模式；以加工企业为核心的流通模式；以合作组织为核心的流通模式；以超市为核心的流通模式；以 QQ、微信、微博等社交媒体进行宣传、销售的微商C2C 电商模式。当前微商模式主要有个体代理商、企业营销平台等模式，这种基于社交化媒体平台的电商模式对传统营销产生了重大冲击，但也存在很多问题。

上述五类要素相互联系，构成了商品流通各环节的基本框架。不同要素之间通过特定的市场条件，可以形成不同的流通体系，流通主体、客体和载体是商品流通体系中的实体部分。不同的流通组织与不同的流通渠道搭配组合形成不同的流通模式，任何一种流通模式的交易过程都需要为其提供交易的场所、流通主体和客体的参与。流通载体的发达程度、流通客体和主体的不同特点，又会选择不同的商品流通模式。但流通载体的发达程度和流通模式的创新又会受到流通环境的影响和制约，比如信息技术的发展水平、政策的支持程度、流通设施的完备程度等。商品流通体系的五类要素之间相互作用、相互影响、相互制约使得商品流通体系始终处于动态变化的过程中，因此，研究流通体系始终要用动态变化的视角和维度。

2.2　基 础 理 论

2.2.1　创新驱动理论

美籍奥地利经济学家熊彼特（1990）首先提出"创新"一词。熊彼特认为创新来自生产活动，由要素和新的生产条件组合形成新的生产函数，带来新的价值并获得更多的利润从而促进经济发展，创新具有革命性、破坏性和毁灭性作用。彼得·德鲁克（2000）进一步繁荣了创新理论，他把创新看成一种改变资源产出效率以及创造财富的行为，这一创新行为包括两方面：技术创新和社会创新。厄特巴克（Uteerback，1971）认为创新是首次采用或应用新的技术。曼斯菲尔德（Mansfield，1968）认为创新是"一种发明的首次应用"。经济合作与发展组织（Organization for Economic Cooperation and Development，OECD）认为创新是发明在商业上的第一次的应用，更加注重创新成果的转化。

迈克尔·波特（1990）从驱动要素视角，将经济发展归纳为四个渐进式的发展阶段。第一阶段"生产要素驱动阶段"的创新主要以模仿和引进为主，经济发展主要依靠劳动力和自然资源维持，但劳动力价格比较低廉、自然资源开采过度造成环境污染比较严重。第二阶段"投资驱动阶段"主要依靠大量的资金投入驱动经济发展，自主创新能力不足，当前我国正处在投资驱动为主的阶段，但是在该阶段各地方又存在发展的不平衡。第三阶段"创新驱动阶段"通过创新实现要素的重新组合推动经济发展，强调核心、关键和重大技术的自我创新。第四阶段为"财富驱动阶段"。在经济发展的初期主要依赖资本、土地和劳动力等生产要素的投入来发展经济，随着科技的进步和生产技术水平的提高，对生产要素的质量要求不断提高，高耗能式的粗放型经济发展方式已无法适应新时代的发展和需求，创新驱动逐渐替代要素驱动和投资驱动。

2.2.2 政策协同相关理论

1. 协同理论

"协同"一词来源于古希腊，意指元素与元素相互影响的能力，表现了元素在事物整体发展过程中的合作协调关系。协同的结果往往是使参与者获益，整体加强，共同发展。进而使事物间属性互相增强，向积极方向发展。因此研究事物元素之间相互作用效果的协同性，便形成协同理论。

协同理论由德国物理学家哈肯（Haken）1977 年最早提出，他认为协同理论是在一定条件下系统能够将各个子系统调动起来高效的工作，从而推动系统从低效率向高效率发展，所达到的高效率远大于各部门效率的简单加总，原有的系统结构因此发生变革，这就是协同效应。协同理论认为在自然界和人类社会存在有序和无序两种状态，且两者在某种条件下可互相转化。在一个大系统中，假如子系统无法实现协同发展，甚至相互之间存在矛盾冲突，那么大系统就会发展成无序态势，整体性功能将无从发挥，最终走向瓦解淘汰的命运；反之，如果各个子系统能够相互协调，协同作用则将会产生"新质"，进而变革原有系统的结构，形成超越原有系统功能总和的新功能。

该理论自问世以来，在自然科学和社会科学中便得到很多应用，研究范围在不断地拓宽。而协同学包含的基本理论有序参量、控制变量、自组织原理以及协同效应。

协同理论认为，在整个系统的演化运动进程中，如果从无到有形成了新的参量，并且此参量决定着新系统的结构功能与系统的有序程度，那么该参量就是序参量。在现实的系统演化中，序参量是时时刻刻都存在的，然而无法在每一个阶段都彻底地表现出来。因此，将序参量概念推广为在系统演进某一阶段，对系统演化影响最大、作用持续时间最长的系统参量。准确地说序参量支配着子系统的发展变化行为。序参量在实质上规定了系统演化中临界点上的系统简化原则——"快速衰减组态被迫跟随缓慢增长的组态"，那就是在系统接近崩溃临界点时，系统的动力学和凸显结构会由几个关键的集体变量即序变量决定，其他的变量受序变量支配参与行动。在实际的系统演化中，影响因素众多，而找出起决定作用的序参量才是关键。序参量源自系统内部的参变量，没有了序变量对系统的支配，整个系统就会处于混乱状态即无序状态。所以，序变量实质上是大系统中各个子系统之间相互系统效果的指示标准，它的作用就是对系统整体运动和演化状态进行度量。

控制变量是外部环境为系统提供的物质流和信息流，这使得系统朝着有序的方向发展，但系统在相变的前后没有发生任何"质"的变化。

自组织是相对于他组织而言的。他组织是指系统组织中指令目标源于系统之外，自组织是源于系统之内，是子系统之间相互作用自发形成的结果，因而自组织具备两大特点即内生性和自生性。自组织能够有效地阐释系统自我发展过程，在一定的外部信息、物质与能量输入的条件下，系统整体在其子系统的相互作用下会形成新的时间、空间或者是有序的结构。而系统在演进中自组织产生需要三大条件：第一，开放的系统，使得它能够接收到外界的物质与信息反馈；第二，系统位于非平衡的状态，即系统内部的物质或能量存在显著差异，因此不断地进行物质或者能量的转换；第三，非线性的动力学反馈机制存在于系统之中。

协同效应是系统内子系统的相互影响与配合，从而对大系统产生作用的结果。在自然系统与社会经济系统这样的复杂且庞大的大系统中存在很多子系统，他们都可能会产生协同效应。系统从无序走向有序是协同效应的重要体现，而这一过程最重要、最核心的测度指标是协同度。协同度是指系统与环境之间或者系统内各个要素间联系合作的紧密程度，这种结合越紧密，各要素之间的互相作用力就越强，系统效率越高，即协同效应越大。

协同划分为三个层次。第一层，序参量从子系统的协同合作中产生，并且指挥子系统行为。这时子系统之间的协同催生出宏观的有序结构。第二层，几个序参量合作决定宏观结构，并且序参量之间的协同合作让系统保持有序的结构。第三层，随着控制变量（外部环境）的持续变化，原本协同的几个序参量地位和作用会改变，直到外部环境达到阈值时，将会出现只有一个序参量控制系统的状况，开始的有序会逐渐转变为无序，这也是更高级的有序的开始。总之，第三层含义是序参量从合作到竞争，由竞争促发展，在一定条件下从有序中孕育新的有序的过程。

协同理论研究的是系统与要素之间、要素与要素之间、系统与环境之间的协调互补、合作一致的关系。该理论认为：子系统在结构方面、特性方面和行为方面的简单加总是无法代替复杂且庞大的整体系统结构、特性和行为，而是子系统之间的相互作用，从而使整个系统朝着高效的方向发展或者形成新型结构，进而形成协同效应，促使整个系统从无序转化为有序，在混沌中开辟出一种稳定的结构。因此，协同理论注重系统发展过程中内部各个子系统之间的合作性、集体性的状态和趋势。

2. 政策协同理论

20 世纪以来，西方国家在政治上实行分权体制和政府干预主义，进而使得中央政府与地方政府，各部门之间在政策的协调沟通上出现了问题。美国 1975 年出版的《公共行政评论》，讨论了联邦政府之间政策不协调问题。英国学者希克斯亦对跨部门间的政府协同体系进行思考，创新地提出"整体政府"概念，旨在促进政府部门之间的协同。英国政府在 1999 年将希克斯的这一理念纳入《政府现代化白皮书》，意在调整不同政策之间的冲突实现政策协同。随后，欧美多国（如希腊、加拿大等）都进行了促进政策协调的体制改革。至此，政策协同理论正式进入新公共管理理论体系之中。

学术界关于政策协同有多种不同的术语，如"政策连贯性""交叉决策""一致的政策决策""跨界政策决策""联合政策"等。但其性质大体上相同。而关于政策协同的内涵表述一般地为：不同的政府部门之间通过沟通协商使政策相互兼容和协调，从而实现解决跨领域问题和政策目标的最大化效率。换而言之，政策协同就是政策从制定到实施是多方部门共同努力的结果，通过资源的最大化整合利用，以期减少部门之间的冲突。政策协同的目标有四个特点：一致性、连贯性、综合性及和谐兼容的政策产出。经济合作与发展组织（OECD）则从三个维度解释了政策协同：横向维度上单一政策的目标与内容协同，纵向维度上宏观目标、原始意图与最终效果的协同，时间维度上政策的稳定与可持续运行。

2.2.3 服务经济理论

服务经济最早由美国经济学家富可斯在 1965 年提出，1968 年他出版的《服务经济》是第一部专门研究服务理论的著作。他提出服务型经济又被称为服务型社会，在国民生产总值中服务业增加值占比超过 50%。服务经济主要是指企业在社会服务上发挥作用，政府在公共服务上发挥作用。社会服务包括金融、商贸、旅游、餐饮等，公共服务包括教育、环境保护、医疗和社会保障等。在城市化发达的国家，知识创新为动力的新经济在经济结构的占比逐渐增大。服务业内部结构发生了重大的变化，服务活动的从业人员（服务业的从业人员与制造业中从事服务活动的从业人数总和）在劳动力就业人数中所占的份额越来越高。根据配第一克拉克定理，经济的快速发展将会导致第三产业吸纳更多的劳动力。

2.2.4 比较优势理论

1. 亚当·斯密绝对优势理论

亚当·斯密（1776）在出版的《国富论》中首次提到了绝对优势理论。从微观和宏观两个角度去阐述该理论。微观层面，对于微观主体而言，各自都有自己的特色，而社会分工可以参考各自的特色来划分，再通过市场交易各取所需，使得社会总成本降低，而社会总福利上升；在分析完微观层面后，从宏观角度出发，认为各个国家也存在自己独有的生产优势，社会分工可以参考这种特色优势去划分，再通过国际贸易去交易，从而使得社会总成本降低而总福利上升。该理论虽被称为"绝对优势"理论，但显然是通过社会各个层面相互比较各自优势，再进行社会分工，所以实质上是一种比较优势思想。亚当·斯密还认为，这种优势既可以是先天存在的（如中国稀土），也可以是后天引导出现（如日本汽车产业）。

2. 大卫·李嘉图相对比较优势思想

大卫·李嘉图（1887）在其著作《政治经济学及赋税原理》中首次提出相对比较优势理论。相对比较优势理论实际上是在亚当·斯密的绝对优势理论基础上发展起来的。大卫·李嘉图在比较优势理论中将国际贸易和国内贸易分开，认为国际贸易不可能像国内贸易一样可以实现商品自由流动，从而实现统一的价值标准。他接受亚当·斯密认为各个国家间生产优势不一、国际分工有利于社会总福利的提高的观点。但是他不认为国际分工只参考各国的绝对优势，而应考虑到国与国间的价值区别，再进行国际分工，这就是主流经济学更加认同的比较优势理论。

3. 赫克歇尔—俄林要素禀赋学说

1919 年赫克歇尔—俄林在其发表的论文《对外贸易对收入分配的影响》中认为，各国的要素生产禀赋是不一样的。即使两国各个部门生产技术相同时，由于要素禀赋不一样，生产成本也是不一样的。要素禀赋说是对亚当·斯密的绝对优势理论和大卫·李嘉图相对比较优势理论的一种补充，认为多种相互影响的生产要素之间的差异才是比较优势的源泉。此后，亚当·斯密、大卫·李嘉图、赫克歇尔—俄林三者共同搭建的比较优势框架一直为主流经济学思想所接受，被称为 HO 定理。直到 20 世纪中叶，美国经济学家萨缪尔森再一次对这一理论进行发展，并产生了重大影响，因此又被称为 HOS 定理。

2.2.5　流通理论

1. 制度经济学的流通理论

制度经济学研究的核心问题是经济组织。旧制度经济学代表人物康芒斯批判了西方主流经济学，并阐述了自己的流通理论及思想。他将市场中的主体交易行为分成两种：一种是"交换"即移交商品或钱币的控制权；另一种是"交易"即转移法定意义上的所有权和控制权。此后，新制度经济学代表人物科斯在研究了市场中的交易和流通问题，提出了交易费用理论。

2. 马克思的流通理论

马克思从商品交换角度开始研究流通理论。他认为在发展初期商品交换是偶然的物物交换，随着交换的频繁与深入，商品交换逐渐超越了"偶然交换"的范畴，成为一种普遍的社会行为，货币出现之后商品流通分化成买和卖两个独立的过程，不同商品的形态变化彼此交织，这个过程被马克思称为商品流通。此外，马克思认为流通就是商品从生产到消费的整个流通过程，而这又构成了社会再生产过程。

3. 古典经济学的流通理论

古典经济学的代表人物是托马斯·孟和亚当·斯密。托马斯·孟提出，对外贸易是财富创造的根本源泉，因此，他认为各国都要注重国际贸易的发展。亚当·斯密在其著作《国富论》中提出，分工不仅是经济增长的源泉，也构成了交换的前提。而交换的出现促进了行业的进一步细分。亚当·斯密虽然没有提出完整系统的流通理论，但他提出的分工、国际贸易等经济思想却为流通的发展奠定了基础。值得一提的是，亚当·斯密之后的古典经济学家将研究重点集中在国际贸易上，并未对流通理论进行进一步发展。

2.2.6　交易成本理论

交易成本理论是由新制度经济学代表罗纳德·哈里·科斯（Ronald H Coase，1937）首次提出，发表《企业的性质》一文。通过对企业出现的原因和企业性质的探讨，提出交易费用在企业形成过程中的作用，是由于专业分工的出现，减少在市场中的成本，提高竞争力。交易成本是指在交易中为促成交易行为发生的各种成本，一般包括搜寻成本、谈判成本、决策成本、监督成本、违约成本和信息成本等。产生交易成本原因包括有限理性、机会主义、市场的不确定性、资产专用性和信息不对称等。

而流通各个环节就是促成交易的过程，商品流通过程中存在信息不对称、市场不确定性强、流通主体发育程度低和生产盲目等问题，流通过程中处处产生交易成本。

根据交易成本理论，在交易双方签订合同及沟通谈判等过程中，产生了市场交易费用。无效率交易或者不可能发生的交易源于较大的交易费用。在流通各环节中，受到个人行为的影响，流通主体也会考虑与其自身有关的各种相关费用，会将其获取信息、监督等交易费用加入流通的下一个环节中，同时将交易费用传递给下一个交易主体。

2.2.7　信息不对称理论

流通信息不对称主要是指在某一有限的时间段内或某一时刻，买者和卖者在进行商品交换时，买者对于将要购买的商品所了解的质量及价格方面的情况与卖者对于将要售出的商品所了解的质量及价格方面的情况是不同的。正常情况下，买者和卖者在进行商品交换时，买者对于将要购买的商品相对卖者掌握更多有关于商品质量及价格方面的信息。然而，二手商品市场作为一种特殊商品市场，卖者对于将要售出的商品相对买者掌握更多有关于商品质量及价格方面的信息。因而发生在二手车市场上的逆向选择便出现了；与此同时，在流通环节中，生产者相对消费者拥有更大的信息方面的优势。流通的信息博弈对象包含了流通过程中包含的流通主体的受教育程度以及道德水平等要素，流通过程中包含的各个流通主体所掌握信息的质量和数量都存在较大程度的差异。因此，在流通市场上，信息不对称带来的道德风险和逆向选择改变了流通市场的流通主体的原有高效交易行为，进而流通市场效率因市场流通主体行为而发生改变。因此，流通市场和流通主体的对接错位产生的导致了不同级流通主体间信息不对称现象的产生，这种信息不对称可能会降低流通效率，同时还会影响流通服务业的发展。

2.2.8　投入产出理论

投入产出理论最早由俄裔美国经济学家、哈佛大学教授瓦西里·列昂惕夫所创立，并对其进行了具体诠释，如今，投入产出理论被运用在很多领域。在以往的研究中，经济学家对社会经济的研究大多聚集于人民基本收入、日常物品销售的价格等因素之间存在的相互作用关系。但是，这样的研究明显不能体现实际的情况，因为人们在进行交易时涉及很多环节。投入产出理论能够帮助人们快速理清思路，对看似无章可循的各项交易进行了合理分类，用经济理论进行分析。交易存在于流通过程中的各个中间环节，低投入高产出是流通效率最大化的必然要求。

2.3　关于流通服务业的范围界定

学术界对流通的定义不统一，世界各国对流通服务业的范围界定也存有分歧，有不同的理解和规定。欧美发达国家主要从分销服务业、物流业、零售业等分行业来描述和界定流通服务业；日本统计审议会流通统计分会认为，流通服务业有广义和狭义之分，广义的流通服务业包括流通专门产业、流通关联产业和流通周边产业，其中流通专门产业分为商品交换流通服务业、物质流通服务业，流通关联产业分为金融流通服务业、信息流通服务业，流通周边产业指服务流通的服务业；狭义的流通服务业指商品交换流通服务业。根据中国《国民经济行业分类》（GB/T 4754—2017），流通服务业包括：批发和零售业，住宿和餐饮业，租赁和商务服务业，居民服务、修理和其他服务业。此外，商品的物流分别包括在交通运输、仓储和邮政业中。

国内各界对流通服务业的范围划分至今尚未统一。柳思维和黄福华（2007）等认为流通在国民经济中所涉及的行业非常广泛。林文益（1995）从广义流通的概念出发，认为流通领域主要包含的产业有商业、物资贸易、仓储、邮电通讯、金融业保险业等。郭冬乐和宋则（2001）指出，流通服务业是指与商品流通和商业直接相关联，或为商品流通和商业提供必要条件的各种投资领域的总称，它主要包括农产品、工业消费品和工业生产资料等商品的购销体系、商业设施、仓储业、运输业、包装装卸、流通加工、流通技术开发以及与此相关的信息产业、服务业等。夏春玉（1998）对流通服务业从狭义意义上做了界定，认为流通就是专门以商品流通为经营内容的盈利性事业。

结合学术界接受度较高的观点以及国家统计局对流通服务业的划分，并从数据的可获得性角度考虑，最终对"流通服务业"的范围界定为包括批发零售业、住宿餐饮业和交通运输邮政业在内的行业集合。

第3章 国内流通服务业发展现状及国外经验借鉴

3.1 我国流通服务业发展的现状分析

改革开放 40 多年，我国流通服务业取得了巨大成就，特别是近 20 年发展十分迅猛，我国在"十一五"时期初步完成了流通产业的合理布局和产业结构优化，完善了配套的制度，基本形成了现代标准流通体系。"十二五"时期我国经济进入"新常态"，加上时代的发展，新技术不断涌现，政府在制定政策时进行了大量的创新尝试。目前所处的"十三五"时期是全面建成小康社会的决胜阶段，流通服务业更应该充分发挥基础性、先导性产业的特性，争取成为社会经济的战略性支柱产业。本章选取流通服务业 1998—2019 年的数据进行对比，从不同方面和角度对流通服务业的发展现状进行详细讨论。我国流通服务业的现状为产业增加值规模不断扩大但增速放缓，就业规模平稳，劳动生产率不断扩大，固定资产投资不断增加，已经发展成为基础性、先导性和战略性产业。同时，还存在发展相对滞后等问题，接下来应该不断深化流通服务业体制机制改革，提高流通效率，使流通服务业更好地为国民经济服务。具体分析如下。

3.1.1 增加值规模不断扩大

我国历年流通服务业增加值如图 3.1 所示，1998 年流通服务业增加值仅有 13362 亿元，增加值规模逐年增长，在 2014 年更是突破 10 万亿元，截至 2019 年末，其增加值增长到 156688 亿元，一共增长了 143326 亿元，增长 10.73 倍，发展十分迅猛。

图 3.1　我国历年流通服务业增加值

资料来源：《中国统计年鉴 2019》。

图 3.2 为我国流通服务业增加值在第三产业中所占的比重，从中可以看出，流通服务业增加值占第三产业比重总体呈现出下降趋势，这是因为我国第三产业的发展速度高于流通服务业发展速度，说明我国流通服务业发展相对而言还比较滞后。1998 年流通服务业占比高达 42.34%，到 2019 年仅占 29.33%，下降 13.01%，在这期间仅在 2008 年有过微小的上涨，预计未来几年可能还会轻微下降，但相对而言所占比例仍旧较高。同时，还可以看出，流通服务业增加值占全国 GDP 的比重总体趋于平稳，2019 年占比为 15.85%，在 1999—2003 年达到 16% 以上，足以说明流通服务业在我国经济中的重要地位。

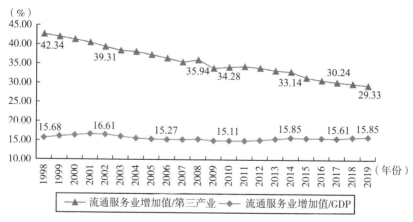

图 3.2　流通服务业增加值占比

资料来源：《中国统计年鉴 2019》。

3.1.2   发展增速开始放缓

衡量一个产业的发展有很多指标，最常见的有产业增加值增速、产业盈利能力、产业竞争力等，本章主要选取增加值增速来衡量流通产业的发展速度。图 3.3 为我国流通服务业历年增加值增速，从图 3.3 可以看出，我国流通服务业增速较高，2006—2008 年始终保持 9 个点以上的增速。1998—2006 年的波动是因为当时我国流通服务业正在起步阶段，正在不断完善各种配套机制。在 2007 年其增速达到最高 22.62%，但在 2009 年下降到了 6.74%，出现这一现象可能是因为 2008 年国际金融危机已经波及国内，此时流通服务业虽然增长速度下降，但依然能保持增长，在当年被称为危机中的"稳定器"。2012 年增速的下降是因为我国经济进入新常态，经济增长方式发生调整，大部分行业的增加值增速都在放缓，随着经济结构的调整，2016 年开始流通服务业增速又开始提高，2017 年与 2018 年的增速又超过了 9 个点，2019 年回落至 7.5%。

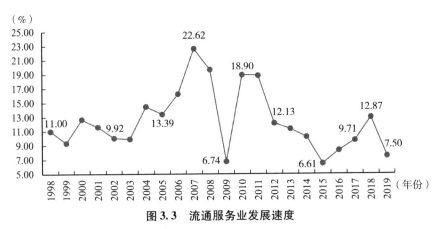

图 3.3   流通服务业发展速度

资料来源：《中国统计年鉴 2019》。

3.1.3   网络零售发展迅猛

国家统计局数据显示，2021 年我国网上零售额实现 130884 亿元，其中实物商品的网上零售额占社会消费品零售总额的比重为 24.5%，达到 108042 亿元，全国实物商品网上零售额同比增长 12.0%，实现逆势增长。

3.1.4   就业规模平稳，劳动生产率不断扩大

我国流通服务业从业规模如图 3.4 所示，流通服务业就业人员在 1998

年、2013—2015 年达到 2000 万人以上，而在 2004—2010 年低于 1400 万人员。尤其在最近五年，我国流通服务业就业规模基本趋于平稳，在 2000 万人员左右。从增速来看，2013 年是关键点，2013 年以前，就业人员的增速在不断增长，从 1998 年下降 24.13%，到 2013 年增加 24.14%，这说明我国流通服务业在这一期间的就规模扩大的速度迅速；但自 2014 年开始，其速度迅速下降到 -0.1%，其后三年基本保持在这一水平，说明流通服务业就业人数基本趋于平稳，但需要关注到其未来可能出现下降趋势。

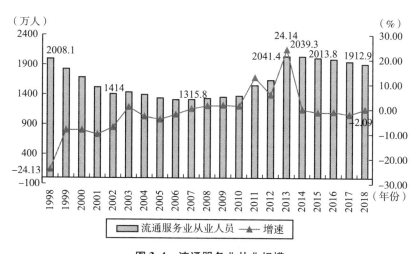

图 3.4　流通服务业从业规模

资料来源：《中国统计年鉴 2019》。

　　流通产业的发展有助于缓解全国的就业压力。从我国产业整体情况来看，不管是批发和零售业，交通运输、仓储和邮政业还是住宿和餐饮业，其对劳动力需求量都是很大的，尤其是行业基层工作人员的需求。而目前，流通产业就业基本趋于稳定，存在人才结构矛盾性和人才素质整体不高等问题，对我国流通服务业转型升级会产生一定的影响。这表明，应当调整流通产业人才结构，培养较高素质的人才，来提高全产业的人才水平。

　　产业的劳动生产率，是指某一个产业从业人员在一段时间内创造的劳动成果与其相适应的从业人数的比值。本章采用流通服务业增加值与其从业人员的比值来衡量流通服务业的劳动生产率，采用全国的增加值与全国从业人员的比值衡量全国水平的劳动生产率。这一数值越高，说明该产业的生产效率越高，对我国的经济发展水平越重要。从图 3.5 可以看出，一方面流通服务业劳动生产率在不断扩大，从 1998 年的 6.65 万元/人增长到 2018 年的 76.2 万元/人，增长了 10 倍多，未来还有明显的增长趋势；另一方面流通服务业劳动生产率从 1999 年开始均高于全国平均水平，并且与全国水平保持相同的增长趋势，但流通服务业劳动生产率的增长速度明显快于全国水平，在 2018 年流通服务业的劳动生产率比全国水平高出 22.93 万元/人。

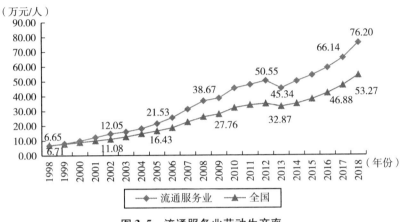

图 3.5　流通服务业劳动生产率

资料来源：《中国统计年鉴 2019》。

3.1.5　固定资产投资额不断增加

图 3.6 为我国流通服务业固定资产投资额，其规模在大幅度增长，1998 年只有 3547 亿元，截至 2017 年末增加到 84374.8 亿元，增长量是 80827 亿元，增长了 22.79 倍，可以看出在流通产业方面进行了大量的投资。同时，还可以看出，流通服务业固定资产投资增速波动较大，尤其是在 2011 年基本未出现增长，而后几年的增速一直保持在 10% 以下，究其原因可能是因为近几年流通服务业固定资产投资规模过于庞大，而其增长量的增速相对较慢，导致其增速有所下降。

我国流通服务业固定资产投资占全社会的比重如图 3.7 所示，2003 年是流通服务业固定资产投资占全社会比重的转折点，2003 年以前这一比重为 27% ~30%，但在 2003 年出现了大转变，其占比大幅下降到 13.74%，在以后期间也基本保持在这一水平，没有出现大的变化。从整体来看，流通服务业固定资产占全社会比重均在一成以上，该比重相对其他产业而言是比较高的，而且一直保持着稳定性，表明流通服务业在国民经济中的地位十分牢固。

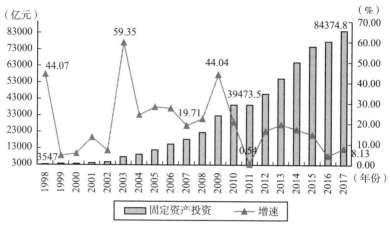

图 3.6　流通服务业固定资产投资

资料来源:《中国统计年鉴 2019》。

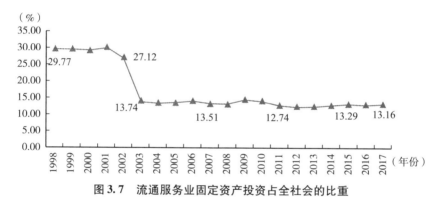

图 3.7　流通服务业固定资产投资占全社会的比重

资料来源:《中国统计年鉴 2019》。

3.1.6　对国民经济的贡献略有降低

衡量流通服务业对国民经济的贡献指标包括流通服务业对第三产业的贡献率和流通服务业对全国 GDP 的贡献率。其中,流通服务业对第三产业的贡献率指流通产业增加值的增加量与第三产业增加值的增加量的比值。同理,流通服务业对全国 GDP 的贡献率指流通产业增加值的增加量与第三产业全国 GDP 的增加量的比值。如图 3.8 所示,从整体来看,流通服务业对第三产业和对全国经济的贡献率趋势基本一致,有所下降。分别来看,流通服务业对第三产业的贡献率波动较大,但贡献率较高,最高峰是在 2008 年,高达 38.46%,但在 2009 年又出现大幅降低,出现这一现象的原因可能与当年的政策相关。从总体来看流通服务业对第三产业的贡献是非常大的，表明在第三产业中流通服务业至关重要。同时，流通服务业对全国 GDP 的贡献率波动较小，1998 年的贡献率最高，达到 24.15%，以后 5 年处于下降趋势，2003 年以来基本趋于平稳。从总体来看流通服务业对全国 GDP 的贡献率保持在 10% 以上，对国民经济的发展和贡献必不可少。

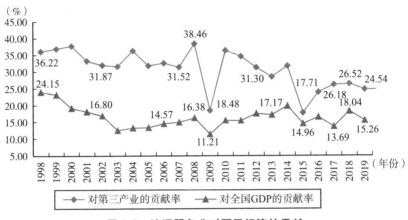

图 3.8　流通服务业对国民经济的贡献

资料来源：《中国统计年鉴 2019》。

3.1.7　绿色流通发展处于初步探索阶段

发展绿色流通，能够引导企业绿色生产，促进消费者实现绿色消费，形成绿色供应链，建设绿色供应链体系，这是践行新发展理念中的绿色发展观、也是深化供给侧改革的具体表现。我国企业与发达国家的企业相比，绿色管理意识相对淡薄，绿色流通发展刚刚起步，2014 年 9 月商务部出台了《关于大力发展绿色流通的指导意见》，2016 年出台了《商务部办公厅关于做好 2016 年绿色流通有关工作的通知》，进一步推进流通服务业绿色发展。目前，供应链上各种物流活动引起的环境污染还比较严重，数据表明，2017 年我国快递业中包装物的整体回收率低于 20%，且大多数包装物被直接送到了垃圾场进行填埋，而未得到合理利用，这使城市的环境治理面临巨大挑战，一些发达国家的这类包装物回收利用率高达 45%。因此，要重视连接生产与消费的中间流通环节，采用现代信息技术和管理方式，提高流通效率，开展绿色采购和绿色商场等示范工程，激励快递企业开发可回收包装材料，推动"绿色流通革命"，引导消费者形成绿色消费理念。

3.2　美国流通服务业发展的经验借鉴

3.2.1　通过法律来规范市场流通行为

美国商贸流通服务业管理的最大特点是通过法律来规范商业流通行为。美国的国会立法有两种体系：一是保护消费者权益的法律，美国国会先后制定了 20 多个比较重要的法律来保护消费者的合法权益；二是防止商业垄断、鼓励商业竞争的法律。在大法官的支持下，美国出台了《连锁商店价格限制法》，主要是为了避免连锁企业向供应商乱收各种费用，损害供应商的利益。

3.2.2　推行以市场为主导的流通产业发展政策

美国流通服务业发展模式推行以市场为主导，以政府间接推动为辅的产业政策，为流通服务业的发展营造公开、公平、公正的自由市场竞争环境。美国大城市和小城镇的商业街都不同于国内很多由政府规划出来的商业街，基本是长期自然发展的结果。美国的中小型流通服务企业比较多，为了扶持中小型流通服务企业的快速发展，美国政府设立小企业管理局，采取积极的财政金融支持政策，为中小型流通企业提供优惠贷款、税收优惠补贴等，另外还提供技术、管理等方面的扶持，这些中小流通服务企业极大地推动了美国的经济发展。

美国自然资源丰富，以大型超市和连锁的批发零售商为主导的连锁商家在商品流通领域起着重要的作用。政府机构通过比较完善的农业产业体系构建流通渠道管理体系，有效地整合了与农业生产相关的辅助组织及生产企业，这种管理模式有效地降低了农产品市场的运营风险，保障了农业生产企业的经济效益。

3.2.3　广泛应用信息技术及网络系统

美国领先开发并普及信息技术使美国流通服务业的信息化发展水平在国际上处于领先地位。从 20 世纪 60 年代开始，为了能在流通环节获得更多的利润，美国企业陆续实施改进方式：将旧式的仓库改为配送中心，并对连锁店构建共同的配送中心；通过电脑网络化实现装卸搬运及保管环节的标准化管理等。20 世纪 90 年代初期，美国食品杂货业发起并实行了

"高效消费者反应"战略，并成为信息技术与现代流通服务业结合的范例。随后，欧洲和日本借鉴了这种策略并取得了巨大的经济利润。目前，美国流通服务业主要采用电子数据交易（EDI）、企业资源计划（ERP）、运输管理系统（TMS）、电子商务（E-commerce）、地理（GIS）和无线射频技术（RFID）等多种信息技术。

3.2.4　调整与优化流通服务业结构

美国政府认为竞争性的市场能从根本上反映产业结构的发展趋势，只有投资者和生产者根据市场价格差异采取的行为反应才能使资源得以合理配置，并反映产业结构的发展趋势。政府的角色主要是营造促进产业发展和产业结构合理化的市场环境，且只有在市场失灵时才采取有针对性的必要措施。自由的市场环境直接促进了美国第三方物流的产生，由综合性的第三方物流服务商、专业运输与仓储服务商和区域性配送服务商等组成的分工合作的产业形态逐渐形成，对调整优化流通服务业结构发挥了积极作用。

3.2.5　促进流通现代化发展

作为国外零售业第三次重大变革的主要标志，连锁经营方式大大促进了零售业的现代化，并成为发达国家现代流通服务业中最主要的企业组织形式，并迅速从美国扩散到了世界各地。世界经济的快速发展要求供应链、第三方物流运输和仓储等与经济需求相适应。在物流配送方面，从发达国家的实践经验可以看出，第三方物流的形成和发展能够促进物流资源合理配置、成本下降、效率提高及企业核心竞争力的增强，所以发达国家普遍采用第三方物流。

电子商务是一种具有新时代特征的贸易方式和手段，它具有开放性、全球性、低成本、高效率等特点，改变了供应链的传统模式和经济主体的角色与作用，直接影响并促进了整个社会的商品流通。发达国家的电子商务发展比较成熟，2002 年 37 个国家的网络购物者在网络使用者中所占的比例均为 15%，而美国最高，达到了 32%。目前，全球电子商务总量中美国占到八成以上，另外，美国在电子商务的技术、人才及应用等方面也具有很大的优势。

在美国流通企业普遍采用连锁经营、物流配送、电子商务等现代流通方式的过程中，很多低效的商品转运、积压和倒运的现象大大减少，商品库存率下降，商品流通效率不断提高。

3.2.6　实施顾客服务和信息管理创新战略

美国流通企业在细分市场中发现消费者的隐性需求，并制定创新服务顾客的策略提高顾客的效用。美国主要通过不同年龄段的划分、收入阶层、居住的社区、零售服务组合、消费人群、不同时间节奏的人群和各种流通渠道的组合等几个方面对消费者进行细分，从而实现差异化服务和零售经营创新。例如，沃尔玛通过实施信息管理创新战略，建立了企业内部的配送中心和卫星系统，大大提高了物流管理效率。

3.2.7　适时调整流通服务业发展政策

美国流通服务业的发展模式是典型的以市场为主导的发展模式，但政府在其发展中也起到一定程度的间接推动作用。政府制定的流通服务业政策是为了维护市场公平竞争，使流通企业发展拥有自由竞争的环境和条件。中小流通企业为社会就业提供了众多机会，因此美国政府对其采取积极的扶持政策。例如，设立专门的中小企业管理局，为小企业提供奖金、技术、管理等援助和营业、贷款、补贴、税收等优惠政策。

3.2.8　多种方式加强流通服务业专业人才培养

美国注重通过多种渠道加强流通服务业专业人才的培养。一是很多著名的高等院校加强多层次物流专业教育，包括本科生层次和职业教育层次，部分院校还包括研究生层次和学位教育层次，形成了完善的物流教育系统。二是在社会专业培训机构中开展流通相关知识培训。三是相关行业协会开展相关的资格认证培训及考试等活动。如美国物流管理委员会开展物流在职教育，建立了美国物流业的职业资格认证制度，如仓储工程师、配送工程师等若干职位，只有受过正规学历教育的物流从业人员或经过考试获得相应职业资格的人才能从事物流工作。

3.3　日本流通服务业发展的经验借鉴

3.3.1　拥有完备的流通立法

日本零售业的法律制度体系比较全面，拥有完备的商业立法，主要包括零售主体、竞争、特定商品管理、保护消费者权益、商业布局、环境管理和零售行业促进等方面的法律制度，这些制度的立法宗旨是规范市场竞争行为、协调各方利益关系。日本政府对流通服务业管理的目标是保障商品的适时适量供应、满足消费者需求、提高流通服务业的经济性和效率性、提高社会福利，提高国民生活质量。日本立法突出了社会政策性，并不断调整立法以适应零售业的发展变化。

3.3.2　实行以政府为主导的流通产业政策

日本政府管理商贸流通的主要手段是行政指导，通产省常常通过行政指导规制商业流通活动，使之符合政府的政策意图。日本流通服务业的发展与政府主导的产业政策密切相关，其政策主要针对两个方面：一方面出台一系列的流通产业中长期发展规划、人才培养扶持政策、流通科技政策等促进流通服务业的创新发展；另一方面制定合理的流通产业竞争政策协调大型流通企业与中小企业的关系。日本政府通过这些强有力的政策措施，不断提高流通企业的服务质量、限定其经营服务的品种和范围，促进流通服务业的快速发展。

日本领土面积小、自然资源有限，但人口稠密，农产品需求量大，为了缓解自然资源与农业生产间的矛盾，日本建立了以政府为主导的农业协同组合制度，简称"农协"。农协在农业生产—流通—销售的整个环节中发挥着关键作用，农协是农业生产和农民经济利益的合作经济机构，集流通、销售与服务等一条龙服务。

3.3.3　注重信息技术及网络系统的应用

日本流通服务业信息化始于20世纪60年代，由于当时的计算机能力有限，它的应用主要局限在数据处理方面。到了70年代，得益于计算机数据处理水平的提高，信息技术得以大规模的普及与应用，流通服务业信息化水平大大提高。流通服务的主要业务涵盖商品管理、库存管理和订货发货管理等，零售服务商与上游批发商之间开始采用EOS系统。到了80年代，流通服务业的信息化水平突飞猛进，POS销售终端系统、VAN增值网络系统等得以普及与应用。

日本经济在20世纪90年代处于严重的衰退状态，推行的新的产业政策也没有多大效果。制造业向外转移使日本出现了"主导产业真空"。这一困境促使日本产业结构向高技术化、服务化和国际化方向发展，信息产业的发展成为主要突破口。信息产业得到快速发展之后，日本将其具有国际领先的电子通信技术应用于流通服务业中，使整个流通服务业向网络化和系统化方向发展，对流通服务业整体的质量的提升提供了很大的帮助。许多企业联合订货发货，开发物流渠道，实现共同信息化，这一特点在中小零售企业尤为显著。在软件方面，采用新的管理方式、管理系统，提高了流通服务业的效率和质量。信息技术和流通服务业不断地协同融合发展，日本拥有世界领先的数据库技术，同时也积极推行信息标准化。日本首先在国内推行 ISO 标准。有了先进信息技术，为整个流通服务业就能搭建起一个有效、快速、方便、可靠的现代信息服务平台。通过该平台，现代的流通服务业企业得到了快速的发展。在国际上，采用了先进技术并与现代信息技术相融合的流通服务业也非常具有竞争力。目前，日本流通服务业广泛采用条码技术、POS 技术、EOS 系统和 QR 系统等多种现代化的先进的信息技术。

3.3.4　促进流通服务业结构合理化

随着经济发展，日本流通服务业也经历了许多变革和调整，其发展分为三个阶段：战后重建、国际化发展和流通革命。特别是 1962 年，大型超市诞生，它避开了许多中间批发环节，直接从厂家进货，创新了流通方式，日本流通服务业和流通结构发生了根本性变化。20 世纪 90 年代以来，日本零售从数量多规模小且分散的组织结构向大中小比例协调、规模大且集中的组织结构转变，批发环节减少，流通服务业态多样化和流通渠道网络化等特征逐步显现，流通结构发生了重大的变化。商业业态的结构也不断趋于更加合理，传统的综合型零售业如综合超市和百货商店增长放缓，而新型业态如便利店、超级购物中心和专业超市等得以迅速发展。

3.3.5　注重流通企业经营创新与流通体制创新

在日本发展初期，日本政府感到流通服务业的发展需要政府的支持。接着日本就出台了一系列物流和交通运输战略上的措施，明确了物流的发展方向。在国内，日本政府完善铁路运输和公路网、港湾建设、航空枢纽港的基础设施。重视物流配送基地的建设，并对全国的物流设施进行全面规划。

20 世纪 60 年代，日本经济进入快速发展阶段，但传统的不合理的流通结构和封闭的流通体系与经济发展不相适应，阻碍了流通效率的提升，另外，从生产到批发到零售，很难实现大规模生产和消费，在此背景下爆发了第一次"流通革命"。日本是较早引入连锁经营并取得成功的国家之一，日本出现第一家连锁店是在1992年。现今，连锁经营已成为日本流通服务业中的一种重要形式。连锁经营的销售额占整个零售业销售额的四成，日本最大也是世界最大的便利店7-11，在全球拥有直营和特许连锁店21000多家。

从20世纪90年代后半期开始，日本政府逐渐采取市场化的行动，减少政府控制，提高市场地位，流通的各个环节，即批发、零售、仓储、运输、物流配送，都出现了第二次"流通革命"，经营方式、管理技术和组织形式都发生了重大的改变，进而促进了新型零售业态（打折商铺、平价商铺）的产生和发展。流通渠道的构建主体变为第三方物流，流通领域中的大型企业与小型企业之间的关系发生了根本性的改变，第三次革命促进了流通现代化。

为了刺激日本经济，日本政府将发展电子商务作为重要国策。为了促进电子商务的迅速发展，日本政府采取了一系列积极措施，如颁布或修改相关法律法规、支持金融业和电信业与电子商务的开放合作、完善基本网络建设、制定税收优惠政策、保护消费者和个人信息等政策措施，日本电子商务实现了快速发展。

3.3.6　完善流通服务业发展政策

日本是一个十分注重法律保障的国家。在其推动其产业发展时，也必定要制定相应的法律作为依托来推动该产业的快速发展。一直以来，日本政府都对其服务业的发展给予了高度重视。近年来，随着流通服务业对日本经济的增长中扮演着越来越重要的角色，其发展也越来越受日本政府的关注。通过对日本流通服务业的研究，可以得出一个结论：日本流通服务业的发展离不开日本政府一系列专门化、有针对性的政策制定，使得日本流通服务业能够更标准化地发展，更有保障地发展。例如，2006—2008年日本政府针对社会人口老龄化、劳动力不足、服务经济化的新的经济形势和社会环境，分别制定了《新经济成长战略》《制造业、信息业、服务业产业政策》等政策，并公布了后十年发展的部分政策措施评估报告。日本政府提出日本经济的可持续发展需要服务业和制造业的共同带动，尤其是商务服务业、旅游业等服务业。日本政府也提出要重点发展包括流通服务业在内的生产性服务业。

日本流通服务业的发展是一种典型的政府主导型发展模式，其转型与发展离不开政府的推动。在流通领域，日本产业政策主要解决两个问题：一是大企业与小企业的关系问题；二是不断改造传统流通服务业，淘汰落后，促进流通现代化。早在 1968 年，日本政府就提出了流通服务业发展一年规划，制定了完善的引导流通服务业发展的具体政策措施。主要包括：流通服务业结构政策、流通服务业组织政策、流通服务业区域分布政策、流通服务业技术政策、流通服务业人才培养政策、流通服务业信息化政策、流通服务业合理竞争政策等。

为了防止资源配置低效率或过度竞争，确保规模经济和提高经济效率，日本政府还制定了流通服务业规制政策，对企业进入的数量、质量、期限以及经营范围进行规制，为了保护消费者利益，维护公平竞争秩序，确保中小商业有足够的发展空间，日本 1973 年制定了《关于调整大型零售商店零售业务活动的法律》（一般简称为《大店法》），对大店的布局、数量实行了有效控制，使得大量的零售小店能继续生存和发展。日本政府多年来一直十分重视中小流通企业发展，制定了一系列直接扶持中小流通企业的政策措施。

3.3.7　产、学、官三者合作及部门监管化促进流通服务业发展

所谓的产、学、官，指的是产业（即流通服务业）、学校（即教育机构）和政府。这里指日本所推行的一种在流通服务业中政府与学术机构合作，组建的推进流通服务业发展的高级别专门的机构，如设立国家级"服务研究中心""联席会"、提高服务业生产率的平台组织"服务业生产率协会"等。这些机构、协会可以发挥其吸收各方意见建议、协调各方关系、制定相关政策措施、推进政策措施的落实等作用。

日本流通服务业部门的监管化指的就是：日本政府与流通服务业行业协会的互相协调与共同发展。首先，政府从国家经济大宏观的背景出发，设立流通服务业发展推进部，对流通服务业的各项指标进行有效针对性的监管；其次，流通服务业相关协会或机构从行业的角度出发，对行业内部的各项发展进行重要调节。两者一个从宏观层面调控，为行业制定合理政策并加以有效推行；一个从行业内部的微观层面出发，促进行业间的各种技术交流。二者适当的分工，给流通服务业带来高效率、高质量的管理和发展。

3.3.8　加强从业人员专业教育和职业培训

纵观世界各国服务业，日本的服务业以服务质量著称。日本的服务业

向来遵循人性化服务，在不管消费任何类型的服务过程中，消费者都能够真实地体验到"顾客就是上帝"的感受。而服务质量的提升依赖于相应服务业劳动力和人才的培养。

由于服务业出现的较晚，因此一般的本科院校都没有设有专门培育服务业人才这类学科。为了向服务业输送更多高质量的符合实际需求的劳动者，完善经营理念和最佳实践经验，日本政府注重促进学校和企业之间的交流联系，完善教育体制，将实践经营理念和经验与教学相结合，培养更加符合实际需求的专业人才。2007年日本的文部科学省委托各大院校开发教育项目，以便培养高水平的服务相关专业人才。2007—2008 年 12 所大学的 13 个项目申请得到了采纳。

在日本，所有从事服务行业的工作人员都接受过专业的训练，拥有很高的专业素养；在日本，服务不仅仅是一个职业，已经上升为一种商业文化，服务人员谦卑、礼貌、主动服务、真诚微笑、无微不至的体贴，更容易让人们体会到服务是一种很常规的意识、做法与行为体系。有在日本留过学的中国人是这样评价其在日本的体验的：只要你进店，不管你穿什么——精致或普通，买什么——哪怕只是很便宜的物品，微笑是一样的，鞠躬是一样的，服务是一样的。没有你想要而没有的服务，只要是你想得到的服务，在日本都存在。正是这个原因，日本服务业举世闻名，大家都愿意在日本进行消费，这无疑给日本服务业带来更大的消费需求和更多的发展机遇。

日本也非常重视在职培训，日本物流管理协会的在职培训分为长短期两种：长期培养长达六个月，旨在提高综合性物流管理能力；另一种是为期一周以内的短期培训，主要是专门课题培训。此外，日本有很多大型企业内部设有培训机构，负责对本企业的内部员工进行培训，同时也开设了一些公开课程对外开放。还有部分连锁经营企业自己开办大学，根据企业自身发展的需要开设相应的课程有针对性地培养企业需要的人才，如麦当劳就有自己的大学。

3.4　伦敦流通服务业发展的经验借鉴

3.4.1　注重保持传统特色

牛津街是伦敦最繁华的购物街道，始建于罗马时代，在 18 世纪末初具规模，并在 20 世纪出现了一流的百货商场和购物中心，经历数百年的发展，逐渐成为举世闻名的商业街。整条牛津街，充满着历史气息，历史建筑及物品与现代潮流在此碰撞交汇，让人感受到这里的历史与浓郁的文化氛围。

位于牛津街上的塞尔福里奇（Selfridges）百货公司是牛津街的第一家百货商场，历时一个多世纪的演变，它已经成为伦敦的一张名片，并开创了百货的零售模式，革新了人们的购物方式。在这里，顾客可以看到由"电视之父"贝尔德（John Logie Baird）发明的首台机械式扫描电视机。20 世纪初的自动发报机，它也曾经卖出过史上第一块全自动机械表、第一张音标示意图和第一台收音机。时至今日，始终引领着时尚消费的潮流。

3.4.2　打造文化与艺术结合的"购物天堂"

英国的购物文化有诚信待人、高质量的服务、重视消费者体验、促销活动等，这些都让顾客难以忘怀。伦敦的商店因其不定期的促销活动所以吸引了大批顾客前往，尤其是英国的鞋子品质好且相对便宜，甚至比香港还便宜得多，这吸引了许多中国游客。

伦敦商家的广告宣传也别具特色。比如，牛津街道两边的橱窗不仅仅作为传统商业广告和促销的用途，它还展现了文化、艺术、创意、潮流。Selfridges 百货店的沿街橱窗宛如一条历史和艺术长廊，在展示创意和艺术的同时，悄无声息地传递出传统的商业信息，既带给顾客艺术体验，又起到了消费促销作用。每年 8 月，牛津街都会举行设计节，并吸引世界各地的艺术家和设计者，届时所有橱窗都会焕然一新，更会吸引大量的顾客。

3.5　典型国家和地区流通服务业发展趋势

3.5.1　数字化技术重塑零售业的客户体验

随着区块链、大数据、云计算等新兴数字技术不断涌现发展，且在流通领域得到应用，使得零售业的进入门槛不断降低，例如 B2C 平台使生产商通过网络拓展销售渠道，C2C 使越来越多的商业个体进入零售行业。

1. 店内体验符合数字化

对于线下实体零售店，消费者不再只是传统的购物，而是在寻找一种期望，实体购物的完整体验。从优化店内布局、策划店内活动，为顾客量身定制服务，零售商正在利用数字化工具将体验提升到新的水平。移动技术使零售业的服务也变得更加方便易行，最典型的就是移动支付技术的应用，很好地实现了顾客要求的便利的特性。调查发现，有一半甚至以上的受访者在实体店采用移动支付的方式付款，如店内独有的应用程度，扫码支付等方式。移动支付技术消除了顾客使用现金或刷卡消费的麻烦。

2. 个性化和即时满足的时代

面对广泛的选择，更个性化的和即时满足的被认为是对客户体验的积极因素。亚马逊作为最早的电子商务公司，从一开始经营书籍销售到扩及范围相当广的其他产品，以顾客为中心，给顾客提供最简洁的方式，让顾客得到最好的体验，这些策略都加速了其作为电子商务巨头的崛起。随着计算机和网络技术的高速发展和普及，越来越多的消费者可以随时随地上网，更多选择线上购物，而在网购过程中，消费者有着与实体店不同的购买行为，即网购消费者更容易因为产品促销而购买计划外的商品。

3. 将需求转化为机遇

消费者的购买需求并没有减弱，数字化技术也正在飞速发展，通过利用先进的技术，零售商可以更好地预测和满足顾客的需求。配合个性化的商业空间设计、完善的服务体系等，将有助于继续吸引忠诚的顾客并实现独特的品牌体验。

3.5.2　技术创新步伐加快

发达国家先进的物流技术促进了现代物流的出现和发展，流通效率不断提高。物流装载工具和管理方式从第二次世界大战时期的叉车、托盘、20世纪50年代的集装箱到计算机时代的网络仓储管理系统、条形码、电子商务、ERP等，再到如今的大数据、云计算，发达国家流通效率持续提高，其中较为重要的改进方式——物流作业自动化，同时也是物流产业发展的时代趋势。国际经验表明，物流作业自动化是通过物流作业与大量先进的信息技术相结合而实现的。

3.5.3　绿色流通全面推进

"绿色"成为近年零售业的新趋势，零售商越来越注重环境可持续发展，对安全、环境、健康、生态的关注程度不断提高，他们正在不断地"绿化"自己的商店和运营，推广更加环保的产品，开展帮助顾客提高环境责任感的项目，减少商品对环境的影响，促进品牌与消费者之间的互动。现在很多零售商都提倡消费者购买使用绿色环保产品，如沃尔玛的"绿色实验超市"和乐购的"节能店"等。零售业巨头沃尔玛采用绿色包装，在建筑、减少污染等很多领域推行绿色技术，正在转变成全面的绿色零售商。绿色物流，即在商品的流通过程中，最大限度地降低物流对环境的负面效应，许多发达国家通过发展绿色物流，集约各种分散的物流活动，减轻物流活动对资源和环境的负面影响。

3.5.4　新型业态逐渐兴起

很多新型业态是由零售业与其他产业融合形成的，如购物商场与娱乐休闲业、餐饮业等多种业态融合形成了新型的综合购物中心，沃尔玛的超市健康诊所、家乐福的金融保险服务等也不仅仅局限于原有的传统经营范畴。新零售是一项不断变化、动态发展的业务，要求品牌商不断地改进和改变自身，以适应新的场景、新的业务模式，并为源源不断的业务新创意提供发挥的场地。除了外部多产业整合外，零售业还进行内部的创新，以获得新的持续不断的增长动力，如应用新技术降低经营成本、开展移动商务形成新的销售方式等，新技术为零售业提供了提高运营效率的广阔空间，推动了新一代的电子商务和服务平台的产生，使零售业向更加便利、实时发展，并促进了智能商店这种新业态的形成，打造更好的客户消费体验。

3.5.5　便利化水平不断提高

随着全球化进程的加快和国际贸易需求的急剧增长，许多发达国家建设了大量港口、高速公路和立体仓库等，产业集聚使得一些国际物流园区应运而生。这些园区的地理位置靠近大型港口和机场，并依托港口和机场，及时高效地处理国际贸易业务，形成国际性的大型物流中心，提高了国际贸易的便利化水平，满足了全球客户多样化需求。

3.5.6　物流全球化趋势明显

一方面，第三方物流企业普遍以满足客户最终需求为出发点和落脚点，以客户需求为核心，追求"在正确的时间把正确的产品（或服务）以正确的数量、价格、方式送到正确地点的正确客户手中"。另一方面，服务的专业化。如美国的第三方物流企业通常都有细致明确的行业定位，尽最大可能提供更加专业化和高效率的物流外包服务，并且在专业化的基础上向综合化服务发展，如运输企业提供仓储服务、互为代理或在全球范围内的网络扩张等，专业化的物流服务是越来越多的企业选择外包物流的原因。

3.6　国外流通服务业发展经验对我国的启示

3.6.1　健全流通服务业的法律法规体系，实行流通政策和制度创新

我国流通服务业涉及的领域比较广、行业比较多，完善的法律法规体系有利于推进我国流通服务业的健康快速发展。与以市场为主导的美国模式、以政府为主导的日本模式相比，我国流通服务业的法律法规体系尚不健全，立法滞后影响了流通服务业的健康发展，因此借鉴美日等国家的先进经验，我国流通服务业的相关法律法规要在以下方面有所突破：一是要尽快建立规范的流通竞争等活动的基本法，二是要健全市场流通主体的相关立法，三是要加强流通市场调控的相关立法。

我国流通服务业经过多年的发展，多种经济成分、多元经营主体和多种流通模式共存。一方面，政府要构建完善的流通服务业市场的竞争体系，防止垄断和区域封锁现象的发生；另一方面，政府要出台相关流通服务业发展政策，支持流通企业通过多种方式提升企业的核心竞争力，如资产重组和联合兼并等，从而形成大型流通企业带动整个流通服务业有序发展的格局。通过实施政策和制度创新转变流通服务业的发展方式。

3.6.2　建立现代信息系统，通过技术创新实现流通现代化，实现新零售快速发展

近年来我国流通服务业的业态不断创新，新零售获得了快速发展，但在信息化领域尤其是信息技术在流通服务业的应用方面与美日等发达国家仍存在差距，提高流通服务业的现代化水平应以信息技术带动流通服务业的技术革命，另外还要根据不同地区、不同子行业的发展水平，有针对性地推广信息技术，提高流通服务业的运转效率，满足生产和消费的需要。

改革传统的流通方式，现在的流通创新更多的是技术创新，通过区块链、大数据等新技术实现流通的组织形式创新、业态创新、经营模式创新

和渠道创新。流通企业要用现代科学技术和先进的管理手段以丰富流通发展方式，尤其要加强物联网、大数据、5G 技术、区块链等新型信息技术在流通领域的应用，促进现代连锁经营、共同配送中心和直销配送等新型流通方式的发展。

3.6.3　通过技术革新，调整流通服务业的产业结构

流通服务业的子行业非常多，业态结构比较复杂，批发零售、住宿餐饮、交通运输、物流等都存在多种业态结构。以零售为例，既有商业街、百货店、专卖店等传统业态，还有淘宝、京东、拼多多、微商等新型业态模式。随着"互联网＋"和数字经济的发展，技术不断革新，传统业态和新型业态共存并呈现出不断融合的态势，但传统业态模式仍占主导，且传统业态模式的结构失调问题比较明显。以零售业为例，据统计，我国大型零售商虽然发展速度比较快，但是市场份额还不足 40%。大部分的百货、零售和食杂等店面比较分散且规模很小，布局不合理。在这样的发展趋势下，需要通过流通服务业的技术革新将传统业态与现代业态结合，推动流通服务业的业态结构不断升级与优化，保证流通服务能够跟上现代生产消费的需求。

流通服务业高质量发展离不开科学技术的支持，技术革新是转变我国流通服务业发展方式的关键因素。要强化流通服务业的基础设备投入，如物流配送设备、仓储运输设备及各类零售市场等，这些基础设备都属于公共基础设施的重要组成部分，应该通过技术革新推动流通服务业的信息化、网络化、数字化、现代化、国际化发展。此外，加强三四线城市和农村地区的流通技术革新，缩短城乡流通体系的差距，完善的流通基础设施和配套能够吸引更多的流通服务企业，从而使流通服务能够覆盖不同的消费群体，促进流通服务业多业态结构的平衡发展。

"新零售"只是一个相对的概念，是零售业发展到一定阶段的产物。新零售融合了大数据、移动支付、智能物流、区块链等技术，以重构人货场三种元素为切入点，传统的电商是指仅在线上交易，消费者、商品和销售地点三种元素之间的关系是相互割裂的，在城乡二元结构下使得许多商品出现"冷热不均"的销售现象。京东、阿里巴巴、腾讯等纷纷抢占新零售市场，拼多多的异军突起正是在这种二元消费结构下诞生的，并且创造了社交电商的奇迹。加快新零售的发展，只有通过重构人货场三种元素之间的关系，才能促进三者之间的交融，将商品与人、场

更加紧密地联系起来。

无论是电商还是传统流通企业都要实现转型升级和创新发展,电商只是一个渠道,可能未来几十年甚至几百年都将是一个主力渠道,而且是一个新兴的渠道。电子商务越来越渗透到日常生活中,未来电子商务对服务行业的渗透不仅仅是网购,必然会在医疗、出行、交通等生活的方方面面更加紧密地结合起来。以前都是通过电脑上网,现在主要是通过手机上网,所有 PC 端能做的事情,无线端手机都可以操作。所有购物的行为也都能在手机上操作完成,随着移动电子商务的兴起,消费者越来越集中在无线端,电子商务也必然转移到无线端去。流通服务业创新的主要标志是业态创新和经营模式创新,以后的趋势一定是线上和线下融合,线下的寻求线上拓宽渠道,线上线下的结合将会更加紧密。

3.6.4 培养和引进高素质流通人才

创新驱动本质是流通服务业高质量发展的第一动力,创新驱动的基础是培养大量的人才,因此,实施创新驱动发展战略,必须加快建设创新型的流通服务业人才队伍,充分发挥高端人才在流通科技创新中的引领作用。

人才是需要培养的,高素质人才对自己的成长需求更大,对培养方式要求更高。为了培养和留住高素质人才,可从以下几个方面尝试和探索:一是制订流通服务业的人才培养计划,有针对性和有效性地开展流通服务人才的培养。二是鼓励流通服务业在职人员的深造和再培训,包括参加培训班、研修班或者进修班学习、参加学术会议、学术讲座、学术访问等活动。在职人员可以通过到高校在职读研提升自身综合能力素质,政府和用人单位都大力支持,也可以通过参加社会各种教育机构的培训,提高从业人员的专业技能。三是建立人才引进机制,引进精通国内外流通服务业的业务规则、有丰富的流通管理经验、掌握流通技术的高素质复合型人才,通过引进高素质的人才加速我国流通服务业向现代化、标准化、数字化和国际化方向高质量发展。

3.7 本 章 小 结

美国流通服务业发展经验包括:通过法律来规范市场流通行为,推行以市场为主导的流通产业发展政策，广泛应用信息技术及网络系统，调整与优化流通服务业结构，不断推进流通方式的现代化发展，实施顾客服务和信息管理创新战略，适时制定与调整流通服务业发展政策，多渠道加强流通服务业专业人才培养。日本流通服务业发展经验包括：拥有完备的流通立法，实行以政府为主导的流通产业政策，注重信息技术及网络系统的应用，促进流通服务业结构合理化，注重流通企业经营创新与流通体制创新，完善流通服务业发展政策，注重产、学、官三者合作及部门监管促进流通服务业发展，加强从业人员专业教育和职业培训。伦敦流通服务业发展经验包括：注重保持传统特色，打造文化与艺术结合的"购物天堂"。我国流通服务业的发展现状：增加值规模不断扩大，发展增速开始放缓，网络零售发展迅猛，绿色流通发展处于初步探索阶段，就业规模平稳，劳动生产率不断扩大，固定资产投资额不断增加，对国民经济的贡献略有降低。借鉴国外流通服务业的发展经验结合我国流通服务业的实际情况，得出以下几点启示：健全流通服务业的法律法规体系，实行流通政策和制度创新；重视绿色流通发展，建立现代信息系统，通过技术创新实现流通现代化，实现新零售快速发展；通过技术革新，调整流通服务业的产业结构；培养和引进高素质流通人才。

第 2 篇　路径选择研究篇——创新驱动流通服务业高质量发展的内在路径分析

引　言

　　本篇阐明了"创新驱动—高质量发展"的机理。创新驱动是流通服务业迈向高质量发展的主要助推引擎。创新驱动可以显著提升流通服务业的价值链，而且不仅仅是科技的创新，更是管理的创新、知识的创新，从我国当前经济发展所处的阶段及其对创新需求的紧迫性看，当前需要抓好两方面的创新：一是科技创新，另一个是制度创新，其中实现科技创新的基础和前提是制度创新，本书认为流通服务业高质量发展，关键在于创新驱动。创新是引领发展的第一动力。流通服务业过去依靠劳动力投入的要素驱动方式已经无法支撑流通服务业的持续稳定发展，而依赖技术进步的创新驱动方式仍处于萌芽发展阶段，在此背景下，探究创新对流通服务业发展的驱动效应，明确我国流通服务业发展中创新驱动的发展现状，解析创新驱动推动流通服务业高质量发展的作用方式。赵启纯（2017）指出制度质量的改进能够明显提升技术创新的产出效应，技术创新存在制度质量的门槛效应。陶长琪和彭永樟（2018）认为由于存在技术壁垒，技术创新推动经济增长时会受阻，经济增长中的创新驱动效应可能具有门槛效应。基于以上研究，本书认为创新驱动流通服务业高质量发展可能存在门槛效应，因此，本篇构建面板门槛回归模型来进行实证检验。分析流通服务业高质量发展的门槛效应，构建创新驱动和制度质量的双变量门槛效应分析模型，从创新驱动和制度质量两个维度解析各区域流通服务业高质量发展的路径选择。

第4章 创新驱动流通服务业高质量
发展的门槛效应分析

本章将从制度质量的视角出发，将内生经济增长理论进行一定的拓展，在此基础上分析流通服务业发展中创新驱动的理论关联，探寻切实可行的流通服务业发展动力转换的内在路径。本章从以下几个方面展开：一是在内生经济增长模型的基础上，引入制度质量将流通服务过程分为创新驱动和要素驱动，探究制度质量、创新驱动与流通服务业发展的内在理论联系；二是依据创新驱动的理论分析，采用 Malmquist – DEA 构建流通服务业发展中创新驱动效应的测算指标，从时间和空间维度分析创新驱动效应的时空分布特征，清晰、明确地把握创新驱动效应的时空分布格局。

4.1 创新驱动流通服务业高质量
发展的动力转换机制分析

4.1.1 创新驱动的概念界定

"创新驱动"的概念最早由迈克尔·波特于1990年提出，他在《国家竞争优势》一书中，将国家竞争力分为要素驱动、投资资源、创新驱动和财富驱动四个阶段，并全面阐述了其特征及演进过程。创新驱动是推动经济增长的主要动力。

国内学者近几年也对创新驱动的内涵进行了界定。张来武（2011）指出创新驱动发展是"以人为本"的发展，人的发展是创新驱动发展的根本。在创新驱动发展阶段，"人的智力"成为第一生产要素，其生产率远远高于资本、自然资源和劳动力。无形资产，如知识和信息等成为主要的要素投入，这类要素投入具有非消耗性、非排他性与非稀缺性等特点。

陈曦（2013）指出，首先，创新即对各个生产要素进行整合的过程，避免了对单一要素的过度消耗，从而实现了各生产要素的可持续发展；其次，创新作为一种可再生资源，在创新驱动经济发展的过程中，会为经济发展提供源源不断的原动力；最后，创新具有高附加值的特点，以创新为驱动的生产力呈现出级数增长的特征，相对于加数以及乘数效应，其对经济的发展具有更大的促进作用。洪银兴（2013）认为创新驱动即指推动经济增长的主动力是创新。与其他阶段对比而言，创新驱动不是不需要要素和投资，而是指创新驱动这一增长方式不仅仅解决效率问题，更为重要的是通过创新实现人力资本、制度和知识资本等无形要素形成新的组合，使科学技术成果转化为现实的生产力。王海燕和郑秀梅（2017）认为创新驱动有三层含义：第一，通过引入知识和技术等要素创新驱动发展突破了资源要素的瓶颈；第二，创新驱动发展是对各类创新资源的整合与盘活；第三，创新驱动发展是传统经济发展动力的优化与升级。

综上所述，创新驱动一般指创新驱动型经济，具体表现在科技创新，而科技创新往往涉及人力投入和资金投入两大部分，其投入结果往往表现在科技产出。因此，创新驱动就是人力资本投入科技产出的内在过程，创新驱动效应就是人力资本投入对科技产出的驱动效应，创新驱动效应的具体数值可由人力资本投入和科技产出二者之间量化。

4.1.2　创新驱动产业发展的理论模型

龚和施密德（Kung & Schmid，2015）以新经济增长理论（Romer，1990）为研究基础，分析并揭示了经济增长与创新之间的关系。将产业分为创新研发部门、中间产品部门和最终产品部门这三大部门，构建以下内生经济增长模型。

1. 创新研发部门

知识产出函数的衡量可以借鉴格里利克斯（Griliches，1979）和贾菲（Jaffe，1986）的研究成果，研发投入的劳动力、资本以及经济中的知识存量决定了创新研发部门的成果。此外，市场需求结构的调整伴随着消费者对高端产品需求的日益增长，研发部门的创新和研发活动会在利润刺激下进一步得到强化，即市场对高端产品的需求（设为 T）对创新研发部门的创新和研发活动具有激励作用，从而有效地促进创新研发部门的产出增长。将研发部门的知识生产函数设定为

$$\dot{A} = \delta K_A L_A A^{\phi} T^{1-\phi} \tag{4.1}$$

式中，创新研发部门的生产效率用 δ 表示，研发部门的资本投入用 K_A 表示，研发部门的劳动力投入用 L_A 表示，经济体中的知识存量用 A 表示，在创新研发过程中产生的知识存量的产出弹性用 ϕ 表示。市场对高端产品的需求用 T 表示。

在创新实践与产业发展过程中，虽然创新相关的制度法规的制定在国内有统一标准参考，但由于各区域在经济发展度、市场成熟度、法律规范度、政府支持度等方面存在差异，导致了各个地区的制度质量差别较大。制度质量较高的地区，相对应的人才引进力度、专利保护强度也会更大，从长期来看，知识存量、高端产品需求在制度质量的提升下能有效地增加研发创新成果的产出弹性。因此，考虑了制度质量的作用，将研发部门的创新产出函数设定为

$$\dot{A} = \delta K_A L_A (A^\phi T^{1-\phi})^{1+\psi} \tag{4.2}$$

式中，制度质量用 ψ 表示，其他变量含义与前面保持一致。

2. 中间产品部门

一系列具有垄断能力的生产商组成了中间产品部门，生产商可以从市场上租借到一定数量的资本，每单位资本的利息成本为 c，假设每生产 1 单位中间产品需要 1 单位资本。

中间产品部门生产商的最大化利润是通过选择生产中间产品（或是选择租借资本）的数量来实现的。求解中间产品部门的最优性问题得到

$$c = \xi^2 (K_Y^\alpha L_Y^{1-\alpha})^{1-\xi} x(i)^{\xi-1} \tag{4.3}$$

产业发展的过程中，创新活动无处不在。创新的驱动作用在生产中间产品的过程中可以提高单位中间产品的附加值，从而带来的是中间产品生产部门利润的增长。假设 η 表示为中间产品生产过程中创新驱动的强度系数，则 $x(i)$ 单位中间产品的附加值为 $M(i) = A^\eta x(i)$，中间产品部门的利润函数为

$$\pi = p(i)M(i) - cM(i) = \xi(1-\xi)(K_Y^\alpha L_Y^{1-\alpha})^{1-\xi} A^\eta x(i)^\xi \tag{4.4}$$

3. 最终产品部门

最终产品部门通过不断地投入劳动力 L_Y、物质资本 K_Y 和中间产品 $x(i)(i \in [0, A])$ 从而获得最终产品。假设不同的中间产品 $x(i)$ 之间是完全独立的，即两两之间不存在替代关系（替代弹性为 0），于是有

$$Y = (K_Y^\alpha L_Y^{1-\alpha})^{1-\xi} \Big[\int_0^A x(i)\mathrm{d}i\Big]^\xi \tag{4.5}$$

式中，$\alpha \in (0, 1)$，$\xi \in (0, 1)$。最终产品部门在要素驱动阶段将投入的

要素转化为生产能力，物质资本的产出弹性为 α，劳动力的产出弹性为 $1-\alpha$；生产者利用生产能力在创新驱动阶段将中间产品转化为最终产品，且最终产品生产的附加值也能得到提高，最终产品的数量和质量都实现了增长。

最终产品部门不断地调整中间产品数量和要素的投入数量，目标是利润达到最大化，即

$$\max\left\{\left(K_Y^\alpha L_Y^{1-\alpha}\right)^{1-\xi}\left[\int_0^A x(i)\,\mathrm{d}i\right]^\xi - \omega L_Y - rK_Y - \int_0^A p(i)x(i)\,\mathrm{d}i\right\} \tag{4.6}$$

式中，物质资本单位成本用 r 表示，工资用 ω 表示，第 i 种中间产品的价格用 $p(i)$ 表示。

4. 代表性消费者

代表性消费者的交易成本以及获取信息的成本由于经济和技术的不断发展而逐渐递减，这使得他们对自身的消费需求结构的调整会更加重视，代表性消费者在供求结构与消费结构共同调整的时期，会不断提高其对高技术含量的产品需求，从而消费者效用由于市场供给的高端化得到了提升。产品的高附加值很大程度上取决于创新知识的积累，基于此，在研究代表性消费者的效用函数时，将创新知识积累量引入，得到

$$\max\int_0^{+\infty}\left(\ln C + \beta\ln\dot{A}\right)e^{-\rho t}\,\mathrm{d}t \tag{4.7}$$

式中，消费用 C 表示，主观贴现率用 ρ 表示，且为正值，β 为正值表示和消费比较，从产品生产过程中获取的技术创新水平对个体福利的重要程度。假设消费者的部分收入会用来购买高端产品（具有高技术含量、高附加值的产品），消费者用于兑现高端产品需求的支出用 I 表示，则其预算约束方程为

$$\dot{K} = rK + \omega(L_Y + L_A) + \int_0^A \pi_i\,\mathrm{d}i - P_A\dot{A} - C - I \tag{4.8}$$

式中，rK、$\omega(L_Y + L_A)$ 和 $\int_0^A \pi_i\,\mathrm{d}i$ 分别表示代表性消费者的资本收入、劳动收入和利润收入，用于购买高端产品的支出用 I 表示，即

$$\dot{T} = I \tag{4.9}$$

代表性消费者的目的是在预算约束方程（4.8）和方程（4.9）给定的前提下，实现自身效用的最大化。为了解决这一问题，构建的 Hamilton 函数为

$$H = \ln C + \beta\ln\dot{A} + \lambda_1\left\{rK + \omega(L_Y + L_A) + \int_0^A \pi_i\,\mathrm{d}i - P_A\dot{A} - C - I\right\} + \lambda_2 I$$

$$\tag{4.10}$$

中间产品部门每单位资本的利息成本在一般均衡条件下与物质资本的单位成本相等，c 等于 r，代入式（4.10），求解最优化问题可得

$$\frac{\dot{c}}{c} = c - \rho \tag{4.11}$$

5. 创新驱动效应

经济运行在有限要素投入的约束下，将收敛至平衡增长路径，此时 C、K、A、Y 和 I 增长率相等，将增长率设为 g。推导可得

$$L_K = \frac{(1-\xi)(\rho+g)L}{(1-\xi)(\rho+g) + \alpha\eta\xi} \tag{4.12}$$

$$L_K = \frac{\alpha\eta\xi L}{(1-\xi)(\rho+g) + \alpha\eta\xi} \tag{4.13}$$

为了明确产业增长中要素驱动和创新驱动所占的份额，将产业增长总量中由要素驱动带来的增长贡献率定义为要素驱动效应，将创新驱动带来的增长贡献率定义为创新驱动效应，记为 E_F 和 E_T，则 $E_F + E_T = 1$。

在求解经济增长贡献率时，索洛（1957）余值法是常用的方法，首先需要得到经济总产出的明确表达式。与彭水军等（2005）类似，假设在专利既定时，任意一类中间产品的单位附加值和最终产品的单位附加值保持一致。基于此，得到中间产品部门的线性生产函数为

$$M(i) = Y \tag{4.14}$$

综合式（4.3）、式（4.11）和式（4.14），可以得到

$$Y = \left(\frac{\xi^2}{\rho+g}\right)^{\frac{1}{1-\xi}} K_Y^\alpha L_Y^{1-\alpha} A^\eta \tag{4.15}$$

运用索洛余值法，得出产业发展中的创新驱动效应为

$$E_T = 1 - E_F = 1 - \alpha\left(\frac{\xi^2}{\rho+g}\right)^{\frac{1}{1-\xi}} - (1-\alpha)\left(\frac{\xi^2}{\rho+g}\right)^{\frac{1}{1-\xi}} = 1 - \left(\frac{\xi^2}{\rho+g}\right)^{\frac{1}{1-\xi}} \tag{4.16}$$

将式（4.16）进行等价变换，即可得到创新驱动产业增长的理论关系式

$$g = \xi^2(1-E_T)^{\xi-1} - \rho \tag{4.17}$$

4.1.3 创新驱动流通服务业高质量发展的机理分析

改革开放初期由于人口红利的持续释放，一批劳动密集型流通服务业实现了高速发展，过去流通企业对发展环境的要求比较单一，只要为流通企业提供充足的物理空间便能吸引很多流通企业落户。产业发展浪潮不断

变迁，区域发展需求也在不断发生变化，不破不立、不变不通。流通服务业已经由高速增长转向高质量发展的阶段，高质量发展是创新成为主要驱动力的发展，助推流通服务业迈向高质量发展的主要动力是创新驱动。各区域对自身的流通活力、创新力和竞争力提出更高要求，创新驱动可以显著提升流通服务业的价值链，而且不仅仅是科技的创新，更是管理的创新、知识的创新，创新是一个复杂的体系，不仅包括技术创新，还涉及制度和体制机制等创新。从我国当前经济发展所处的阶段及其对创新需求的紧迫性看，当前需要抓好两方面的创新，一是技术创新，二是制度和体制机制创新，其中实现技术创新的基础和前提是制度和体制机制创新。制度是企业和个体参与经济活动、保证经济有效运转并发挥作用的各种准则的总和，是经济社会持续健康发展的框架。制度作为一种社会游戏规则，在经济生活中，它通过降低交易成本的方式扩大市场和促进交换（诺斯，1994），可以分为正式制度（如政策、法律、法规等）和非正式制度（如宗教、文化、价值观等）。制度质量差异决定了企业交易成本的大小，而税收优惠、产权保护等制度环境可以降低企业的投资交易成本。阿罗（Arrow，1962）提出如果创新产品很容易被其他生产者复制，创新者研发新产品的动力和信心就会减少，这说明知识产权等制度的完善对创新活动的重要性。以诺斯为代表的新制度经济学认为合理的制度安排能够促进创新，良好的制度环境能够获得更多的创新产出，制度对创新具有决定性作用，制度创新优于技术创新。但不同区域内部的制度经常存在差异，不同的制度对技术创新的影响也同样具有差异性。高照军和武常岐（2014）认为制度对创新的作用路径主要是通过优化配置技术和信息稀缺的企业资源，从而提高员工的创新动力和创新能力，最大化提高创新绩效。赵启纯（2017）认为技术创新存在制度质量门槛效应，技术创新需要高质量的制度作为支撑，一个国家制度质量的改进对提升技术创新产出的效应更加明显。陶长琪和彭永樟（2018）认为技术创新推动经济增长在自主创新能力不足时，由于技术壁垒的存在会遇到瓶颈，这将会导致创新驱动效应在经济增长中呈现非线性特征，通过面板门槛效应回归模型可以检验这种非线性特征是否存在。

20世纪80年代，罗默（Romer，1990）的新古典内生增长理论提出技术进步并非经济系统外部的要素，而是由投入研发中的资本和人力资本这两种要素所产生的结果，进而将技术进步内生化。本书基于内生增长模型及熊彼特经济增长理论，结合国内外学者对高质量发展和创新的不同观点以及研究的实际情况，构建了创新驱动流通服务业高质量发展的影响机理分析框架，如图4.1所示。

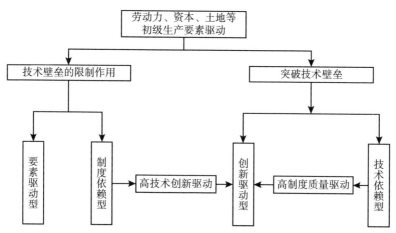

图4.1　创新驱动流通服务业高质量发展的影响机理分析框架

从要素驱动到创新驱动实现流通服务业高质量发展大致要经历要素驱动发展阶段、制度依赖发展阶段、技术依赖发展阶段和创新驱动发展阶段这四个阶段。

1. 要素驱动发展阶段

产业结构发展水平以及物质资本、劳动力资本等要素的投入等初级影响因素是流通服务业发展初期增长的主要动力来源，这时产业发展处于要素驱动型阶段。新产品信息的有效传递和要素的价格能及时反映市场供求关系，激励企业进行技术创新和研发。根据新古典内生增长模型，增长中的创新驱动效应还处于较低的水平，这会导致创新活动的边际成本处于较高的水平，且在这样的水平下，创新活动仅仅停留在研发阶段而无法变成现实的生产力，这时产业发展达到平衡增长点，初级要素的边际收益递减，由于受到技术壁垒的影响，此时无论怎样增加初级要素的投入，产业发展都会保持低速或停滞。

2. 制度依赖发展阶段

制度经济学认为，制度对技术创新有较大的正向影响，良好的制度环境对技术创新具有促进作用，反之对创新有阻碍作用。市场制度提供的创新动力和压力能够激励企业家提高对要素的组合能力。在要素驱动型发展的经济背景下，单纯进行制度创新，虽然不能突破技术壁垒的作用，但可以改变产业结构，改善产业运行模式，同样可以带来结构性的产业增长，释放产业增长活力，我们认为这种情况是制度依赖型。良好的制度质量是一种比较优势，能够有效地提高资源配置效率和促进企业的发展。较高的制度质量意味着政府的干预较少、要素市场发育程度较高和制度环境更加完善。但在流通服务业高质量发展过程中，制度质量创新是一个在反复试错中不断调整和完善的过程，并通过技术系统选择外部环境。制度依赖型企业要达到新的发展阶段，需要通过提高技术创新来驱动产业发展。

3. 技术依赖发展阶段

根据新古典内生增长模型，其他要素不变的情况下，技术水平的提高会增加产业经济增长率，产业发展不再单纯依靠初级要素的投入，而在很大程度上因技术水平的影响驱动产业发展，我们认为这种情况为技术依赖型。但过低的制度质量可能会增加企业的经营成本和交易成本，并不利于企业的发展。制度质量的提高不仅能降低技术创新活动过程中的交易费用，还能规范和引导在促进流通服务业高质量发展过程中的低效率等问题。制度质量的完善和提高能促使技术驱动型企业达到新的发展阶段，最终实现创新驱动发展。

4. 创新驱动发展阶段

流通服务业高质量发展的两大关键因素是制度质量与技术创新。其中，技术创新是内生动力，制度创新是外部诱因，制度创新往往滞后于技术创新。制度与技术协同演化的过程即流通服务业高质量发展的过程，流通服务业高质量发展的根本动力是技术创新，在流通服务业高质量发展的各个阶段制度质量对技术创新起着重要的支撑和保障作用。创新驱动大致分两种情形：第一种情况是，原来企业发展属于技术依赖型。假设在已有技术进步的背景下，同时提高制度质量水平，通过技术、制度双重创新驱动产业发展，技术增长和结构性增长共同作用产业，将对产业释放巨大的增长潜力，技术创新在高质量制度的支撑下对流通服务业高质量发展产生更大影响，同时高质量制度更促进了技术研发的高效运行，引致更多的高新技术出现，促使技术创新转变为创新驱动，这时产业达到了创新驱动型发展阶段。第二种情况是，原来企业发展属于制度依赖型。假设在已有制度质量比较高的背景下，同时提高技术创新水平，通过技术突破将对流通服务业释放巨大的高质量发展潜力，高质量制度提高了技术创新的运行效率，促使制度依赖型企业通过技术突破实现创新驱动，这时产业达到了创新驱动型发展阶段，实现由采用新技术的现代流通服务业替代传统流通服务业的更迭，流通服务业实现高质量发展。

在流通服务业实现高质量发展的过程中，最开始都是从要素驱动开始的，有的区域由于具有制度优势，如果能够实现技术突破，更加注重技术平台开发和加强公共设施建设，为发展高技术、高管理和高知识的流通企业提供适宜的土壤，由制度依赖转向技术依赖，通过技术创新最终实现创新驱动。有的区域由于具有技术优势，如果能够营造适宜的制度环境，由技术优势的内驱力通过制度的外在驱动最终实现创新驱动。

4.2　各区域创新驱动效应的测算

4.2.1　创新驱动效应理论模型

前述分析通过构建内生经济增长模型解析了创新驱动对流通服务业高质量发展的作用方式及内在机理，但在实际测算各区域创新驱动效应时，遇到了很多困难。借鉴程虹（2018）的观点，一个地区经济发展的动能是要素和投资驱动还是创新驱动，是衡量其高质量发展的一个标准，而全要素生产率（TFP）是衡量创新最优的标准。本书利用数据包络分析法（Data Envelopment Analysis，DEA）通过测算全要素生产率变化值来量化我国各个地区的创新驱动效应，DEA 是进行效率评估的一种常用方法，基本原理是根据多项投入和产出指标对目标单位进行效率评价。

通过面板数据和 DEA 模型的 Malmquist 指数的方法可以分析我国各个地区创新驱动的效应。Malmquist 指数即全要素生产率指数，1953 年由斯滕·马姆奎斯特（Sten Malmquist）提出，他利用距离函数的比率来计算投入产出的效率。以下三个经典的公式可以用来说明 Malmquist 生产率指数的原理：

$$M_{i,t+1}(\boldsymbol{x}_i^t, \boldsymbol{y}_i^t, \boldsymbol{x}_i^{t+1}, \boldsymbol{y}_i^{t+1}) = \left[\frac{\boldsymbol{D}_i^t(\boldsymbol{x}_i^{t+1}, \boldsymbol{y}_i^{t+1})}{\boldsymbol{D}_i^t(\boldsymbol{x}_i^t, \boldsymbol{y}_i^t)} \times \frac{\boldsymbol{D}_i^{t+1}(\boldsymbol{x}_i^{t+1}, \boldsymbol{y}_i^{t+1})}{\boldsymbol{D}_i^{t+1}(\boldsymbol{x}_i^t, \boldsymbol{y}_i^t)} \right]^{1/2}$$

$$(4.18)$$

式中，i 地区在 t 和 $t+1$ 期的投入向量分别用 $\boldsymbol{x}_i^t$ 和 $\boldsymbol{x}_i^{t+1}$ 表示；i 地区 t 和 $t+1$ 时期的产出向量分别用 $\boldsymbol{y}_i^t$ 和 $\boldsymbol{y}_i^{t+1}$ 表示；以 t 时期的技术 T^t 为参照的 t 和 $t+1$ 期生产点的距离函数分别用 $\boldsymbol{D}_i^t(\boldsymbol{x}_i^t, \boldsymbol{y}_i^t)$ 和 $\boldsymbol{D}_i^t(\boldsymbol{x}_i^{t+1}, \boldsymbol{y}_i^{t+1})$ 表示；

$$M_{i,t+1}(\pmb{x}_i^t, \pmb{y}_i^t, \pmb{x}_i^{t+1}, \pmb{y}_i^{t+1}) = \underbrace{\frac{D_i^{t+1}(\pmb{x}_i^{t+1}, \pmb{y}_i^{t+1})}{D_i^t(\pmb{x}_i^t, \pmb{y}_i^t)}}_{EF_i^{t+1}} \underbrace{\left[\frac{D_i^t(\pmb{x}_i^{t+1}, \pmb{y}_i^{t+1})}{D_i^t(\pmb{x}_i^t, \pmb{y}_i^t)} \times \frac{D_i^{t+1}(\pmb{x}_i^{t+1}, \pmb{y}_i^{t+1})}{D_i^{t+1}(\pmb{x}_i^t, \pmb{y}_i^t)}\right]^{1/2}}_{TC_i^{t+1}}$$

(4.19)

公式（4.18）通过变形得到公式（4.19），该公式是用来表示技术效率与技术变化的分离。从 t 到 $t+1$ 期生产效率的变化用第一部分 **EF** 表示；从 t 到 $t+1$ 期技术的变化率用第二部分 **TC** 表示：

$$M_{v,c}^{t,t+1} = \frac{D_v^{t+1}(\pmb{x}_i^{t+1}, \pmb{y}_i^t)}{D_v^t(\pmb{x}_i^t, \pmb{y}_i^t)} \times \frac{\frac{D_v^t(\pmb{x}_i^t, \pmb{y}_i^t)}{D_c^t(\pmb{x}_i^t, \pmb{y}_i^t)}}{\frac{D_v^{t+1}(\pmb{x}_i^{t+1}, \pmb{y}_i^{t+1})}{D_c^{t+1}(\pmb{x}_i^{t+1}, \pmb{y}_i^{t+1})}}$$

$$\times \left[\frac{D_c^t(\pmb{x}_i^t, \pmb{y}_i^t)}{D_c^{t+1}(\pmb{x}_i^t, \pmb{y}_i^t)} \times \frac{D_c^t(\pmb{x}_i^{t+1}, \pmb{y}_i^{t+1})}{D_c^{t+1}(\pmb{x}_i^{t+1}, \pmb{y}_i^{t+1})}\right]$$

(4.20)

公式（4.20）放松了公式（4.19）和公式（4.18）的关于规模报酬是固定的假设，描述了在规模变动下的情形，进一步将技术效率分解为规模效率变化和纯技术效率变化两个部分；注脚为 c 的表示固定报酬不变的情况，第一项和第二项分别表示在变动规模下的纯技术效率变化和规模效率变化，第三项表示技术变化率。公式表达为

全要素生产率变动 = 技术水平变化 × 综合技术效率变化 (4.21)

综合技术效率变化 = 纯技术效率变动 × 规模效率变动 (4.22)

4.2.2 变量选取与数据来源

为了测算我国各个地区创新驱动效应，根据创新驱动的概念界定，将创新驱动分为两个部分，即创新驱动投入和创新驱动产出。第一，创新驱动投入中，在规模报酬不变的情况下可以将创新投入分为人力投入和资本投入，这两种投入会对产出有直接影响；第二，创新驱动产出部分可直接表现为科技产出，具体的指标体系研究见表4.1。

表 4.1　　　　　　　　　　　创新驱动指标体系

指标	维度	具体形式
创新驱动投入	人力投入	R&D 人员全时当量/人年
	资本投入	R&D 内部经费支出/万元
创新驱动产出	科技产出	专利申请数/件

　　其中，R&D 人员是指直接从事 R&D 活动的人员，以及直接为 R&D
活动提供服务的办事人员、行政人员和管理人员。我国 R&D 人员采用全
时人员数和全时工作两个指标。因为一个人并不是把全部的时间都投入
R&D 活动，把非全时人数按工作量采用全时当量折算为全时人员数。一
个全时工作量就是一个人全年的工作量，即 1 个人年。

　　在测算各个地区流通服务业的创新驱动效应过程中，本书利用了
Malmquist - DEA 数据包络分析法来测算各个地区 2001—2018 年的创新驱
动效应。数据来自 2001—2018 年我国 31 个省、自治区、直辖市（除港澳
台，以下简称省份）各指标对应的数据，个别指标缺失是采用邻近点的线性
趋势预测进行补齐，原始数据来自《中国统计年鉴》和各省份的统计年鉴。

4.2.3　各省创新驱动测算

　　本书测算创新驱动效应的数据仅涉及两项投入和单个产出，因此在利
用 DEAP - 2.1 软件对我国 31 个省份（除港澳台）数据使用 Malmquist -
DEA 模型测算创新驱动效应时，用全要素生产率变化值来代表该地区创新
驱动效应，结果见表 4.2。

表 4.2　　　　　　　　全国各地区的创新驱动效应

省份	2003 年	2006 年	2009 年	2012 年	2015 年	2018 年	均值	排名
北京	1.192	0.889	0.999	0.741	0.888	1.009	0.897	2
上海	0.927	0.866	0.895	0.844	0.878	1.027	0.850	3
广东	1.041	0.999	0.965	0.746	0.882	0.901	0.910	1
黑龙江	0.659	0.641	0.621	0.852	0.994	1.054	0.772	25
吉林	0.811	0.856	0.685	0.666	0.777	1.005	0.823	14
辽宁	0.888	0.654	0.632	0.860	0.889	0.913	0.832	8
河北	0.916	0.664	0.756	0.852	0.754	0.981	0.827	12
天津	0.640	0.723	0.801	0.862	1.000	1.150	0.831	10
山东	0.896	0.456	0.753	0.801	0.941	0.914	0.807	19
江苏	0.765	0.782	0.752	0.912	0.855	0.956	0.808	18
浙江	0.816	0.864	0.721	0.900	0.833	0.969	0.837	6
福建	0.892	0.771	0.521	0.645	0.821	0.963	0.756	27
海南	0.843	0.845	0.652	0.763	0.921	0.875	0.831	11
广西	0.881	0.741	0.751	0.888	0.931	0.970	0.836	7
云南	0.801	0.845	0.752	0.762	0.820	0.967	0.812	17

续表

省份	2003 年	2006 年	2009 年	2012 年	2015 年	2018 年	均值	排名
重庆	0.832	0.845	0.800	0.862	0.912	1.024	0.845	4
四川	0.990	0.654	0.643	0.900	0.761	0.946	0.832	9
贵州	0.759	0.621	0.762	0.823	0.801	0.952	0.758	26
甘肃	0.833	0.702	0.753	0.746	0.831	1.060	0.785	22
宁夏	0.754	0.752	0.654	0.506	0.777	0.952	0.750	28
陕西	0.908	0.733	0.765	0.789	0.965	1.007	0.838	5
内蒙古	0.888	0.699	0.741	0.601	0.951	1.013	0.815	16
新疆	0.852	0.741	0.845	0.456	0.899	0.861	0.782	24
青海	0.798	0.544	0.652	0.821	0.833	0.901	0.724	30
山西	0.878	0.845	0.632	0.744	0.910	0.862	0.820	15
河南	0.786	0.763	0.623	0.786	0.865	0.883	0.784	23
湖北	0.907	0.874	0.632	0.743	0.888	0.914	0.827	13
湖南	0.842	0.863	0.761	0.621	0.899	1.006	0.804	20
江西	0.746	0.654	0.456	0.721	0.860	0.922	0.733	29
安徽	0.906	0.845	0.654	0.632	0.743	1.005	0.795	21
西藏	0.781	0.444	0.666	0.645	0.798	0.804	0.659	31

注：因篇幅限制中间年份的创新驱动效应有所省略，排名先后为 2001—2018 年创新驱动效应平均值排名。

由图 4.2 可以看出，我国东中西和东北地区历年创新驱动效应平均值的变化情况。

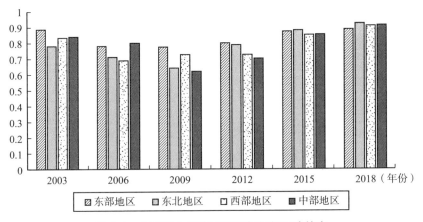

图 4.2　全国四大经济区域历年创新驱动效应

第一，从时间维度来看，各个地区的创新驱动效应处于持续增长的态势，且表现出不同的阶段性特征。初期四个地区创新驱动效应差异较大，但差距逐年减小且四个地区的创新驱动效应逐年增大。

第二，从空间维度来看，初期东部地区创新驱动效应最高，东北地区较低，西部地区最低，中部地区处于中游水平，后期呈现出以东部创新驱动效应为中心，由东南地区向西北地区"蔓延式"扩散的路径发展。总体来看，东部地区在经济发展中扮演着创新先驱的角色，随着我国不断深化的创新驱动发展理念，各地区将创新能力的建设放在非常重要的位置，后期创新发展效率在模仿创新、协同创新与自主创新三种方式相结合下不断提高，与东部沿海地区的差距在缩小，各地区间的差距在变小。

具体来看，从东部地区创新驱动发展水平来看，2001—2009 年创新驱动效应为四个地区最高，但呈现逐年递减且相对于其他三个地区的优势在逐年减少；在初期东北地区创新驱动效应处在四个地区中较低水平，但创新驱动效应的增幅为四个地区最大的，后期表现出四个地区创新驱动效应最高态势；中部地区创新驱动效应一直处于中游水平且创新驱动效应变化不如其他三个地区；初期西部地区创新驱动效应最低但增速高于东北地区，在后期创新驱动效应增速放缓，但相对于初期西部地区创新驱动效应有一定的增幅，后期西部地区创新驱动效应相对于其他三个地区处于相对落后的位置。

第三，各地区的创新驱动效应存在差距，但部分省市存在特例。

结合图 4.2 和表 4.2 发现，东部地区创新驱动效应普遍较高，但处于东部地区的福建创新驱动效应却处于全国较低水平；东北地区的黑龙江、吉林、辽宁三省的创新驱动效应差异巨大，辽宁最高，吉林次之，黑龙江最低；中部地区中各个省市同样存在差异，湖南、湖北、安徽相对于其他三省优势明显；西部地区创新驱动效应水平处于全国较低的水平，但重庆的创新驱动效应水平居于全国第四位。

由图 4.3 可以看出，2001—2003 年，创新驱动效应逐年递减但减速不大，2003—2010 年创新驱动效应逐年递减，2010—2018 年创新驱动效应逐年增加且增速较为平稳。总体而言，全国创新驱动效应 2001—2018 年表现出增长趋势。

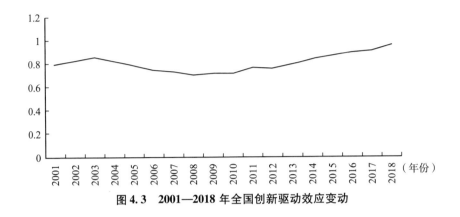

图 4.3　2001—2018 年全国创新驱动效应变动

4.2.4　全国各省市创新驱动效应分类

由表 4.3 发现，利用 K – means 聚类，将各个省份的创新驱动效应进行了分类，结果分为三大类，其中各年的平均最终聚集中心分别为 0.761、0.827 和 0.887。表明各类之间差异较大，因此将创新驱动效应分为低、中、高三大类，发现大部分省份的创新驱动效应是中上水平，而创新驱动效应较低的一般集中在西南和西北地区，这可能是因为西南和西北地区特殊的地理因素与历史因素导致的，因此需要提高西南和西北地区的创新驱动效应，这需要人力和资金的双重投入。处于创新驱动效应中间的省份，从西部地区、中部地区、东部地区看出我国创新驱动发展水平存在明显的东西差异。而创新驱动效应高的省份或者有着较好教育资源、地理位置和经济资源的省份（往往是东部地区），如北京和广东。

表 4.3　　　　　　　　　　　最终聚集中心

年份	聚集		
	1	2	3
2001	0.980	0.844	0.708
2002	0.910	0.844	0.795
2003	1.116	0.864	0.793
2004	0.890	0.873	0.729
2005	0.827	0.851	0.678
2006	0.944	0.775	0.676
2007	0.888	0.749	0.687
2008	0.932	0.701	0.674

年份	聚集		
	1	2	3
2009	0.982	0.723	0.671
2010	0.383	0.743	0.731
2011	0.881	0.781	0.724
2012	0.744	0.793	0.709
2013	0.809	0.836	0.740
2014	0.938	0.853	0.806
2015	0.885	0.872	0.857
2016	0.893	0.916	0.870
2017	1.005	0.900	0.907
2018	0.958	0.973	0.943
平均值	0.887	0.827	0.761

由表 4.4 可以看出，将全国 31 个省份的创新驱动效应分为高、中、低三种层次后，全国 31 个省份的创新驱动效应大部分处于中上水平，但是处于创新驱动效应高水平的只有广东和北京两个地区，处于创新驱动效应中间水平的地区最多，有东部、中部和西部地区，而创新驱动效应低的地区大多是西部地区。总体而言，全国创新驱动效应由东向西逐渐减少。

表 4.4　　　　　　　　　各省份创新驱动分类结果

创新驱动程度	各省份
高	广东、北京
中	上海、吉林、辽宁、河北、天津、山东、浙江、海南、广西、云南、重庆、四川、陕西、山西、湖北、湖南、安徽
低	江苏、福建、贵州、甘肃、宁夏、内蒙古、新疆、青海、河南、江西、西藏

由表 4.3 可知，我国 31 个省份 2001—2018 年的平均创新驱动效应是 0.825。结合图 4.4 和表 4.3 可得，第一，虽然全国的创新驱动效应平均水平处于中间水平，但处于中等偏下位置，整体创新效应水平不高；第二，就全国范围来说创新驱动效应的极差较大，表明了各省份创新驱动的

不平衡较明显。

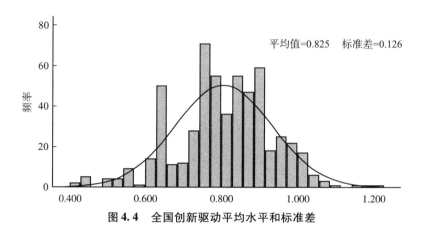

图 4.4   全国创新驱动平均水平和标准差

4.3   创新驱动流通服务业高质量
发展门槛效应的实证分析

4.3.1   变量选取

将研究所涉及的变量分为被解释变量、解释变量和控制变量三个部分，用来探究创新驱动效应和流通服务业增长二者之间的关系。流通服务业发展水平采用流通服务业销售额来进行衡量；ET 表示创新驱动效应强度，是主要的解释变量和门槛变量，控制变量包括从事流通服务业人数、产业结构水平和从事流通服务业门店和企业个数。表 4.5 列出了具体的变量和变量计算方法。

表 4.5 变量选取和代表计算方法

变量分类	变量名称	变量符号	变量计算方法
被解释变量	流通服务业发展水平	$LTGDP$	历年流通服务业销售额自然对数
核心解释变量	创新驱动效应	ET	由表4.2所得
	从事流通服务业人数	L	各地统计年鉴所得
控制变量	产业结构水平	JG	流通服务业占总产值比重
	从事流通服务业门店和企业	MQ	各地统计年鉴所得

4.3.2 描述性统计分析

依据所收集到数据和测算创新驱动效应后的数据，进行简单的描述性统计分析，结果见表 4.6。

表 4.6 各个变量的描述性分析

变量	范围	最大值	最小值	平均值	标准差
流通服务业产值水平	96339.21	96355.8	16.59	9009.012	15654.134
从事流通服务业人数	2383026	2383071	45	329763.61	402521.095
从事流通服务业门店和企业	825654	825707	53	49839.62	117105.8
产业结构水平	3.287	3.331	0.044	0.460	0.564
创新驱动水平	0.817	1.222	0.405	0.806	0.129

注：表中数据最多保留小数点后三位。

4.3.3 原始数据检验

1. 面板数据平稳性检验

本书数据类型为面板数据，在进行回归之前需要对各个原始变量进行平稳性检验。因为经济数据经常会出现相同的变化趋势，但在现实中，这些经济数据之间不一定存在关联，若对这些数据进行回归，模型可能拟合较好，但没有任何实际意义，容易产生"伪回归"。因此为避免"伪回归"，保障估计结果的有效性，需要对面板数据进行数据的平稳性检验。本书采用的数据平稳性检验方法适用于面板数据的 LLC 检验。

原始面板数据中的各组序列数据经过 LLC 检验结果见表 4.7，其中各个变量的 p 值都小于 0.05，因此认为拒绝"存在单位根"的原假设是合理的，各个解释变量都是平稳的，因此利用原始变量进行回归分析是可行的。

2. 多变量的协整检验

由表 4.7 可以看出，原始面板数据中的各组变量都是平稳的，但是各个变量之间是否存在长期均衡关系且建立的回归模型分析是否正确，需要通过协整检验进行验证。本书对原始各组数据变量进行了 xtwest 协整检验，结果见表 4.8。

表4.7　　　　　　　　　　　　　　　原始数据 LLC 检验

变量分类	变量名称	Adjusted t 值	p 值	结果
被解释变量	流通服务业增长水平	− 9.341	0.000	平稳
核心解释变量	创新驱动效应	− 2.586	0.005	平稳
	从事流通服务业人数	− 7.888	0.000	平稳
控制变量	产业结构水平	− 3.603	0.002	平稳
	从事流通服务业的门店和企业	− 11.387	0.000	平稳
其他参数	Number of panels = 31　　Number of periods = 18			

注：表中数据保留小数点后三位。

表4.8　　　　　　　　　　　　　　　xtwest 协整检验结果

统计量	值	z 值	p 值
Gt	− 2.790	− 4.390	0.000
Ga	− 0.405	− 7.417	1.000
Pt	− 13.597	− 3.627	0.000
Pa	− 1.124	3.800	1.000
其他参数	Results for H0：no cointegration　　With 31 series and 4 covariates		

注：表中数据保留小数点后三位。

由表4.8可以看出，在 xtwest 协整检验的四种方法中，Gt 和 Pt 构造的统计量对应的 p 值都为 0，因此可以拒绝无协整的原始假设，认为各组变量之间存在协整关系，利用原始数据进行回归分析其结果是可信的。

4.3.4　固定效应分析

1. 固定效应模型概述

由于面板数据同时具有截面数据、时间序列的两维特性，在面板数据线性回归模型中，同时满足：①不同的时间序列或不同的截面；②模型的截距项不同；③模型的斜率系数相同。那么此模型可以称为固定效应模型。

固定效应模型可分为以下三种类型。

（1）个体固定效应模型，该模型对于不同的时间序列只有截距项不同，形式为

$$y_{it} = \lambda_i + \sum_{k=2}^{K} \beta_k x_{kit} + u_{it} \tag{4.23}$$

从时间和个体上看，在面板数据回归模型中，解释变量对被解释变量的边际影响是一致的，除解释变量外，影响被解释变量的其他所有确定性

变量的效应只随个体变化不随着时间的变化而改变。

（2）时点固定效应模型，该模型对不同的截面有不同的截距。若对于不同的截面，模型的截距明显不同，而对于不同的时间序列截距却相同，就要建立时点固定效应模型，即

$$y_{it} = \gamma_t + \sum_{k=2}^{K} \beta_k x_{kit} + u_{it} \qquad (4.24)$$

（3）时点个体固定效应模型，该模型对于不同的截面、不同的时间序列有不同的截距。即

$$y_{it} = \gamma_t + \gamma_t + \sum_{k=2}^{K} \beta_k x_{kit} + u_{it} \qquad (4.25)$$

2. 模型设定

根据固定效应模型概述及所设计的相关变量，建立适合的固定效应模型，具体模型为

$$\ln GDP_{it} = \lambda_{it} + \sum_{k=2}^{K} \beta_{it} x_{kit} + \alpha_{it} ET_{it} + \mu_{it} \qquad (4.26)$$

式中，$\ln GDP_{it}$ 是被解释变量、x_{kit} 是控制变量、ET_{it} 是核心解释变量、λ_{it} 是截距项、μ_{it} 是随机干扰项，β_{it} 和 α_{it} 分别是控制变量和核心解释变量的系数，i 和 t 分别代表不同地区和不同时间。

3. 固定效应模型估计结果

由表 4.9 可以看出，各个变量系数的 t 检验对应的 p 值都小于 0.05，因此各个变量的系数显著。F 检验结果为 0，模型整体显著，因此强烈拒绝原假设，即认为固定效应模型回归要明显优于混合回归，应该允许每个截面拥有各自的截距项。

表 4.9　　　　　　　　　　固定效应回归估计结果

变量名称	系数	标准差	t 值	p 值
从事流通服务业人数	0.533	0.042	12.810	0.000
从事流通服务业的门店和企业	0.656	0.031	20.920	0.000
产业结构水平	0.758	0.073	10.370	0.000
创新驱动水平	0.327	0.123	2.640	0.008
截距项	-4.713	0.322	-14.560	0.000
其他参数	F 检验：F(30、523) = 20.98　　Prob > F = 0.000			
R^2	within = 0.851　　between = 0.819　　overall = 0.824			

注：表中数据保留小数点后三位。

由表 4.9 确认了数据个体效应的存在。表 4.10 给出了随机效应回归检验结果，结果表明各个变量系数的 t 检验对应的 p 值都小于 0.05，因此各个变量的系数显著。不存在个体随机效应，原假设经过 LM 检验得到拒绝，表明随机效应优于混合回归。

表 4.10 随机效应回归估计结果

变量名称	系数	标准差	z 值	p 值
从事流通服务业人数	0.666	0.019	33.740	0.000
从事流通服务业的门店和企业	0.540	0.018	28.650	0.000
产业结构水平	0.803	0.066	12.060	0.000
创新驱动水平	0.287	0.131	2.190	0.028
截距项	−5.117	0.266	−19.140	0.000
其他参数	LM 检验：chibar2(01) = 973.39　Prob > chibar2 = 0.000			
R^2	witnin = 0.847　between = 0.947　overall = 0.927			

注：表中数据保留小数点后三位。

由表 4.9 和表 4.10 可以看出，原始面板数据在进行固定效应回归和随机效应回归时，其结果都要优于混合回归。表 4.11 的 Hanusman 检验结果显示，p 值等于 0，原假设被拒绝，因此固定效应模型更优于随机效应模型。

表 4.11 **Hausman 检验结果**

Test：H0：difference in coefficients not systematic
chi2(2)　　= (b − B)′[(V_b − V_B)^(−1)](b − B)
= 32.990
Prob > chi2 = 0.000

注：表中数据保留小数点后三位。

结合表 4.9 ~ 表 4.11 得出，应用固定效应模型对面板数据拟合整体显著且模型各个系数显著，可以充分解释各个解释变量对我国流通服务业增长水平的影响。其中产业结构水平对我国流通服务业影响最大，其次是从事流通服务业门店和企业的个数与从事流通服务业人数，最后创新驱动对我国流通服务业的影响同样显著且为正向影响，因此继续深入探究创新驱动对我国流通服务业的影响是很有必要的。

4.3.5　创新驱动单变量门槛效应分析

1. 门槛模型概述

门槛回归模型的核心思想是想办法寻找某个经济活动可能发生变动的临界点或者临界区域。操作方法是把要回归的模型根据门槛值的大小分成两个及以上的区间，而每个区间的回归模型不同。汉森（Hansen，1999）认为面板门槛模型的结构变化内生于经济系统中，采取一定的方法找到经济活动的分界点，与传统的 Chow 检验不同，汉森的面板门槛模型是按照数据本身不同的特点划分区间。

2. 非线性面板门槛模型的基本方程及其推导

（1）基本面板门槛的方程

$$y_{it} = u_i + \beta_1 x_{it} I(q_{it} \leqslant \gamma) + \beta_2 x_{it} I(q_{it} > \gamma) + e_{it} \tag{4.27}$$

$I(\cdot)$ 是指示函数，根据门槛变量 q_{it} 小于或大于门槛值 γ，观察值可区分为两个区间，同时区间需依据不同回归斜率 β_1、β_2 加以区分。

在估计的时候先消除个体效应 u_i，令 $y_{it}^* = y_{it} - \dfrac{1}{T}\sum_{t=1}^{T} y_{it}$，同样处理剩余变量，且把公式（4.27）里相对应的变量进行一一替换，得到

$$y_{it}^* = \beta_1 x_{it}^* I(q_{it} \leqslant \gamma) + \beta_2 x_{it}^* I(q_{it} > \gamma) + e_{it}^* \tag{4.28}$$

$Y^* = \beta X^*(\gamma) + e_{it}^*$ 是式（4.28）的矩阵形式，其残差的平方和（RSS）为

$$S_1(\gamma) = \hat{e}^*(\gamma)'\hat{e}^* = Y^*[I - X^*(\gamma)'][X^*(\gamma)'X^*(\gamma)^{-1}X^*(\gamma)']Y^* \tag{4.29}$$

进一步寻找门槛最优估计值 $\hat{\gamma}$，使得 $S_1(\gamma)$ 最小，即 $\hat{\gamma} = \text{argmin} S_1(\gamma)$。

（2）假设检验。检验有两个步骤：首先，检验门槛效应显著与否；其次，检验门槛估计值与真实值是否相等。

第一个检验原假设是 H0：$\beta_1 = \beta_2$，备择假设 H1：$\beta_1 \neq \beta_2$，检验统计量为：$F_1 = \dfrac{S_0 - S_1(\hat{\gamma})}{\hat{\delta}^2}$，$S_0$ 是原假设 H0 下得到的残差平方和。原假设下门槛值未确定，传统的检验统计量不满足标准分布，汉森（1999）建议采用拔靴法（Bootstrap）求得近似分布的临界值，进而得到基于似然比（Likelyhood Ratio，LR）检验的 p 值。当 p 值足够小时拒绝原假设，此时认为存在明显的门槛效应。第二个检验是检验门槛值是否等于真实值，原

假设为 H0：$\gamma = \hat{\gamma}$，相应的似然比检验统计量：$LR_1(\gamma) = \dfrac{S_0 - S_1(\hat{\gamma})}{\hat{\delta}^2}$。

3. 创新驱动单变量门槛模型建立

（1）单变量门槛模型。技术创新推动流通服务业发展的直接效应会因为技术壁垒而遇到瓶颈，因而流通服务业发展中的创新驱动效应很可能呈现出非线性特征。本书主要参考了汉森（1996，1999）的非线性门槛模型，来探究流通服务业发展中的创新驱动效应是否存在非线性特征。该方法通过对数据进行自动识别来确定门槛值，除具有一般面板回归模型的良好特性外，又可以捕捉长期经济系统中发生结构突变的非线性门槛特征，本模型以创新驱动效应作为门槛变量，主要考察我国流通服务业增长水平与创新驱动效应、从事流通服务业人数、产业结构水平、从事流通服务业的门店和企业之间的相互关系，模型为

$$\ln LTGDP = \left(\alpha_{10}ET + \sum_{i=1}^{n}\alpha_{1i}X_i\right)I(ET_i \leqslant \gamma) + \varepsilon_i + u_i \qquad (4.30)$$

$$\ln LTGDP = \left(\alpha_{20}ET + \sum_{i=1}^{n}\alpha_{2i}X_i\right)I(ET_i > \gamma) + \varepsilon_i + u_i \qquad (4.31)$$

式中，$I(\cdot)$ 为指示函数，取值为 0 或 1，当括号内的表达式成立时，$I(\cdot) = 1$，否则 $I(\cdot) = 0$；γ 是门槛变量；$\ln LTGDP$ 是被解释变量；ET 核心解释变量（创新驱动效应）；X_i 是各个控制变量；α 是创新驱动效应和各个控制变量在不同条件下成立的系数。

基于研究的主要问题，给出以下两点假设。

假设 1：创新驱动效应对我国流通服务业增长水平存在门槛效应。

假设 2：认为从事流通服务业人数、从事流通服务业的门店和企业的个数及产业结构水平，对我国流通服务业起到正向推动作用，即存在正向相关关系。

（2）单变量门槛效应检验。模型估计前首先要进行门槛效应检验，采用汉森（2000）的门槛效应检验方法，以创新驱动效应作为门槛变量，对核心解释变量创新驱动效应检验是否存在非线性的门槛效应，检验结果见表 4.12 和表 4.13。

结合表 4.12 和表 4.13 得出，创新驱动效应对我国流通服务业增长存在门槛效应，更确切来说是单门槛效应，其门槛值为 0.908，门槛估计值检验对应的 p 值为 0.023，小于 0.05。因此，认为创新驱动效应对我国流通服务业增长存在单门槛效应是合理的。

表 4.12 门槛估计值

模型	门槛值	低	高
Th－1	0.9080	0.9035	0.9100
Th－21	0.9080	0.9035	0.9110
Th－22	0.8990	0.8960	0.9000
Th－3	0.7750	0.7710	0.7770

注：95% 置信水平下的门槛估计值。

表 4.13 门槛估计值检验

门槛值	回归平方和	均方差	F 检验	p 值
Single	179.8078	0.3330	15.95	0.0233
Double	178.1899	0.3299	4.90	0.5067
Triple	177.9070	0.3276	3.92	0.8467

（3）单门槛模型回归结果。由表 4.12 和表 4.13 可以看出，从全国范围来看，创新驱动效应确实对我国流通服务业增长存在着门槛效应，估计结果如表 4.14 和图 4.5 所示。

表 4.14 基于全国数据的创新驱动效应门槛回归结果

流通服务业增长水平	系数	标准差	t 值	$p > \lvert t \rvert$
从事流通服务业人数	2.51e－06	1.73e－07	14.520	0.000
从事流通服务业门店和企业	4.18e－06	4.36e－07	9.590	0.000
产业结构水平	0.858	0.140	6.140	0.000
_cat#c. c				
区间 1（创新）	0.094	0.271	2.330	0.045
区间 2（创新）	0.421	0.225	2.990	0.033
截距项	6.055	0.224	26.990	0.000
sigma_u	1.056			
sigma_e	0.588			
rho	0.763			
	R^2 within = 0.6800 between = 0.6915 overall = 0.6627			
其他参数	Number of obs = 558 Number of groups = 31			
	F test that all u_i = 0：F(30, 522) = 45.17 Prob > F = 0.0000			

注：表中数据保留小数点后三位。

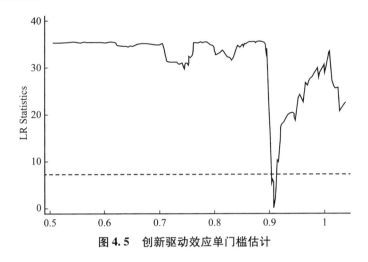

图 4.5 创新驱动效应单门槛估计

由表 4.14 得出，单门槛模型拟合程度较好 F 检验通过且对应 p 值 0.000，组内和组间方程可决系数较好，模型整体较为显著。创新驱动效应的门槛值（0.908）将模型分为两部分，分别对应区间 1 和区间 2，并且各个解释变量系数显著。其中区间 1（$ET \leqslant 0.908$）中创新驱动效应对我国流通服务业增长水平起到正向推动作用，但影响程度较小；区间 2（$ET > 0.908$）同样对我国流通服务业存在正向推动作用，其影响程度较大。在两个区间中从事流通服务业人数、从事流通门店和企业及产业结构水平对我国流通服务业增长水平起到正向推动作用，其中产业结构水平的影响最大，其次是从事流通服务业的门店和企业，最后是从事流通服务业人数。

在初期阶段，创新驱动效应低于门槛值。此时，流通服务业发展的主要因素是劳动力水平、物质资本等要素投入，以及产业结构发展水平等因素。随着流通服务业的不断发展，突破相应的门槛水平，创新驱动逐步成为流通服务业增长的主要因素。

以上结论表明，在创新驱动水平相对低下时，此时发展会遇到较大的技术壁垒限制，因此，此时流通服务业发展中的创新驱动效应并不十分显著。此时增长的主要动力来源于投入要素驱动；技术的更新与发展，使得其创新驱动效应逐渐增加，直到突破技术壁垒。当创新驱动水平达到并高于门槛值时，创新驱动成为经济增长的主要动力。

同时，在对控制变量进行分析时，劳动力水平、物质资本等要素投入以及产业结构水平等环境因素对流通服务业的发展有明显的促进作用，且产业结构水平、从事流通服务业的门店和企业等环境因素对流通服务业增长的促进作用在创新驱动效应跨越门槛之后显著放大，而要素投入的作用在跨越门槛值之后则显著减小。

4. 多门槛模型

从计量角度可以发现，一个模型可能会出现多个门槛值。上述的假设中仅存在一个门槛。因此，在接下来的研究中，先以双重门槛模型为例作简要说明，进而多重门槛模型可以基于此进行扩展，模型可以设定为

$$y_{it} = u_i + \beta_1 x_{it} I(q_{it} \leq \gamma_1) + \beta_2 x_{it} I(\gamma_1 < q_{it} \gamma_2) + \beta_3 x_{it} I(q_{it} > \gamma_2) + e_{it}$$

$$(4.32)$$

式中，$\gamma_1 < \gamma_2$。二门槛是指模型中，在固定第一个门槛值的情况下估计第二个门槛值。具体的搜索过程与第一个门槛值相同。得到第二个门槛后，可以估计其残差平方和 $S_2^\gamma(\gamma_2)$：

$$S_2^\gamma(\gamma_2) = \begin{cases} S(\hat{\gamma}_1, \gamma_2), & \hat{\gamma}_1 < \hat{\gamma}_2 \\ S(\gamma_1, \hat{\gamma}_2), & \hat{\gamma}_1 < \hat{\gamma}_2 \end{cases} \quad (4.33)$$

第二门槛估计值使上式最小，即 $\hat{\gamma}_2^\gamma = \mathrm{argmin} S_2^\gamma(\gamma_2)$。

汉森的方法是通过构造以下统计量来看估计出的两个门槛的残差平方和是否有显著差异：$F_2 = \dfrac{S_{1(\hat{\gamma})} - S_2^\gamma(\hat{\gamma}_2^\gamma)}{\hat{\delta}^2}$，并由此来确定是一个还是两个门槛。

渐进分布可以参考汉森的拔靴法得到，计算其 p 值。若 F_2 显著，说明第二个门槛显著，则可以继续对第三个门槛进行搜索，以此类推，直至得到的门槛值不再显著为止。

5. 基于东、中、西、东北地区的区域分析

根据上述实证研究，可以发现东、中、西和东北四个地区流通服务业发展过程中创新驱动效应存在较大的差异。由单门槛实证结果得出创新驱动效应的门槛值为 0.908，结合 2018 年各省份创新驱动数值，创新驱动效应的划分结果见表 4.15。

表 4.15　　　　　　　　　基于门槛值的东中西部区域划分

强创新驱动省份	弱创新驱动省份
东部地区	
北京、上海、河北、天津、山东、江苏、浙江、福建、广西	广东、海南
中部地区	
湖北、湖南、安徽、江西	山西、河南

强创新驱动省份	弱创新驱动省份
西部地区	
重庆、四川、贵州、甘肃、宁夏、陕西、内蒙古、云南	青海、新疆、西藏
东北地区	
黑龙江、吉林、辽宁	

4.3.6 双门槛模型的建立

综上所述，得出创新驱动效应对我国流通服务业高质量发展存在明显的门槛效应，其具体表现在创新驱动效应将我国流通服务业增长水平分为了两个区间，在区间 1 时即创新驱动效应较低时（$ET \leqslant 0.908$）和创新驱动效应较高时（$ET > 0.908$），二者对我国流通服务业增长水平影响有着较大差异。通过含有创新驱动效应的单门槛模型，得出创新驱动效应对我国流通服务业发展存在门槛效应，且在不同的地区分别表现为分化、收敛和加速效应，在经济发展新常态的背景下，流通服务业发展动力转换迫在眉睫，在单门槛模型的基础上添加制度质量变量，由于制度质量和创新驱动效应之间存在一定的乘数效应，因此从制度质量的视角出发，揭示创新驱动流通服务业发展的本质含义，解析我国流通服务业发展动力转换的路径很有必要，因此构建基于双重变量的门槛效应模型来开展分析。

1. 制度质量变量的确定

一个地区制度环境的完善程度可以通过制度质量来衡量，制度质量可以根据各个地区的市场化进程来衡量，但不易被量化，而一个地区的制度质量对该地区流通服务业发展中的创新驱动效应具有直接的影响。本书依据制度质量的内涵和数据的可得性并参照樊纲等（2003）的中国地区市场化进程报告以及陶长琪和彭永樟（2018）的研究将制度质量分为政府支持度、要素市场发育度、市场发展度和市场法律规范度四个方面来衡量。政府支持度的提高能够改善基础设施资源配置、提升创新效率；要素市场发育度越充分，越有利于市场资源的有效配置；市场竞争力越强，其法律的规范程度就越高，对流通服务者的合法权益的保护就越有效，从而促进市场有效运行。制度质量的指标构成见表 4.16。

表 4.16　　　　　　　　　　　制度质量的指标构成

制度质量变量指标	指标的详细说明
政府支持度	科技经费筹集额中政府资金占 R&D 经费的比重
流通服务业要素市场发育度	流通服务业就业人数占就业总人数比重
	从事流通服务业企业和门店数目增长百分比
流通服务业市场发展度	流通服务业产值占 GDP 的比重
市场法律规范度	三种专利申请量与科技人员比例
	三种专利授权量与科技人员比例

注：选择因子分析法中的方差最大化旋转的测算为各明细指标的权重，使用加权求和法综合各指标。

2. 主成分分析法原理

采用主成分分析法可以确定制度质量指标构成中各指标的权重。主成分分析是将原本有一定相关性的变量或者指标，经过变换使之成为一组新的毫无关联的综合指标，以此取代原本的有相关性指标的一种方法。

主成分分析研究如何用原始变量的几个线性组合代表原始变量的绝大部分信息。它的基本思想首先是用第一个线性组合抽取信息，当不能抽取更多的信息时，再用第二个线性组合继续抽取；反复这个过程，直到抽取到原指标的大部分信息才结束。原始数据经过主成分分析后，原来的多个变量变成了几个可代表原始数据大部分信息的主成分，分析处理时只需考虑这几个主成分即可。对于原始变量来讲，变量之间的相关程度是通过相关矩阵或协方差矩阵来反映。因此，主成分通常使用原始变量的相关矩阵或协方差矩阵来求解。

主成分分析法研究如何用含有原始变量的若干个线性组合代表原始变量的绝大部分信息。其基本思路如下：初始阶段用第一个线性组合抽取信息，直到无法提取到更多的有效信息时，再按照第一组同样的方法提取第二个线性组合的信息。按照同样的方法对后面的线性组合进行提取，直至抽取到原指标的绝大部分信息。原始数据在经过主成分分析后，原来的多个变量由主成分来代替，在分析时只考虑提取的主成分即可。在主成分分析中，由于常用相关矩阵或者协方差矩阵显示原始变量的相关程度，所以常常使用原始变量相关矩阵或者协方差矩阵来求解主成分。

3. 主成分分析确定变量权重结果

表 4.17 是利用主成分分析后对合成制度质量各个变量确定权重后

的结果，从提取平方和占比可以得出各个合成变量所占制度质量变量的权重。

表 4.17   主成分分析法确定权重结果

成分	提取平方和载入		
	总计	变异的百分比/（%）	累计的百分比/（%）
1	2.223	37.043	37.043
2	1.865	31.091	68.134
3	0.991	16.512	84.646
4	0.520	8.663	93.309
5	0.327	5.454	98.762
6	0.074	1.238	100.000

注：表中数据保留小数点后三位。

4. 双变量双门槛门槛模型设定

根据双门槛模型的核心思想和本部分所涉及的变量，建立适合本部分的双变量双门槛门槛模型。具体将模型设定为

$$\ln GDP = (\alpha_{10}ET_i + \alpha_{11}ZL_i \cdot ET_i + \sum_{i=2}^{n+1}\alpha_{1i}X_{1i})I(ET_i \leqslant \gamma)$$
$$I(ZL_i \cdot ET_i \leqslant \lambda) + \varepsilon_i + u_i \qquad (4.34)$$

$$\ln GDP = (\alpha_{20}ET_i + \alpha_{21}ZL_i \cdot ET_i + \sum_{i=2}^{n+1}\alpha_{2i}X_{1i})I(ET_i \leqslant \gamma)$$
$$I(ZL_i \cdot ET_i > \lambda) + \varepsilon_i + u_i \qquad (4.35)$$

$$\ln GDP = (\alpha_{30}ET_i ++ \alpha_{31}ZL_i \cdot ET_i + \sum_{i=2}^{n+1}\alpha_{3i}X_{1i})$$
$$I(ET_i > \gamma)I(ZL_i \cdot ET_i \leqslant \lambda) + \varepsilon_i + u_i \qquad (4.36)$$

$$\ln GDP = (\alpha_{40}ET_i + \alpha_{41}ZL_i \cdot ET_i + \sum_{i=2}^{n+1}\alpha_{4i}X_{1i})$$
$$I(ET_i > \gamma)I(ZL_i \cdot ET_i \leqslant \lambda) + \varepsilon_i + u_i \qquad (4.37)$$

式中，$I(\cdot)$ 为指示函数，取值为 0 或 1，当括号内的表达式成立时，$I(\cdot)=1$，否则 $I(\cdot)=0$；γ 是创新驱动效应的门槛值；λ 是制度变量和创新驱动效应的交互项（以下统称制度创新）的门槛值；$\ln GDP$ 是被解释变量；ET_i 和 $ZL_i \cdot ET_i$ 分别是作为核心解释变量的创新驱动效应和制度创新；X_i 是各个控制变量；α 分别是模型不同条件下成立的估计系数。

5. 双变量门槛效应检验

根据所设定的双门槛双变量模型，分别对设定模型中的两个核心解释变量创新驱动效应和制度创新进行门槛效应检验，结果见表 4.18 和表 4.19。

表 4.18　　　　　　　　核心解释变量门槛估计值

核心解释变量 1（创新驱动效应）			
模型	门槛值	低	高
Th – 1	0.9080	0.9035	0.9100
Th – 21	0.9080	0.9040	0.9110
Th – 22	0.7220	0.7210	0.7230
Th – 3	0.7550	0.7710	0.7770
核心解释变量 2（制度创新）			
模型	门槛值	低	高
Th – 1	0.3480	0.3326	0.3501
Th – 21	0.3395	0.3310	0.3501
Th – 22	3.8684	3.9442	3.7521
Th – 3	− 0.4817	− 0.5073	− 0.4409

注：95% 置信水平下的门槛估计值。

表 4.19　　　　　　　　门槛估计值检验

门槛变量	门槛值	回归平方和	均方差	F 检验	p 值
创新驱动	Single	158.7774	0.3267	17.65	0.0400
	Double	157.1268	0.3233	5.11	0.4000
	Triple	156.0770	0.3211	3.27	0.8200
制度创新	Single	148.4527	0.3055	69.99	0.0000
	Double	139.0348	0.2835	37.60	0.0600
	Triple	133.1116	0.2739	17.08	0.3500

由表 4.18 和表 4.19 可知，在分别将创新驱动和制度创新作为门槛变量时，其门槛估计值分别为 0.908 和 0.3480，并且门槛效应检验结果中只有第一个门槛检验对应的 p 值小于 0.05，其余门槛估计值不通过检验，因

此认为创新驱动和制度创新对我国流通服务业发展影响存在非线性关系且存在单门槛是合理的。

6. 双变量门槛模型估计

由表 4.18 和表 4.19 得出，创新驱动效应确实对我国流通服务业增长存在着门槛效应，估计结果如表 4.20 和图 4.6 所示。

表 4.20　　基于全国数据的创新驱动和制度创新门槛回归结果

核心解释变量 1（创新驱动）				
流通服务业增长水平	系数	标准差	t 值	$p > \lvert t \rvert$
从事流通服务业人数	$2.52\mathrm{e}-06$	$1.74\mathrm{e}-07$	14.71	0.000
从事流通服务业门店和企业	$3.66\mathrm{e}-06$	$4.47\mathrm{e}-07$	8.20	0.000
产业结构水平	0.869	0.139	6.27	0.000
制度创新	0.045	0.011	3.98	0.002
_cat#c. c				
区间 1（创新）	0.066	0.030	3.12	0.000
区间 2（创新）	0.291	0.250	2.16	0.035
截距项	6.388	0.241	26.56	0.000
sigma_u	0.954			
sigma_e	0.583			
rho	0.728			
	R^2 within = 0.604　between = 0.707　overall = 0.679			
其他参数	Number of obs = 504　Number of groups = 28			
	F test that all u_i = 0: F(27，470) = 39.84　Prob > F = 0.0000			
核心解释变量 2（制度创新）				
流通服务业增长水平	系数	标准差	t 值	$p > \lvert t \rvert$
从事流通服务业人数	$2.34\mathrm{e}-06$	$1.66\mathrm{e}-07$	14.06	0.000
从事流通服务业门店和企业	$3.30\mathrm{e}-06$	$4.32\mathrm{e}-07$	7.63	0.000
产业结构水平	0.811	0.138	4.94	0.000
创新驱动	0.687	0.222	3.09	0.006
_cat#c. c				
区间 1（制度）	0.185	0.232	0.08	0.042
区间 2（制度）	0.831	0.216	3.84	0.000

续表

核心解释变量 2（制度创新）				
流通服务业增长水平	系数	标准差	t 值	$p > \lvert t \rvert$
截距项	5.963	0.184	31.36	0.000
sigma_u	0.966			
sigma_e	0.561			
rho	0.732			
其他参数	R^2 within = 0.631　　between = 0.717　　overall = 0.688			
	Number of obs = 504　　Number of groups = 28			
	F test that all u_i = 0：F(27，470) = 40.36　　Prob > F = 0.0000			

注：表中数据保留小数点后三位。

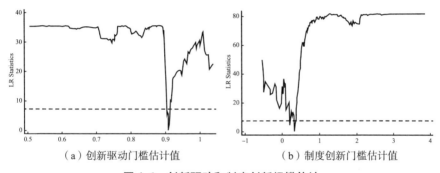

（a）创新驱动门槛估计值　　　　（b）制度创新门槛估计值

图 4.6　创新驱动和制度创新门槛估计

　　由表 4.20 得出，当创新驱动效应作为核心解释变量时，其估计门槛值（0.908）将模型分为了两区间。区间 1（创新驱动效应 ≤ 0.908）模型中各个系数 t 检验显著且模型整体 F 检验通过。从各个解释变量的估计系数中发现，在区间 1 时，对流通服务业发展影响的变量中产业结构水平影响最大，创新驱动效应影响次之，制度创新影响略小于创新驱动效应，最后从事流通服务业人数和从事流通服务业门店和企业同样对流通服务业起到正向影响且显著。区间 2（创新驱动效应 > 0.908）模型中各个系数 t 检验显著且模型整体 F 检验通过。各个解释变量的估计系数中看出，在区间 2 时，对流通服务业发展影响的变量中产业结构水平影响最大，创新驱动效应影响其次，但创新驱动效应对流通服务业发展的影响程度远远大于创新驱动效应较低时，制度创新影响略小于创新驱动效应，最后从事流通服务业人数和从事流通服务业门店和企业同样对流通服务业起到正向影响且显著。

当制度创新作为核心解释变量时，其估计门槛值（0.3480）将模型分为了两区间。区间1（制度创新≤0.3480）模型中各个系数 t 检验显著且模型整体 F 检验通过。从各个解释变量的估计系数中发现，在区间1时，对流通服务业发展影响的变量中产业结构水平影响最大，创新驱动效应影响其次，制度创新影响略小于创新驱动效应，最后从事流通服务业人数和从事流通服务业门店和企业同样对流通服务业起到正向影响且显著。区间2（创新驱动效应>0.3480）模型中各个系数 t 检验显著且模型整体 F 检验通过。各个解释变量的估计系数中看出，在区间2时，对流通服务业发展影响的变量中产业结构水平影响最大，制度创新其次，创新驱动效应对流通服务业影响小于制度创新，最后从事流通服务业人数和从事流通服务业门店和企业同样对流通服务业起到正向影响且显著。

从控制变量的参数估计来看，劳动力水平、物质资本、产业结构三个控制变量对流通服务业的增长起正向推动作用。劳动力水平提高和物质资本的增加，能够促进生产投入要素的数量与质量增长，当市场供给合理的情况下，投入生产过程中的要素越多，越能推动流通服务业的快速发展；产业结构水平的提升可以促进整个流通体系生产率水平的提高，形成"结构红利"，带动流通服务业的稳定增长。

从门槛变量的结果来看，对流通服务业发展过程中创新驱动和制度质量的门槛效应非常显著，其对流通服务业增长的影响可以概括为以下四种情况。

（1）当创新驱动和制度质量均在门槛值以下时，此时的创新驱动水平比较低，相应的创新的边际成本就比较高，此时的创新活动处于研发的过程中，不能通过服务过程实现产出增值，结果就是投入高却没有产出，该阶段流通服务业的增长受到抑制；另外此时的制度质量也比较低，不能为创新驱动营造良好的制度环境，此时制度质量的乘数效应不明显。

（2）当制度质量超出门槛值、创新驱动未越过门槛值时，此时的制度环境得以提升，该地区通过引进先进的技术对产品进行创新，产品的附加值通过加大对自身研发创新的投入得以提升；此阶段制度质量的乘数效应非常明显，创新驱动对流通服务业的增长表现为间接效应，创新驱动对流通服务业的发展起到间接推动作用。

（3）当制度质量低于门槛值、创新驱动超过门槛值时，创新活动的边际成本在不断下降、创新驱动效应的边际产出效率不断提升，制度质量乘数效应对流通服务业的产出所发挥的间接作用不断提高。

（4）当制度质量和创新驱动双双都超出门槛值时，该阶段的创新驱动效应和制度质量所发挥的作用都非常明显，制度环境得以提升，创新驱动效应的正向作用又促使制度环境进一步得以完善和提升，双双协同发展，形成良性循环。此时创新驱动流通服务业发展的直接效应表现为促进效应，制度质量的间接促进效应非常明显。

4.4　本 章 小 结

本章在归纳已有研究的基础上，阐述了创新驱动、制度质量与流通服务业增长的内在关联，提出了测算创新驱动效应的方法，并根据测算结果检验了创新驱动流通服务业增长的门槛效应，主要得出以下结论。

（1）创新驱动对我国流通服务业高质量发展存在明显的门槛效应。在流通服务业实现高质量发展的过程中，都是从要素驱动开始，在初期阶段，创新驱动效应低于门槛值，产业结构发展水平、物质资本以及劳动力水平等要素投入是流通服务业增长的主要动力源泉，在创新驱动水平相对低下时，流通服务业增长中的创新驱动效应在技术壁垒的限制作用下表现并不显著，此时依赖要素投入的要素驱动是流通服务业增长的主要动力。有的区域由于具有制度优势，如果能够实现技术突破，更加注重技术平台开发和加强公共设施建设，为发展高技术、高管理和高知识的流通企业提供适宜的土壤，由制度依赖转向技术依赖，通过技术创新最终实现创新驱动。有的区域由于具有技术优势，如果能够营造适宜的制度环境，由技术优势的内驱力通过制度的外在驱动最终实现创新驱动。技术创新与制度质量是流通服务业高质量发展的两大关键因素。其中，技术创新是内生动力，制度质量创新是外部诱因，制度质量创新往往滞后于技术创新。技术与制度协同演化的过程即流通服务业高质量发展的过程，流通服务业高质量发展的根本动力是技术创新，在流通服务业高质量发展的各个阶段制度质量对技术创新起着重要的支撑和保障作用。

（2）流通服务业在不同的发展阶段具有不同的特征。①要素驱动发展阶段。劳动力资本、物质资本等要素的投入是流通服务业发展初期增长的主要动力，新产品信息的有效传递和要素的价格能及时反映供求关系，也能引导企业进行研发活动，由于受到技术壁垒的影响，此时无论怎样增加初级要素的投入，产业发展都会保持低速或停滞。②制度依赖发展阶段。良好的制度质量能够促进资源配置效率的提高和企业的发展。制度依赖型企业要达到新的发展阶段，需要通过提高技术创新来驱动产业发展。制度对技术创新影响较大，良好的制度环境能够促进技术创新，压力和创新动力能够提高企业家对要素的组合能力。③技术依赖发展阶段。根据新古典内生增长模型，其他要素不变的情况下，技术水平的提高会增加产业经济增长率，产业发展不再单纯依靠初级要素的投入，而在很大程度上因技术水平的影响驱动产业发展，制度质量能够降低技术创新活动过程中所产生的交易费用，同时还可以解决流通服务业高质量发展过程中技术创新的低效率等问题。技术驱动型企业要达到新的发展阶段，需要通过制度质量的完善和提高最终实现创新驱动发展。④创新驱动发展阶段。创新驱动大致分两种情形：原来企业发展属于技术依赖，高质量制度更促进了技术研发的高效运行，引致更多的高新技术出现，促使技术创新转变为创新驱动，这时产业达到了创新驱动型发展阶段；原来企业发展制度依赖，通过技术突破实现创新驱动，这时产业达到了创新驱动型发展阶段，实现了由采用新技术的现代流通服务业替代传统流通服务业的更迭，流通服务业实现高质量发展。

（3）我国流通服务业发展中的创新驱动效应具有时空特征。东部沿海地区为我国创新驱动效应的集聚中心，创新驱动效应在时间维度上不断持续稳定增长，且在流通服务业发展的不同阶段呈现出不同的特征，在空间维度上，创新驱动效应呈现出由东南地区向西北地区"蔓延式"扩散的发展格局。

第 5 章　流通服务业高质量发展的路径选择

本章借助单变量与双变量门槛效应模型，剖析不同区域创新驱动流通服务业高质量发展的作用方式，根据创新驱动、制度质量的协同状况概括流通服务业发展不同阶段的内在特征，尝试将其划分为多种界限明确、层次鲜明的流通服务业发展方式，据此探寻流通服务业发展动力由要素驱动向创新驱动转变的可行路径。

5.1　流通服务业高质量发展的四种模式

由第 4 章实证结果得出，创新驱动效应和制度质量对我国流通服务业增长的促进作用分为四种情况，代表了我国流通服务业发展的四种模式，构成了我国流通服务业增长动力转换的内在路径，借助图 5.1 来解释。

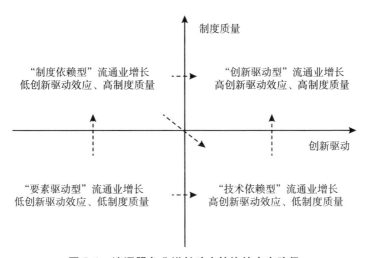

图 5.1　流通服务业增长动力转换的内在路径

在流通服务业发展的初级阶段，该地区的创新驱动效应和制度质量都处在较低的水平，此时流通服务业的发展模式通常是"要素驱动型"，主要增长方式是从事流通服务业人数的增加和产业结构变化带来的"红利"促进了该地区流通服务业的发展。随着该地区流通服务业的进一步发展，该区域创新驱动效应和制度质量的重要性逐渐提升，其流通服务业增长的主要动力由要素驱动转化为要素和创新的"双轮"模式，当创新驱动效应跨越门槛限制迈向高水平时，如果制度质量的水平仍比较低，"双轮"中的创新驱动部分主要依靠自主创新，这一阶段的流通服务业发展方式转变为"技术依赖型"。

对于制度建设相对比较容易但实现自主创新有一定难度的区域，技术创新与制度质量创新是流通服务业高质量发展的两大关键因素。其中，技术创新是内生动力，制度质量创新是外部诱因，可采取"以市场换技术"的发展思路，加强市场与制度建设，在承受可接受的市场与制度建设损失的条件下获取先进技术，制度建设带来比较高的边际效益，流通服务业发展方式从"制度依赖型"转变成"技术依赖型"。

如果制度建设水平不断提高，制度质量突破门槛限制，但创新驱动效应水平还比较低，"双轮"中的创新驱动得益于良好的制度环境催生的技术进步，此时制度建设对技术创新影响较大，良好的制度环境能够促进技术创新，具体表现为模仿创新、技术引进、协同创新等，市场制度提供的创新动力和压力能够激励企业家提高对要素的组合能力，流通服务业发展方式从"要素驱动型"转变为"制度依赖型"。

通过因地制宜地加强创新驱动效应或提升制度质量环境，当"技术依赖型"增长中的制度质量或"制度依赖型"增长中的创新驱动效应突破门槛限制后，当创新驱动效应和制度质量创新都达到较高水平时（即双变量都跨过了门槛值），既具备了技术创新优势，也就具备了制度质量优势，该地区的流通服务业发展方式转变为"创新驱动型"。

探究我国各地区流通服务业所处的发展阶段，根据 2018 年各区域创新驱动效应和制度质量的实证研究结果，对各省市地区进行门槛区域划分，结果如表 5.1 所示。

表 5.1	门槛区域划分
门槛区间	省份
"要素驱动型"增长（区间 1）	甘肃、青海、河南
"制度依赖型"增长（区间 2）	海南、山西、内蒙古、宁夏、广西
"技术依赖型"增长（区间 3）	福建、黑龙江、吉林、辽宁、河北、天津、重庆、贵州、湖北、湖南、江西、安徽、陕西、四川
"创新驱动型"增长（区间 4）	北京、上海、广东、山东、江苏、浙江

注：表中缺少新疆、西藏、云南三个省份。

5.2　流通服务业高质量发展的路径分析

根据 5.1 节分析，流通服务业高质量发展动力从"要素驱动型"转换为"创新驱动型"的内在路径大致分三步走，具体步骤如图 5.2 所示。

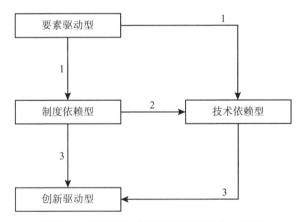

图 5.2　流通服务业高质量发展的内在路径

第一步，从"要素驱动型"转变为"制度依赖型"或"技术依赖型"；第二步，从"制度依赖型"转变为"技术依赖型"，这一步并非流通服务业高质量发展动力转换的必经阶段，但在流通服务业发展的过程中客观存在；第三步，从"制度依赖型"或"技术依赖型"转变为"创新驱动型"。

由实证分析结果可知，甘肃、青海、河南的流通服务业目前属于"要素驱动型"增长，要实现创新驱动增长，从第一步到第三步需要走的路还较长，这些地区的创新驱动效应原本就较低且制度质量不高，首先需要得到制度或技术上的支持，从"要素驱动型"转变为"制度依赖型"或"技术依赖型"（或"制度依赖型"再到"技术依赖型"），最后由"制度依赖型"转变为"创新驱动型"或由"技术依赖型"转变为"创新驱动型"。

海南、山西、内蒙古、宁夏、广西的流通服务业第一步已经走完，目前处于"制度依赖型"增长阶段，制度上具有一定的比较优势，在适宜的制度质量环境下，如果能够通过自主创新取得技术上的突破，可直接通过第三步由"制度依赖型"增长转变为"创新驱动型"增长阶段。如果不能自主创新，那么通过第二步先由"制度依赖型"增长转变为"技术依赖型"，但需要在一定范围内承受可接受的市场与制度建设损失的条件下获取先进技术，通过模仿创新、协同创新或技术引进等，再走第三步，当具备了制度质量优势，也就具备了技术创新优势，通过"技术依赖型"增长再转变为"创新驱动型"发展阶段。

福建、黑龙江、吉林、辽宁、河北、天津、重庆、贵州、湖北、湖南、江西、安徽、陕西、四川第一步已经走完，完成了从"要素驱动型"到"技术依赖型"的转变，目前处于"技术依赖型"增长阶段，技术上具有一定的比较优势，困境主要是由于低制度质量的限制，假如政府通过提高制度水平、优化制度结构，释放增长活力，通过创造良好的制度质量环境，直接从第一步走到第三步，在具备技术创新优势的基础上，又具备了制度质量优势，通过"技术依赖型"增长转变为"创新驱动型"发展阶段。

北京、上海、广东、山东、江苏、浙江目前处于"创新驱动型"增长阶段，技术和制度质量都具有优势，已经基本上接近高质量发展阶段。

5.3　本章小结

本章在第4章双变量门槛模型实证结果的基础上提出了流通服务业高质量发展的内在路径大致分三步走。甘肃、青海、河南这些区域的流通服务业目前属于"要素驱动型"增长阶段，要实现创新驱动增长，首先需要得到制度或技术上的支持，从"要素驱动型"转变为"制度依赖型"或"技术依赖型"（或"制度依赖型"再到"技术依赖型"），最后由"制度依赖型"转变为"创新驱动型"或由"技术依赖型"转变为"创新驱动型"。海南、山西、内蒙古、宁夏、广西这些区域的流通服务业目前处于"制度依赖型"增长阶段，如果能够通过自主创新取得技术上的突破，可直接由"制度依赖型"增长转变为"创新驱动型"增长阶段。如果不能自主创新，那么通过第二步先由"制度依赖型"增长转变为"技术依赖型"增长，再通过模仿创新、协同创新或技术引进等，当具备了制度质量和技术创新优势，通过"技术依赖型"增长再转变为"创新驱动型"发展阶段。福建、黑龙江、吉林、辽宁、河北、天津、重庆、贵州、湖北、湖南、江西、安徽、陕西、四川这些区域目前处于"技术依赖型"增长阶段，技术上具有一定的比较优势，通过创造良好的制度质量环境，通过"技术依赖型"增长转变为"创新驱动型"发展阶段。北京、上海、广东、山东、江苏、浙江这些区域目前处于"创新驱动型"增长阶段，技术和制度质量都具有优势，基本上已经接近高质量发展阶段。

第3篇 政策协同研究篇——流通服务业发展政策的协同性与协同有效性分析

引　言

　　流通服务业过去依靠资源投入的要素驱动方式已难以为继，而依赖技术进步的创新驱动方式还处于萌芽阶段，发展动力的转换需要配套的政策和制度支持。由于流通服务业涵盖的子行业很多，单一的政策措施可能不利于其发展，多种宏观调控工具的协同与组合，可以比单一政策措施更优地实现既定政策目标，只有增加部门间和措施间协同，打破现有的政策领域边界，将单个部门的职责范围扩大，才能更好地实现既定政策目标。结合 2017 年中央经济工作会议提出"宏观调控要更加强调政策的连续性、稳定性与协同性，这是高质量发展的实现手段"的会议精神，本书认为流通服务业高质量发展路径的实现需要通过政策协同支持。本篇通过政策协同研究探寻助推流通服务业高质量发展的政策支持措施。本篇以政策目标—政策措施—政策力度为技术路径，构建"政策目标（G）、政策措施（M）和政策力度（D）"三维 GMD 分析框架，分析流通服务业政策的历史演变，系统收集梳理 1998—2018 年以来的流通服务业政策，构建多维政策数据库，制定政策量化标准并对政策进行编码和打分，构建政策协同度模型，分析流通服务业部门协同的演变情况，建立政策协同度测量模型和计量经济模型，从措施协同和协同有效性两方面对流通服务业及批发和零售业，住宿和餐饮业，交通运输、仓储和邮政业三个行业进行分析，考察流通服务业发展政策的协同性与协同的有效性问题。为构建流通服务业发展政策体系，推动各区域流通服务业高质量发展的不同实现路径的政策支持提供依据。

第6章 国内外流通服务业发展政策的演变分析

6.1 国外流通服务业发展政策的演变分析

6.1.1 日本流通服务业发展政策历史演变分析

1. 1980 年以前：保护和恢复中小零售业，推进流通服务业现代化和系统化

第二次世界大战后初期（1945—1955 年）是日本经济的恢复重建期，涌现了百货店、大型超市、农业合作社、生活合作社等新型零售业态。1956 年颁布的《百货店法》规定了新开百货店、营业面积的增加、合并及继承须经通产大臣许可，明确规定了百货店营业时间及休假等具体事项，且不能实施阻碍中小零售企业发展的商业行为，如户外销售，为中小零售业提供从事商业活动的机会，保护和扶持中小零售业。为了保护中小零售企业，在同一区域内，例如一个建筑物之内的零售企业，应采取适当的措施，防止企业间及邻近市场间进行过度竞争。日本政府于 1959 年出台了《零售商业调整特别措施法》，对非会员在生活协同组合联合会、农业协同组合联合会的采购实施了一定限制。日本政府还以反垄断为核心针对某一或某些商业部门颁布或修订了《物价统治令》《商品交易所法》等，以此来保护中小零售业。

1955—1965 年日本经济处于高速增长期，对中小型零售业的流通保护政策严重阻碍了经济发展，日本政府政策开始转向推动流通服务业的现代化。为了推进零售商店共同化、商店街现代化和零售商业连锁化，1962 年制定了《商店街振兴组合法》，同时为了转变过去单纯保护中小企业发展

的做法，提高中小企业的经营水平和经营效率，1963 年出台的《中小企业现代化资金助成法》和《中小企业现代化促进法》推动了中小流通企业组织管理合理化和现代化进程。

1969—1973 年日本主要推进流通服务业的系统化发展。《流通活动的系统化》于 1969 年由日本政府颁布。1971 年日本政府公布了《流通系统化的基本方针》，其基本思路是把商品从生产到消费的各个流通环节看成一个整体，通过整体系统设计，追求总体的效率提高。1973 年以后又陆续出台了《流通系统化实施计划》和《关于禁止囤积生活物资等紧急措施法》等。旧《百货店法》对大型超市等其他业态没有约束力，为了保护消费者的利益，使中小零售业有效避免冲击，推动大型与中小零售店进行合理化发展，将其修订为《关于调整大型零售商店零售业务活动的法律》，1973 年第一次石油危机爆发，日本经济进入低潮期，超市得到快速发展，对中小零售业和百货店等业态冲击较大，1979 年又修正了《关于调整大型零售商店零售业务活动的法律》，增加了规制对象，促进了流通服务业的系统化发展。

2. 1980—1999 年：推动流通服务业的信息化

20 世纪 60 年代，日本流通服务业信息化发展刚刚起步，在 80 年代逐步加速，流通领域开始广泛应用时点销售管理系统（POS）和热线电话订、发货系统（EOS）等新技术。日本有关部门 1985 年陆续出台了《关于信息网络型流通系统的调查》和《信息装备型批发商业设想》，POS 和 EOS 新技术在流通领域得到显著发展，流通的信息化发展使以消费为中心的理念得以贯穿整个生产与流通环节，在流通服务业中合理利用现代科学技术，促使流通合理化、系统化提升至更高的现代化水平。

3. 2000 年至今：促进流通服务业大数据的应用与国际化发展

2000 年之前的流通服务业政策主要以发挥健全的市场机能为中心，以促进流通领域的公正和自由竞争。2000 年之后，日本的流通服务业政策增加了调整和振兴商业的政策，发挥商业驱动区域经济发展的作用。重新出台的《大店选址法》调整了商业设施的设置和运营方式，要求开设大型店铺必须优先考虑噪声、尾气排放和垃圾处理等，主要是为了消除大型店铺的运营对周边生活环境的影响，构建更加高度国际化的商业运营环境，加强环境保护。《中心市街地活性化法》有助于激活中心市街地商店街的活力、加强商业区的基础建设。《社区营造三法》的修订强化了大数据技术的利用，对国外消费者免征消费税，一方面旨在实现流通服务业世界水准的经营，推动日本流通服务企业向海外发展；另一方面有助于构筑持续发展的社区，实现社区服务的社会公益性发展。

6.1.2　美国流通服务业发展政策历史演变分析

美国政府制定的流通服务业发展的相关政策并不多，主要是为流通服务业发展营造公平竞争的环境，间接地推动流通服务业的发展。

1. 产业结构优化调整政策为流通服务业的发展创造了适宜的经济环境

市场价格能够合理优化和配置资源，使各种资源流向产业结构的发展方向，市场竞争和价格变化可以反映出产业结构的未来发展方向，美国政府致力于营造适合产业发展和产业结构合理化的经济环境，只有当市场这只"看不见的手"失灵时政府才会采取行动。

20 世纪 30 年代西方经济大危机时期，美国对大多数的自然垄断行业采取了管制措施，一直持续到 70 年代后才逐步放松对交通运输等流通服务业的管制，流通服务业的市场竞争不断加剧，很多主要从事运输业务的流通服务业通过并购与战略联盟等手段进入供应链管理领域，实现规模经济和范围经济。美国政府集中精力完善流通基础设施建设，第三方物流在宽松的经济环境下应运而生，流通基础平台的建设促进了第三方物流的发展。

2. 通过反垄断政策保持流通服务业良好的市场竞争秩序

美国流通服务业政策体现为通过反垄断法维持和促进市场竞争，保证企业机会均等。美国的反垄断法将价格歧视、订立排斥性或约束性契约、取得其他竞争公司的股份或有竞争关系的公司的股份公司间的相互持股、没有成本依据的折扣、具有竞争关系的公司互任董事、对特定买者的广告及促销补助等行为视为垄断行为。

（1）《罗宾逊—帕特曼法》对连锁商店价格歧视进行限制。价格歧视行为在《克莱顿法》中的规定比较抽象，在批发商的推动下，1936 年通过了《罗宾逊—帕特曼法》，该法进一步细化了对价格歧视的规范，其原始草案主要是为了限制连锁店向批发商强求价格让步，是专门针对连锁商店采购价格方面的反垄断法，其目的在于保护中小型零售商，避免大型连锁商店和大分销商对个体零售商和批发商的"不公平歧视"，大型连锁店和大分销商在谈判中具有优势地位，可以获得不正当的价格折扣。在该法下生产者被禁止向大型购买者提供歧视性的佣金，但可以向连锁店和批发商提供具有合理标准且在成本上证明是正当的数量折扣。《罗宾逊—帕特曼法》只适用于销售方面，不适用于租赁、代理等。

（2）《米勒—泰丁法》将转售价格控制合法化。1937年颁布的《米勒—泰丁法》通过将转售价格控制合同合法化，这意味着存在一个最低价格从而试图阻止亏本销售和低价倾销行为，因此受到生产者和中小零售的支持，因为生产者认为降低价格会影响商品品牌、减少商品销售量，折扣商店会降低服务质量。但对消费者是不利的，该法削弱了连锁店的采购优势，必然将抬高出售给消费者的商品价格。罗斯福总统认为生产者和经销商可能在《米勒—泰丁法》下串通提高价格对消费者不利，因此他反对《米勒—泰丁法》。20世纪70年代，美国零售行业竞争态势已相对稳定，消费者保护运动日益强大，在调整竞争政策适应新形势的过程中，美国国会于1975年废除了《米勒—泰丁法》。美国政策现在将转售价格控制协议视为违法行为。可以看出，美国在流通服务业领域的反垄断法律规制需要平衡多方利益。

3. 大力扶持中小流通服务业发展

美国国会通过了一些扶持中小企业（包括中小流通企业）的法律，如设立小企业管理局，为小企业提供管理、资金和技术上的援助；减免或降低小企业的税收；在营业、贷款等方面向小企业提供均等的机会。

美国商务部经济发展局和小企业发展管理局对小型流通企业提供财政援助和经营发展指导。经济发展局按照一定的法律依据，给予小型流通企业发展投资方面的资金支持，小企业发展管理局设有管理咨询部门，指导小企业经营管理，加强小企业与各大学的合作交流，为培训小企业管理人员提供了有效渠道。

4. 通过推动科技进步提升流通服务业发展

20世纪美国科学技术经历了新的重大飞跃，科技发展水平居于世界前列，这与美国政府长期致力于促进科技创新是密不可分的。第二次世界大战是美国科技又一次获得突飞猛进的时期，政府为了加强对全国科研力量的统一领导与资助，1940年美国国防委员会设立国防研究委员会，1941年联邦政府设立科学研究与发展局。政府拨款占全国科研经费的比例从第二次世界大战前的19%上升到战争期间的83%。世界上第一台电子计算机就是战争期间研制出来的。1993年设立国家科学委员会，总统亲自任主席，政府各主要部门的首脑均为委员，以便强化联邦政府对科技的领导。20世纪80年代以来，美国政府对技术的发展愈发重视，联邦政府将制定和实施国家科技技术政策作为其正式使命，实施立法来推动企业间的交流合作、研发和创新，增加了单个企业的开发收益。美国每年研发的总投入超过了欧盟和日本的总和，相当于美国 GDP 的 2.5%。20 世纪 80 年代，零售企业逐渐掌握了整个商品供应链中的主导权。在政府的鼓励下，大型零售企业沃尔玛和宝洁公司（P&G）结成了战略产销联盟，通过计算机实现信息资源共享，进而有效缓解了生产商和零售商间的矛盾。

6.2　我国流通服务业发展政策的演变分析

6.2.1　历史演变分析

流通效率低下、流通成本高一直是困扰我国经济持续健康发展的顽症。流通服务业发展政策是国民经济产业政策的一个重要组成部分，能够在宏观上对流通服务业的发展进行调节和控制。因此有必要梳理我国流通服务业发展政策的演变过程，了解不同时期政府制定流通服务业发展政策的侧重点，为未来制定和完善流通服务业政策提供理论依据。

当前关于流通服务业发展政策的研究成果比较丰富，而从演化视角分析流通服务业发展政策的文献相对较少。关于国外流通服务业发展政策的相关研究主要集中在美日等发达国家。如赵尔烈和于淑华（1993）研究了日本的流通政策；张闯（2005）对比了中日两国流通国际化政策；夏春玉和任博华（2006）分析了美日流通政策。国内流通服务业政策的研究相对较多，郑有贵（1998）主要分析了改革开放以来各时期的粮食流通政策；蔡荣、虢佳花和祁春节（2009）研究了农产品流通体制改革；姜长云和赵佳（2012）梳理了十七届三中全会以来重要的农产品流通政策；杜卓君、韩振芳和杨正勇（2014）有针对性地研究了水产品流通及其市场监管中所采用的相关政策；常晓然和李靖华（2015）全面细致地演化分析了 2001年以来流通产业政策的创新；李铜山和韩苏玉（2017）分析了粮食产业各阶段的流通政策。以上文献分别从不同层面分析了我国流通服务业政策的演变过程及趋势，但大多数研究的时间跨度较短，且未反映最新的演变趋势，因此有必要对我国流通服务业发展政策的脉络进行梳理，进而展望未来的制定方向。

1. 2000 年以前

改革开放之前我国经济大体上处于封闭状态，实行计划经济体制，商品在市场上无法正常流通。1979 年颁布了《中华人民共和国中外合资经营企业法》，我国流通领域状况开始逐渐发生改变。该法允许外资企业通过产销结合的方式在中国境内销售产品，但该政策实施的效果不是很显著。流通服务业在 1992 年邓小平同志"南方谈话"之后才逐渐有了起色。1979—1992 年我国颁布的流通服务业相关政策主要集中在国有企业和粮食流通领域，如 1991 年颁布的《国营商业、供销合作社零售企业专柜联销管理试行办法》、1992 年颁布的《粮食商品流通统计基础工作规范化暂行规定》等。1992 年国务院出台的《关于商业零售领域利用外资问题的批复》同意先在北京、上海、天津、广州、大连、青岛和五个经济特区试办合资或合作经营零售企业，但暂不允许举办外商独资经营商业零售企业，对外商投资商业企业的经营范围做了不得经营批发业务和代理进出口等业务的限制性规定，不过该政策的颁布使流通服务业加快了对外开放的步伐，该时期外资企业的国内批发零售贸易业销售总额从 1995 年的 180.0亿元跃升到 1997 年的 542.3 亿元，批发零售实现了快速增长。1995 年国内贸易部颁布了《关于深化流通体制改革、促进流通产业发展的若干意见》，该意见强调通过不断改革流通服务业，扩大流通规模、完善流通市场，进一步促进流通服务业朝多元化方向发展。我国在该时期也不断加强对流通服务业宏观调控的力度，建立商品储备制度、价格监控制度和规范分类管理制度等，如 1994 年颁布的《批发市场管理办法》，并在此基础上建立了批发商资格审查制度。1997 年国家进出口商品检验局和国家工商行政管理局印发的《流通领域进口商品质量监督管理办法》加强了对流通领域进口商品质量的监督管理。为引导我国零售企业逐步走向规范化的经营轨道，使零售企业通过开展差别化经营提高竞争力，促进零售企业有序健康发展，1998 年国家国内贸易局出台了《零售业态分类规范意见（试行）》，对百货店、超级市场、大型综合超市、专业店、专卖店和购物中心等零售业态进行了规范分类管理。

2000 年以前的流通服务业发展政策一直在探索对外开放和对内构建规范的制度框架。在改革开放的推动下，流通服务业不断提高其市场化和国际化水平，从制度机制入手推动流通领域向前发展。

2. "十五"时期（2001—2005 年）

2001 年我国加入世界贸易组织（World Trade Organization，WTO），伴随着经济体制的深化改革，流通领域的所有制结构也发生了巨大的变化，在连接生产和消费这个载体上，呈现"一主多附"的状态，由原来单一的国有企业独家经营变成了与外商独资企业、中外合资企业、中外合营企业以及中资企业共存的结构，这种变化在某种程度上对流通服务业造成了冲击，但也为其创造了新的发展空间。例如，2002 年，为了提高农产品的市场竞争力，降低流通成本，促进农民增收，建立先进的农产品流通体系，国家经贸委、国家计委等六个部门共同制定了《关于加快农产品流通设施建设的若干意见》，该意见指出要抓住我国加入 WTO 的契机，鼓励外商投资我国农产品流通领域的基础设施建设，扩大农产品流通设施建设的对外开放。2003 年，为了进一步贯彻国务院颁布的《生猪屠宰管理条例》，规范肉品流通秩序，商务部发出了《关于加强畜禽屠宰管理规范肉品流通秩序的通知》。2003 年国务院机构改革，外经贸部和经贸委合并成立商务部，为更有效地制定流通服务业发展政策奠定了基础。2004 年，国务院颁布了《关于进一步深化粮食流通体制改革的意见》，全面放开粮食收购市场，积极稳妥推进粮食流通体制改革。为了保障国家粮食安全，保护粮食生产者的积极性，提高市场竞争能力，国务院颁布《粮食流通管理条例》。随着市场经济体制的不断完善，流通服务业已逐渐发展成为国民经济的先导型产业，在引导生产、扩大内需和促进消费等方面不断发挥作用，为了进一步促进流通服务业的结构调整和流通现代化，2004 年，商务部公布《流通业改革发展纲要》，该纲要明确提出要利用好国内国际两个市场，重点培育具有国际竞争能力的大型流通企业和有中国特色的大型流通企业，提高流通对外开放水平，着力创新中小流通企业体制，全面提高其现代化水平，实现流通现代化，全面推进流通产业升级。2005 年，国务院出台《关于促进流通服务业发展的若干意见》，指出了流通服务业在发展过程所面临的组织化和现代化水平低、规模小等问题。为了搞活农产品流通，促进农业增效和农民增收，农业部出台《关于加强农产品市场流通工作的意见》，明确提出要构建以农产品批发市场为中心，以电子商务、连锁配送等现代流通方式为先导，建立产销两地市场相衔接、国内外市场相呼应、期现货市场相配套的农产品市场体系。

　　总而言之，这一时期政府充分意识到流通服务业在国民经济发展中的先导地位，出台了多份纲领性文件，同时政策关注的领域也不断细化，促进各子行业发展的政策文件也源源不断地出台，促进流通服务业各个子行业更快地发展，政策制定从宏观转向了微观主体。另外，应科学制定有关企业规模政策，推动大中小规模的流通企业共同协调、有序发展，但流通服务业的现代化和国际化仍处于起步阶段。

3. "十一五"时期（2006—2010 年）

"十一五"时期，流通规模不断扩大，产业集中度不断提高，形成了以批发零售为主体的流通体系。2005 年底，为促进粮食批发市场健康有序发展，解决批发市场建设缺乏整体规划、服务功能不强、盲目重复建设等现象，国家粮食局出台了《关于进一步促进粮食批发市场发展的意见》，要求按照市场经济体制的要求，逐步建成统一开放、竞争有序的粮食批发市场体系。2006 年，为了更好地向全社会提供商务信息服务，商务部发出了《关于启动农副产品批发市场生活必需品监测日报制度的通知》。商务部和发改委等部门还相继出台了《零售商促销行为管理办法》和《零售商供应商公平交易管理办法》。我国建立起了以批发零售业为主体、城市百货店购物中心等多种零售业态并存、以集市为基础的流通体系。为了进一步推进流通服务业现代化，形成与国际接轨的现代流通标准体系，2007 年，我国流通领域出台了第一个标准化的规划《流通标准"十一五"发展规划》。电子商务的应用，客观上要求与之关联发展的物流要紧跟其发展步伐，2008 年，中华全国供销合作总社制定了《农产品批发交易市场建设规划方案》，重点完善储藏、运销、物流配送等基础设施，建立信息管理、电子结算系统和冷链物流体系，增强物流、配送能力。商务部发布《关于加快我国流通领域现代物流发展的指导意见》。2009 年，商务部印发了《关于加快流通领域电子商务发展的意见》。为建成安全通畅、高效率、低成本、低损耗的农产品现代流通体系，初步探索出农产品产销的有效模式，《关于开展农产品现代流通试点的通知》于 2010 年由财政部和商务部联合出台，并在上海、杭州、大连、成都等 10 个城市开展肉菜流通追溯系统建设试点，商务部紧接着还出台了《全国肉类蔬菜流通追溯体系建设规范（试行）》。为了保护生态环境、缓解资源短缺，商务部还出台了《关于加强流通服务业节能减排工作的指导意见》，这也有利于降低流通成本。

这个时期电子商务加快了商品流通速度，在一定程度上缩减了流通成本，进一步提升了流通服务业的现代化水平，处于较高的发展阶段。在政府颁布的多项政策作用下，流通服务业的布局日趋合理、产业结构不断优化升级，初步形成了标准化、国际化的现代流通体系。

4. "十二五"时期（2011—2015 年）

"十二五"时期，流通服务业的先导性和基础性地位在 2012 年国务院出台的《关于深化流通体制改革加快流通业发展的意见》中得以明确，

2004 年国务院颁布的政策文件中只强调了流通服务业的先导型地位。这个时期商务部出台了大量有关流通领域的政策文件，其中涉及流通标准化建设、住宿业规范发展、快递企业兼并重组等各个方面。这表明我国政府对流通服务业中各个子行业重视程度不断提高。为了加快互联网与流通服务业的深度融合，推动电商进农村、中小城市和社区实现线上线下融合互动，跨境电商快速发展，推动传统流通服务业转型升级，2015 年，商务部制定发布了《"互联网 + 流通"行动计划》。流通创新是调节供需的有效手段，在供给侧结构改革中发挥着重要作用，习近平总书记在 2015 年中央财经领导小组会议上，首次提出供给侧结构性改革，为科学制定流通服务业政策指明了方向。

党的十八大以来，中国经济增长效率呈下降趋势，要素驱动型的增长方式难以持续，创新对于流通服务业发展的贡献不足。我国产业政策更加注重创新驱动发展。实施创新驱动发展战略为流通服务业的健康发展注入了新的动力。围绕创新驱动方面出台的重要政策有《商务部关于加快居民生活服务业线上线下融合创新发展的实施意见》《国务院关于积极推进"互联网 +"行动的指导意见》《关于大力推进大众创业万众创新若干政策措施的意见》《国家创新驱动发展战略纲要》《国务院关于印发新一代人工智能发展规划的通知》《国务院关于强化实施创新驱动发展战略进一步推进大众创业万众创新深入发展的意见》等，这些创新政策大力推动了流通服务业的高质量发展。

"十二五"时期，适应经济发展新常态，政府各部门尤其是商务部出台了大量政策促进流通服务业发展，这个时期的政策更加强调"互联网 +"、线上线下融合发展、回归零售商业本质、创新驱动、夯实流通企业供给侧改革等，这些都体现了流通领域理论与实践的创新。

5. "十三五"时期（2016—2020 年）

"十三五"是我国全面建成小康社会的决胜关键时期，流通服务业将成为产业结构调整的加速器、大众创业就业的主渠道。这个时期的政策充分体现了十八届五中全会提出的"创新、协调、绿色、开放、共享"五大发展理念。

2016 年商务部等 10 部门共同颁布的《国内贸易流通"十三五"发展规划》明确提出创新驱动成为流通服务业发展提供了新动力，通过消费促进、流通现代化和智慧供应链等行动，推动流通大国向流通强国迈进，提升流通在经济发展中的先导性引领和基础性支撑作用。2016 年出台的

《国务院办公厅关于推动实体零售创新转型的意见》指出创新是实体零售转型的直接动力，应积极推动新一代信息技术应用，致力于发展新业态、新模式，不断促进流通效率的提升。2018 年出台的《深化服务贸易创新发展试点总体方案》指出深入实施创新驱动发展战略，促进服务贸易领域新技术、新产业、新业态、新模式蓬勃发展。

为了有效地推进创新驱动发展战略，出台了很多关于电子商务方面的政策。2016 年为促进跨境电商零售进口健康发展，财政部、海关总署、国家税务总局联合出台了《关于跨境电子商务零售进口税收政策的通知》，2018 年 8 月通过的《电子商务法》于 2019 年 1 月 1 日起正式施行，《电子商务法》和跨境新规促进了跨境电商的便利化，助推了我国流通服务业对外开放的国际化发展之路。2019 年，海关总署等部门颁布了《关于促进跨境电子商务寄递服务高质量发展的若干意见（暂行）》，要求建立跨境寄递服务平台，完善并优化跨境寄递的流程，并利用电商推动快递业深化改革。综合保税区是开放型经济的重要平台，以高水平开放推动高质量发展，国务院出台了《关于促进综合保税区高水平开放高质量发展的若干意见》。

为了共走绿色和开放发展之路，2017 年发改委和海洋局联合发布《"一带一路"建设海上合作设想》，倡议沿线国家共同发起海洋生态环境保护行动。邮政业是推动流通转型升级的现代先导产业，具有通政、通商、通民功能，也是"一带一路"互联互通的桥梁和纽带，为了充分发挥邮政、快递互联互通作用，加快行业引进来和走出去，2017 年邮政局颁布了《关于推进邮政业服务"一带一路"建设的指导意见》。

"十三五"时期是"两个一百年"奋斗目标的历史交汇期，这个时期的流通政策目标是通过新一代信息技术的广泛应用，基本形成现代化、法治化、国际化的大流通、大市场体系，充分发挥流通在国民经济中的先导性和基础性作用，现代流通服务业已经发展成为有力促进国民经济发展的战略性支柱产业。

通过对不同时期流通服务业发展政策的历史演变分析，得出以下结论：①政府部门高度重视流通服务业的发展，促进流通服务业向高质量发展是制定流通服务业政策的主要依据和方向。②各项政策的出台和实施有力地推动了流通服务业的标准化、网络化、数字化、智能化、现代化、法治化和国际化。③流通服务业政策关注的领域越来越细化，从宏观领域到微观主体、从整体到局部。

6. "十四五"时期政策的走向

"十四五"时期已经开启，对我国流通服务业发展政策有三点展望：

①流通服务业政策将更加体现"创新、协调、绿色、开放、共享"五大发展理念。②通过政策实施，发挥流通服务业在供给侧结构性改革中的先导作用、对生产的重要引领作用、对分配的调节作用和对消费的促进作用。③流通服务业政策将会聚焦于产业的跨界融合发展。流通服务业依靠区块链、供应链等技术创新，进一步连接起生产、流通和消费等环节，加速实现与制造业、农业等不同产业的深度融合，逐步形成智能化的、高效的现代流通网络。

6.2.2 部门协同演变分析

为了准确把握我国流通服务业发展政策的部门协同情况，研究从万方数据库收集整理了 1998—2018 年中央及各部委发布的流通服务业相关政策 3324 条，然后对这些政策进行筛选，去掉相关度较低的政策和一些没有具体措施的通知公告，最终确定了中央政府层面（全国人大、国务院）、发改委、商务部和财政部等多个部门独立或联合制定的共计 1048 条流通服务业发展政策，本章将从政策制定部门方面进行分析，从而研究我国流通服务业发展政策的部门协同演变情况。

由于研究所选取的政策数据跨度较大，涉及的政府部门中有少数部门的名称、任务、职能有所改动，2003 年国务院发生改组，由原来的外经贸部和国家经贸委合并成为商务部；国家计划委员会改组为国家发展和改革委员会；国家药品监督管理局改名为国家食品药品监督管理局，后在 2008 年又并入卫生部；2008 年的改组还组建了工业和信息化部、交通运输部等。在进行分析时，均采用改组后的名称。

经过统计发现，1998—2018 年，共有 37 个部门参与了流通服务业发展政策的制定，从中选取了国务院、发改委、交通运输部等 9 个主要制定部门，图 6.1 为这些部门参与制定的政策数量分布，从政策数量上来看交通运输部是参与制定政策最多的部门，共颁布 341 条，占总数的 32.54%，统计过程中发现除交通运输部颁布的政策外，其下属的铁路局、民航局、邮政局也发布了很多政策，这些政策大都是针对流通中的交通运输、仓储和邮政业。其次是卫生部，卫生部颁布的政策共 203 条，占总数的 19.37%，其中包含了之前年份国家药品监督管理局和国家食品药品监督管理局的政策，卫生部颁布的政策流通服务业相关政策多数为住宿和餐饮业相关。工业和信息化部所颁布的政策数量排名第三，共 167 条，占总数的 15.94%，工业和信息化部所颁布的政策从"十二五"期间开始增加，说明政府部门很重视信息科技在流通服务业中的应用。这三个部门颁布的政策数量虽然最多，但多为通知、公告等类型，政策效力较低，其数量随着行政级别更高的部门颁布的政策而增加。国务院虽然是颁布政策条数最少的部门，但其颁布的政策效力较高，我国流通服务业发展的纲领性文件都是由国务院出台，其颁布重要政策的年份往往成为我国流通服务业的发展的转折点，此外还有发改委、商务部、财政部、国家工商总局等也颁布了大量促进流通服务业发展的政策，这些部门的政策数量很大程度上都受国务院所颁布政策的影响。

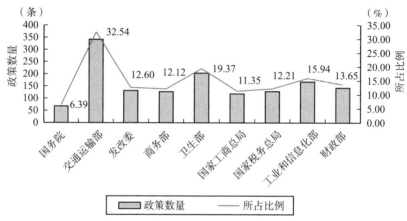

图 6.1　不同部门参与制定的政策数量分布

本研究用平均部门数参与数作为衡量部门协同度的指标，平均部门参与数为某年度平均每条有几个部门参与。从总体上看，1998—2018 年所颁布的 1048 条政策中，由单一部门制定的有 828 条，占比为 79%，由两个部门制定的政策有 179 条，占比为 17.08%，两个及以上部门制定的政策有 41 条，占比为 3.91%。可见我国大部分的流通产业政策由单一部门制定或颁布，部门间协同较弱，后续政策制定中，需要加强部门间的协同。

历年政策总数及平均部门参与数如表 6.1 所示，从中可以看出，从政策颁布数量来看，除个别年份外，流通服务业发展政策颁布的数量不断增多，说明我国越来越重视流通服务业发展，我国流通服务业政策总数总体呈上升趋势，2003 年的政策数量下降可能是因为当年的国务院进行改组，政府行政部门结构更加合理，政策制定更加科学合理、更加高效，多部门之间的重叠政策发生删减，最后造成当年政策数量下降。由 1998 年的 28 条到 2018 年的 80 条，表明我国政府部门对流通服务业的发展越来越重视。从部门联合制定政策比例来看，整体上呈上升趋势，有一点需要注意，2003 年的部门联合制定政策比例高于前后两年，并不是因为 2003 年联合制定政策数量的增加，而是因为 2003 年政策总数的下降。最后从平均参与部门数来看，1998 年平均部门协同数为 1.32，表示 1998 年每一条政策有 1.32 个部门参与，相对来说比较低。直到 2006 年突破 1.4，说明"十二五"时期我国为了实现建立现代流通标准体系的发展目标，开始加大部门间的协同力度，从 1998 年的 1.32 到 2018 年的 1.52，表明我国流通服务业发展政策的颁布逐渐由单一部门向部门协同转变，部门间的协同作用明显增强。

表 6.1　　　　　　　　　　　　部门协同情况

年份	政策总数/个	部门联合制定政策比例/（%）	平均参与部门数/个
1998	28	14.29	1.32
1999	30	16.67	1.28
2000	31	19.35	1.37
2001	35	14.29	1.36
2002	37	10.81	1.33
2003	24	16.67	1.32
2004	28	14.29	1.25
2005	30	16.67	1.34
2006	38	21.05	1.40
2007	40	22.50	1.42
2008	48	22.92	1.45
2009	51	23.53	1.43
2010	55	23.64	1.44
2011	61	21.31	1.45
2012	69	21.74	1.47
2013	71	22.54	1.48
2014	62	24.19	1.51
2015	72	23.61	1.50
2016	75	24.00	1.53
2017	83	22.89	1.54
2018	80	21.25	1.52

6.3 国外流通服务业发展政策对中国的启示

在特定的历史背景下，国外政府颁布了一系列促进流通服务业发展的政策，并在当时取得了良好效果，长期来看也出现了一些负面效果。尽管如此，国外的管理政策仍然可以给我们带来很多启示。借鉴日美经验，结合中国实际，得到以下启示。

6.3.1 政府适度干预流通服务业发展

流通服务业进入门槛低，规模经济壁垒、资金壁垒和技术壁垒等都较低，同业间竞争激烈，损害严重。政策法规壁垒是防止过度竞争的有效措施。与发达国家相比，由于我国现代流通服务业起步晚，因此发展水平比较落后。政府应制定相关政策引导流通企业引进先进的、现代化的技术和经营方式，提高大型流通企业的竞争力，快速提升我国流通服务业的整体发展水平。

日本政府主要采取法律、行政和经济的手段干预流通服务业的发展，是一个政府干预产业发展较多的国家。结合中国目前的实际情况，首先需要不断地修订和完善流通服务业的法律法规，我国 2009 年出台的《食品安全法》分别于 2015 年和 2018 年进行了修订。1994 年出台的《批发市场管理办法》、2007 年出台的《反垄断法》和《商业特许经营管理条例》等也需要在实施中不断地完善和修订；我国的反垄断立法在很大程度上参考了美国的立法，但忽视了这些立法的背景。在对商品流通领域反价格垄断进行法律规制时要考虑相关利益者的平衡。利益平衡原则是诸多法律的基本原则之一。"生产—流通—消费"这三个环节是紧密相联的，政府在制定有关流通政策时，要综合分析生产者、销售者和消费者三者间的切身利益，同时在考虑销售者利益时还应注意大型与中小型销售商的利益平衡，及时实施有关政策促进流通服务业引入先进的流通技术，在"互联网＋"时代，要通过大数据、区域链等技术对流通服务业实行数字化转型升级改造，同时应借助商会、行业协会等中介组织的力量，促进行业自律，规范企业的运营管理和经营行为。

6.3.2 积极扶持中小流通服务业发展

大小型企业间的关系对流通产业组织政策有重要影响，政府制定政策时应进行充分考虑。目前，我国在流通产业组织政策的实践中，往往把大型流通企业放在政策的中心地位，而忽略了中小流通企业的发展。

20 世纪 90 年代以来，随着不断引入多种先进零售业态，我国流通服务业领域发生了巨大变化，大型商场和购物中心不断涌现，跨国零售巨头不断加入，使得小商店的发展受到了严峻的挑战。政府采取各种行政及优惠措施促进流通企业间联合与发展，打造出一批可以与国际流通巨头抗争的大型本土流通企业。随着大型连锁企业市场的不断扩张，国内较多中小流通企业受到挤压，发展举步维艰，严重阻碍了我国流通服务业现代化进程，政府应及时出台相关政策进行扶持与引导。可以借鉴日本遍布居民社区的 7 - 11 便利店对传统零售小商店整合的规模效应，大力推行自由连锁和特许连锁，通过成熟品牌整合大多数零散企业，大大加快我国流通服务业的现代化步伐。

6.4　本 章 小 结

本章从时空两个维度对流通服务业发展政策的演变进行了分析，历史演变的不同阶段各有侧重，主要得出以下结论。

（1）2000 年以前的流通服务业发展政策一直在探索对外开放和对内构建规范的制度框架。在改革开放的推动下，流通服务业不断提高其市场化和国际化水平，从制度机制入手推动流通领域向前发展。"十五"时期政府充分意识到流通服务业在国民经济发展中的先导地位，促进流通服务业各子行业发展的政策文件源源不断地出台，但流通服务业的现代化和国际化仍处于起步阶段。"十一五"时期，在政府颁布的多项政策作用下，流通服务业的布局日趋合理、产业结构不断优化升级，初步形成了标准化、国际化的现代流通体系。"十二五"时期，适应经济发展新常态，政府各部门尤其是商务部出台了大量政策促进流通服务业发展，这个时期的政策更加强调创新驱动、"互联网 +"、线上线下融合发展、回归零售商业本质、夯实流通企业供给侧改革等，这些都体现了流通领域理论与实践的创新。"十三五"时期，政府部门高度重视流通服务业的发展，促进流通服务业向高质量发展是制定流通服务业政策的主要依据和方向。各项政策的出台和实施有力地推动了流通服务业的标准化、网络化、数字化、智能化、现代化、法治化和国际化。"十四五"时期，为实现我国流通服务业高质量发展，流通服务业政策应更加体现"创新、协调、绿色、开放、共享"五大发展理念。

（2）我国政府颁布的流通服务业发展政策数量总体上不断增加，表明政府部门高度重视流通服务业的发展，促进其高质量发展是制定政策的主要依据和方向。

（3）流通服务业政策关注的领域越来越细化，从宏观领域到微观主体、从整体到局部。表明我国流通服务业发展政策的颁布逐渐由单一部门向部门协同转变，部门间的协同作用明显增强。

（4）从政策颁布的部门来看，交通运输部是参与制定政策最多的部门，从政策颁布数量来看，流通服务业发展政策颁布的数量不断增多，说明我国越来越重视流通服务业发展。

（5）联合制定的流通服务业发展政策中，大多为通知类等管控力度较低的政策，不利于流通服务业发展长期性、系统性、战略性目标的实现。

（6）从部门协同来看，部门联合制定流通服务业发展政策的比例总体上不断上升，表明我国政府在制定政策时由原来的依靠单一部门制定向多部门联合制定转变，部门间的协同作用明显增强。

（7）借鉴日美经验，结合中国实际，政府应适度干预流通服务业发展，积极扶持中小流通服务业发展等。

第7章 我国流通服务业发展政策协同性与协同有效性分析

本章对所收集的 1998—2019 年的流通服务业发展政策进行了量化，即根据政策颁布的部门以及政策类型对政策力度进行打分，根据政策文本内容对政策措施打分。完成量化之后建立协同度度量模型计算政策措施协同度，然后从流通整体和批发零售业、住宿餐饮业、交通运输仓储邮政业三个子行业的角度对我国流通服务业发展政策措施协同演变及协同有效性进行分析。

7.1 我国流通服务业发展政策的量化

7.1.1 政策量化标准

张国兴和高秀林（2014）研究了我国政府颁布的政策，研究发现政策力度的大小和政策措施是否得力都与政策颁布部门的级别（全国人大、国务院与各个部委）和政策类型（如命令、通知、公告、规定等）有密切关系。因此，参考相关学者的做法，从政策力度和政策措施两个维度对我国流通服务业发展政策进行量化。在衡量政策力度时，借鉴张国兴和高秀林（2014）关于节能减排政策及彭纪生等（2008）关于科技创新政策量化研究的方法，依据国务院颁布的《规章制定程序条例》，并根据相关法律法规专家的建议，根据政策类型和颁布政策机构的级别，测度政策力度的大小（见表7.1）。

表 7.1   流通服务业发展政策力度量化标准

政策力度	评分标准
1	公告、通知、函
2	各部委颁布的意见、标准、指南、办法、方案、细则、决定、协议、规划、指引、计划、暂行规定、要点
3	国务院颁布的暂行条例、办法、决定、方案、意见、标准、细则;各部委颁布的规定、条例、规范、纲要
4	国务院颁布的指令、条例、规定、纲要;各部委的命令
5	全国人大及其常务委员会颁布的法律

1. 流通服务业发展政策力度

在流通服务业发展政策力度方面,一般而言,级别越高的部门所颁布的政策,其法律效力越高,因此会赋予较高的政策力度分值。由于高级别部门对行为主体的影响不够具体,在政策措施上的分值就较低;相反,级别低的部门虽然颁布政策的法律效力不高,但由于法规更为明确,对具体行为主体所产生的影响更大,因此在政策措施上的分值较高。所以需要综合政策力度、政策措施,这样反映政策内容的效度会更为科学合理。

2. 流通服务业发展政策措施

在流通服务业发展政策措施方面。政策措施可分为政策制定措施和政策实施措施两种。仲为国等(2009)认为创新政策措施主要有五大类:财政税收措施、行政措施、金融外汇措施、人事措施和其他经济措施。张国兴等(2013)认为节能减排政策措施主要包括:人事措施、引导措施、财政税收措施、行政措施、金融措施和其他经济措施六大类。在借鉴上述学者研究成果基础上,通过精读 2179 条政策,再根据相关专家建议,将流通服务业发展政策措施划分为行政措施、财政措施、人事措施、引导措施、金融措施和其他经济措施。量化标准如表 7.2 所示。

表 7.2   流通服务业发展政策措施量化标准

政策措施	得分	量化标准
人事措施	5	最大限度地表彰优秀,并制定了完善的表彰办法;制定了对流通服务业发展相关人员的绩效考核办法,并将考核结果与升职、任免挂钩;最大限度地培养、培训人才,制定了推动人才发展的相关制度等

续表

政策措施	得分	量化标准
人事措施	3	明确提出要完善流通服务业相关机构的工作人员；加大对相关人员的教育和培训；加强领导、明确现有机构人员的流通服务业发展职责；对相关人员的成果进行考核，将考核结果与人员的绩效挂钩；对优秀的人员进行表彰，对违反的人员进行惩罚；但均未制定相关实施办法或表彰惩罚办法
	1	仅提及或涉及以上条款
财政措施	5	大力支持财政预算、补贴、补助等，并明确了财政补助、补贴等的具体数额或支持办法；大力支持税收，并给出了税收优惠的具体办法、额度
	3	明确提出通过财税大力支持流通服务业发展；明确提出加大政府对流通服务业的投入；但没有指出具体的支持数额和具体办法
	1	仅提及财税优惠，没有制定相关办法等
引导措施	5	大力支持流通服务业相关企业的发展，制定了具体的宣传办法或方案；制定了实施示范工程或试点工程的办法；制定其他流通服务业发展相关引导措施等
	3	明确提出要大力实施流通服务业发展宣传；明确提出要制定流通服务业发展相关的引导措施等；明确表示要实施示范工程；为流通服务业的发展提供了一个良好的环境；但均未制定相关实施办法
	1	仅提及上述条款
行政措施	5	制定了服务管理的具体措施，提出了具体的奖惩数额；制定了强制执行的准入条件和标准；为大力鼓励流通服务业发展，下放审批权限，列出了具体的权限列表；筹建了新的部门促进流通服务业发展，并制定了一系列措施
	3	明确提出运用政策促进流通服务业的发展；明确提出要对具体的违反流通服务业发展的情况进行处罚问责等；提出筹建新的部门专门促进流通服务业的发展；明确要求制定推动流通服务业发展的相关政策或制度；但均未制定相关方案
	1	仅提及上述条款
金融措施	5	在流通服务业发展等各方面给予信贷优惠，并制定了相关支持办法或支持机制；完善了支持流通服务业发展的相关信贷政策、制定了相关信贷监管办法等
	3	强调大力支持流通服务业发展；强调运用保险、期货等支持流通服务业发展；对不符合国家产业要求的企业不提供信贷支持；要求对违反相关规定的企业给予贷款惩罚期限；要求加强信贷监管；但均未制定相关实施办法
	1	仅提及利用信贷措施来推动流通服务业发展
其他经济措施	5	制定了促进流通服务业发展的办法或方案；制定了流通服务业收费的标准或办法；制定了流通服务业企业的折旧、费用和成本等相关会计处理办法等
	3	明确要求制定与流通服务业发展相关办法或措施；提出鼓励民间资本支持流通服务业发展；但均未制定相关实施办法或措施
	1	仅提及上述条款

注：4 分介于 5 分和 3 分之间，2 分介于 3 分和 1 分之间，酌情量化。

7.1.2　政策打分

聘请打分小组根据上述量化标准为政策打分，小组成员包括政府部门政研室的政策研究人员（发改委、商务部等）、高校专家学者和企业管理人员等，打分程序如下：①人员培训。对相关打分人员进行培训，详细解读上述政策措施的量化标准。②分组。将打分成员分成6组。③预打分。先让各组成员对随机抽取的20条政策进行预打分，再根据各组成员的打分情况进行再讨论与修改量化标准，直到结果理想为止。④再次预打分。再随机抽取20条政策，让打分人员对其打分，打分结果方向一致性为85.65%（如打分结果为1分或3分，则认为打分方向较为一致；若为1分或4分，则认为差距太大，打分方向冲突），需要各组成员再进行讨论，修改量化标准。⑤正式打分。各组成员根据讨论好的量化标准对各条政策进行正式打分。打分结果的方向一致性为91.8%。⑥打分不一致的再处理。若正式打分时，又出现打分结果冲突，则对该政策重新打分，并邀请2名发改委的政策研究人员、2名教授和2名企管人员讨论打分情况，确认最终打分结果。⑦最终确定打分结果。整理出6组成员的打分结果，并对量化的最终结果取其算术平均数。

7.1.3　政策协同度度量模型

对不同措施的协同进行定义，如表7.3所示。

表7.3　　　　　　　　　　　变量定义

变量	含义
XZRS	行政措施与人事措施的协同
XZCZ	行政措施与财政措施的协同
XZYD	行政措施与引导措施的协同
XZJR	行政措施与金融措施的协同
XZQT	行政措施与其他经济措施的协同
YDRS	引导措施与人事措施的协同
YDCZ	引导措施与财政措施的协同
YDJR	引导措施与金融措施的协同
YDQT	引导措施与其他经济措施的协同
RSCZ	人事措施和财政措施的协同

变量	含义
RSJR	人事措施和金融措施的协同
RSQT	人事措施和其他经济措施的协同
CZJR	财政措施和金融措施的协同
CZQT	财政措施和其他经济措施的协同
JRQT	金融措施和其他经济措施的协同

对于一条政策，会采用不同的政策措施，政策措施协同是用来说明一条政策中不同政策措施使用的情况，为了研究需要对上述打分的结果进行处理。通常来说，政策措施越具体政策力度就越大，对应的政策效力也就越大。因此构建了流通服务业发展政策的总效力和平均效力测度模型分别如公式（7.1）和公式（7.2）所示。

$$ZHCZXL_i = \sum_{j=1}^{n} ld_j \times cs_j \quad i = [1998,\ 2019] \tag{7.1}$$

$$ZHZXL_i = \frac{\sum_{j=1}^{n} ld_j \times cs_j}{N} \quad i = [1998,\ 2019] \tag{7.2}$$

式中，第 i 年流通服务业发展政策的总效力、平均效力分别用 $ZHCZXL_i$、$ZHZXL_i$ 表示，第 i 年政策数量用 N 表示，第 j 条政策力度得分用 ld_j 表示，第 j 条政策措施总得分用 cs_j 表示。

福利学中已经对协同进行了定义，认为协同是单方面作出决定的收益小于两方或者多方共同作出决定的收益，协同的过程即取得更大效益的过程，流通服务业政策协同的过程即取得更大流通服务业经济效益的过程，本书认为政策的力度以及政策措施的得分都会影响到政策协同度，根据政策的量化结果，将建立以下模型来度量政策的协同度。

政策措施协同反映在一条政策中使用多个措施的状况。一般来说，当某条政策使用的措施越具体，政策措施协同状况就越好，政策力度就越大。在借鉴张国兴和高秀林（2014）研究成果的基础上，构建流通服务业发展政策的协同度模型为

$$XTD_i = \sum_{j=1}^{n} ld_j \times cs_{jK} \times cs_{jl} \quad k \neq l \quad i = [1998,\ 2019] \tag{7.3}$$

式中，XTD_i 代表第 i 年的政策协同度，ld_j 代表第 j 条政策的力度，这是由发布部门的层级决定的，cs_{jk} 和 cs_{jl} 分别代表第 j 条政策中 k 措施和 l 措施的

得分，在进行措施分析时，将政策措施分为行政措施、引导措施、人事措施、金融措施、财政措施、其他经济措施，在测量协同度时将这六个协同度两两匹配，分别测算它们之间的协同度，由于其他措施的实施都需要通过行政部门协调配合来实现，并且相关的财政、金融和税收政策的实施，都需要配备相应的管理办法或者实施细则，或者准入标准来确保政策的顺利落实，所以对于政策协同分析是其他各种政策与行政措施的协同，在接下来的分析中行政措施与人事措施、财政措施、引导措施、金融措施、其他经济措施的协同度分别用 $XZRS$、$XZCZ$、$XZYD$、$XZJR$、$XZQT$ 来表示。

7.1.4 政策协同的有效性模型

对于政策协同的有效性分析主要考虑的是其他各种政策与行政措施的协同对于流通服务业发展的影响，在模型的设计中将各措施与行政措施协同的数据作为自变量，将流通服务业的发展水平作为因变量来分析各措施协同对流通服务业发展的影响。对政策有效性研究必须考虑一个很重要的问题，即政策效力的滞后性，这是政策普遍存在的情况，一条政策从发布到实施到真正发挥出效用需要一个过程。本书运用 VAR 模型得到了政策的滞后期数，在一定程度上增加了模型的科学性。综合以上考虑，将定义以下模型来进行有效性分析：

$$LT_t = C_0 + \beta_1 pLT_t + \beta_2 XZCZ_{t-i} + \beta_3 XZRS_{t-i} + \beta_4 XZYD_{t-i}$$
$$+ \beta_5 XZJR_{t-i} + \beta_6 XZQT_{t-i} + \varepsilon_{t_0} \qquad (7.4)$$

$$TRGDP_t = C_1 + \beta_1 pTRGDP_t + \beta_2 XZCZ_{t-i} + \beta_3 XZRS_{t-i} + \beta_4 XZYD_{t-i}$$
$$+ \beta_5 XZJR_{t-i} + \beta_6 XZQT_{t-i} + \varepsilon_{t_1} \qquad (7.5)$$

$$PFLS_t = C_2 + \beta_1 pPFLS_t + \beta_2 XZCZ_{t-i} + \beta_3 XZRS_{t-i} + \beta_4 XZYD_{t-i}$$
$$+ \beta_5 XZJR_{t-i} + \beta_6 XZQT_{t-i} + \varepsilon_{t_2} \qquad (7.6)$$

$$ZSCY_t = C_3 + \beta_1 pZSCY_t + \beta_2 XZCZ_{t-i} + \beta_3 XZRS_{t-i} + \beta_4 XZYD_{t-i}$$
$$+ \beta_5 XZJR_{t-i} + \beta_6 XZQT_{t-i} + \varepsilon_{t_3} \quad t \in (1998, 2018) \qquad (7.7)$$

式中，LT、$TRGDP$、$PFLS$ 以及 $ZSCY$ 分别代表整体流通服务业、交通运输仓储邮政业、批发零售业、住宿餐饮业的增加值，pLT、$pTRGDP$ 和 $pPFLS$ 以及 $pZSCY$ 代表上一年流通服务业及三个子行业的增加值，上一年的增加值代表了流通服务业及其子行业的发展水平，其他变量代表其他五种政策措施与行政措施之间的协同度，t 代表年份，i 代表滞后期数，i 越大，代表该项政策措施协同对该子行业的影响的滞后性越大。C_1、C_2、C_3 分别代表三个式子的常数项。

7.2　流通服务业发展政策的协同性与协同有效性分析

7.2.1　流通服务业发展政策的协同性分析

以京津冀地区为例，整合了批发零售业、住宿餐饮业和交通运输业的政策数据，从万方数据库中筛选了 1998—2019 年政府颁布的流通服务业发展相关政策。通过略读这些政策筛选整理出与流通服务业发展密切相关的政策，再从政策制定的时间、类型、制定机构以及政策措施等不同方面精读这些政策，确定了由政府部门单独或联合颁布的政策共 2129 条，主要研究流通服务业政策总体演变趋势和部门协同演变趋势。

1. 流通服务业政策协同的总体演变分析

先从整体上了解流通服务业政策的颁布情况，主要从政策总效力、政策平均效力、政策数量等方面分析流通政策的部门协同和政策协同的演变。

1998—2019 年流通服务业政策总效力、政策平均效力、政策数量的演变情况如图 7.1 所示。从图中可以看出，政策总效力和政策数量先呈波动上升趋势，当达到一定顶点后呈波动下降趋势，总体而言，政策总效力和政策数量的变化趋势大体一致。政策平均效力在 1999 年和 2018 年出现大幅波动现象，在其他年份呈现出周期性的上涨和下降趋势，总体而言，政策平均效力变化趋势显著。从 1998 年开始，流通服务业政策的数量呈波动上涨趋势，尤其在 2000 年，政策数量高于其他年份。这是因为 2000 年中国加入 WTO，为了提高我国整体流通服务业的对外开放程度，顺应世界市场中流通服务业的发展趋势，顺应国家发展大势，颁布更多有关流通服务业的政策。2008 年流通服务业政策数量达到了整个时期的次高点，这是因为 2008 年我国举办奥运会，而流通服务业会在许多方面对奥运会的举办产生较大影响，因此京津冀三地颁布更多更详尽的政策促进奥运会的成功举办。2012 年流通服务业政策数量达到了整个研究数量的最高点，之后基本呈下降趋势，到 2019 年政策数量有所回升。政策总效力在 2008 年之前呈波动上涨趋势，说明通知和公告类政策数量不断下降，其他效力高的政策数量上升。2008—2015 年政策总效力发生显著波动，主要是因为此期间政策数量变化剧烈，对政策总效力产生较大影响。2015 年之后政策总效力呈直线下降趋势，这与颁布的政策数量减少有关。从以上分析可以看出，流通服务业政策总效力与政策数量变化关系密切，政策总效力与政策平均效力变化没有明显关系。

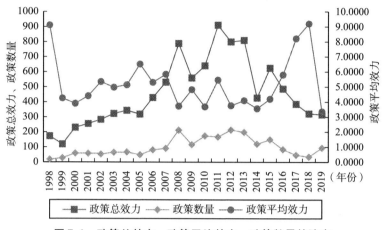

图7.1　政策总效力、政策平均效力、政策数量的演变

1998—2019 年流通服务业政策力度、政策措施平均得分变化情况如图 7.2 所示。政策力度平均得分和政策措施平均得分在一定时间段内呈周期性变动。1998—1999 年，政策力度平均得分呈直线下降趋势，这主要是因为颁布的政策数量增加，但通知和公告类政策所占比例上升。1999—2010 年，政策力度平均得分呈现出较明显的周期性先上升后下降的趋势，变化趋势明显且较为稳定，这有利于流通服务业政策的长期稳定发展。2011 年政策力度平均得分达到一个峰值，这主要是因为通知和公告类政策所占比重下降，其他政策效力高的政策数量增加。2011 年是"十二五"的开局之年，"十二五"规划纲要提出要为服务业的发展营造良好环境，受外部宏观环境的影响，京津冀三地颁布的政策力度也有所提高。2018 年政策力度平均得分达到一个最大值，这是因为 2018 年颁布的政策数量与邻近年份相比有所下降，且政策中通知和公告类所占比重不大，所以流通服务业政策力度平均得分在 2018 年达到一个峰值。2018 年以后，政策力度平均得分呈下降趋势，这主要是因为通知和公告类政策所占比重趋于稳定。政策措施平均得分与政策平均效力大体上变化趋势一致，2004—2014 年政策措施平均得分呈现出明显的周期性先上升后下降的趋势，但总体是下降的。值得注意的是，政策力度下降的幅度过大，不利于政策长期性和系统性发挥效果。政策力度平均得分和政策措施平均得分有明显的变动趋势，但变动幅度都不是十分剧烈，这有利于流通服务业政策稳定发挥其效果。

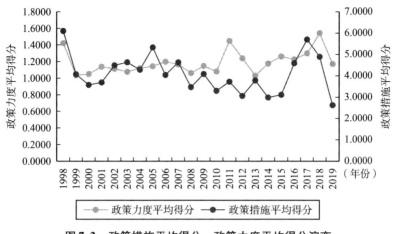

图 7.2　政策措施平均得分、政策力度平均得分演变

2. 流通服务业政策部门协同的演变分析

由于京津冀是三个省份，以下分别分析北京、天津、河北三个省份的政策部门协同的演变情况。

（1）北京各部门协同颁布流通服务业政策的演变情况分析。对北京市流通服务业政策颁布部门进行梳理和综合分析后，选取了颁布政策数量最多的 15 个部门。为了分析方便，对这 15 个部门进行编号。表中序号 1 ~ 15 分别代表：北京市发展计划委员会、北京市物价局、北京市药品监督管理局、北京市商业委员会、北京市商务局、北京市人民政府、北京市卫生局、北京市教育委员会、北京市发展和改革委员会、北京市人力资源和社会保障局、北京市食品药品监督管理局、北京市公安交通管理局、北京市公安局、北京市财政局、北京市交通委员会。对角线上的数字代表该部门单独颁布的政策数量，其余数字代表相对应的两个部门联合颁布政策数量，对角线上的数量和对应列（或行）上的数量的加总代表该部门单独和联合颁布的政策总数量。

表 7.4 列出了 1998—2019 年北京市流通服务业政策部门协同颁布的情况，可以看出北京市政府部门协同颁布的流通服务业政策数量是比较多的，特别是北京市财政局、北京市交通委员会、北京市公安局、北京市公安交通管理局占比分别为 96.22%、87.64%、83.30%、79.72%。其次是北京市教育委员会、北京市商务局、北京市商业委员会、北京市发展计划委员会占比分别为 75.67%、66.03%、59.25%、50.00%。其他部门联合颁布的政策占比都在 50% 以下。北京市药品监督管理局主要是单独颁布政

策，并没有和其他部门一起协同颁布，这些政府部门以后可以多和其他部门联合颁布政策，提高政策的执行范围。北京市没有出现只和其他部门联合颁布而自身没有单独颁布政策的部门。

表7.4   北京流通服务业政策部门协同颁布的情况

编号	1	2	3	4	5	6	7	8	9	10	11	12	13	14	15
1	1			1											
2		42						3				2	1	8	
3			17												
4	1			22			3	1	7	1	3	1	2	10	3
5					18		6		10			6	5	7	1
6						39							1		
7				3	6		28	1					3	1	4
8		3		1			1	9	3				7	5	8
9				7	10			3	86	4		1	1	13	20
10				1					4	13					3
11				3							14				
12		2		1	6				1			105	382	3	18
13		1		2	5	1	3	7	1			382	84		17
14		8		10	7		1	5	13			3		2	4
15				3	1		4	8	20	3		18	17	4	11

（2）天津各部门协同颁布流通服务业政策的演变情况分析。对天津市流通服务业政策颁布部门进行梳理和综合分析后，选取了颁布政策数量最多的15个部门。为了分析方便，对这15个部门进行编号。表中序号1～15分别代表：天津市物价局、天津市财政局、天津市食品药品监督管理局、天津市质量技术监督局、天津市发展和改革委员会、天津市人民政府、天津市教育委员会、天津市商务委员会、天津市城乡建设和交通委员会、天津市卫生局、天津市建设交通委、天津市银监局、天津市公安局、天津市劳动和社会保障局、天津市安全生产监督管理局。对角线上的数字代表该部门单独颁布的政策数量，其余数字代表相对应的两个部门联合颁布政策数量，对角线上的数量和对应列（或行）上的数量的加总代表该部门单独和联合颁布的政策总数量。

　　表 7.5 列出了 1998—2019 年天津市流通服务业部门协同颁布的情况，从时间演变的角度来看，天津市各部门协同颁布的政策协同度没有北京市和河北省高。许多部门都是单独颁布政策，即使有些部门是协同颁布，协同度相对来说比较低。协同颁布的部门主要包括天津市教育委员会、天津市商务委员会、天津市安全生产监督管理局、天津市财政局、天津市公安局，占比分别为 85.71%、75.00%、75.00%、65.00%、60.00%，其他部门协同度都在 30% 以下。天津市食品药品监督管理局、天津市人民政府、天津市卫生局、天津市银监局、天津市劳动和社会保障局这五个部门是单独颁布政策，没有和其他部门协同颁布。

表 7.5　　　　　　　　　　天津流通服务业政策部门协同颁布的情况

编号	1	2	3	4	5	6	7	8	9	10	11	12	13	14	15
1	100	25							8		2				
2	25	14					1								
3			10												
4				14	1			1	1		1		1		
5				1	29		1	2	1		1				
6						34									
7					1		1	2	2				1		
8		1		1	2		2	3	2		1				
9	8			1	1		2	2	138		1				2
10										3					
11	2			1	1			1	1		30		1		1
12												15			
13				1			1				1		2		
14														2	
15							2		1		1				1

　　（3）河北各部门协同颁布流通服务业政策的演变情况分析。对河北省流通服务业政策颁布部门进行梳理和综合分析后，选取了颁布政策数量最多的 15 个部门。为了分析方便，对这 15 个部门进行编号。表中序号 1～15 分别代表：河北省物价局、河北省发展和改革委员会、河北省食品药品监督管理局、河北省人民政府办公厅、河北省商务厅、河北省教育厅、河北省财政厅、河北省交通运输厅、河北省公安厅、河北省卫生厅、河北

省住房和城乡建设厅、河北省银监局、河北省劳动和社会保障厅、石家庄市人民政府、石家庄市食品药品监督管理局。对角线上的数字代表该部门单独颁布的政策数量，其余数字代表相对应的两个部门联合颁布政策数量，对角线上的数量和对应列（或行）上的数量的加总代表该部门单独和联合颁布的政策总数量。

表 7.6 列出了 1998—2019 年河北省流通服务业政策部门协同颁布的情况，从总体演变的角度来看，河北省流通服务业部门联合颁布数据变化波动率大，但是总体比天津的部门协同度高。协同颁布的部门主要包括河北省财政厅、河北省教育厅、河北省公安厅，这三个部门颁布政策的协同度较高，占比分别为 96.87%、92.85%、90.90%。其次是河北省住房和城乡建设厅、河北省交通运输厅、河北省卫生厅、河北省物价局、河北省商务厅，占比分别为 78.57%、71.11%、69.23%、50.00%、42.85%。其他部门联合颁布占比在 20% 以下。河北省银监局、石家庄市人民政府、石家庄市食品药品监督管理局这三个部门主要是单独颁布政策，没有和其他部门协同颁布。

表 7.6　　　　　　　　河北流通服务业政策部门协同颁布的情况

编号	1	2	3	4	5	6	7	8	9	10	11	12	13	14	15
1	25					2	12	8		2	1				
2		48		1	3	2	2	3			1				
3			37	1				1		2					
4		1	1	27	1										
5		3		1	12	1	1	2		1					
6	2	2			1	1	6	1	1						
7	12	2			1	6	1	4	1	1	4				
8	8	3	1		2	1	4	13	8	1	4				
9						1	1	8	1						
10	2		2		1		1	1		4	1		1		
11	1	1					4	4		1	3				
12												10			
13										1			6		
14														7	
15															17

（4）各部门协同颁布流通服务业政策的演变情况分析。从时间演进的角度来看，1998—2019 年流通服务业政策部门协同情况如图 7.3 所示。从中可以看出，1998—2019 年流通服务业联合颁布政策数量呈阶段性先上升后下降的趋势，但总体呈上涨态势，这表明有关流通服务业政策的颁布由单一部门向多部门联合颁布转变。2006 年联合颁布政策数量达到一个峰值，因为 2006 年颁布政策总数量相对于其他年份数量较少，联合颁布政策数量相比其他年份是最多的，所以 2006 年出现一个联合颁布政策数量的峰值。联合颁布政策比例与联合颁布政策数量变化趋势大体一致，但在2011—2016 年联合颁布政策比例变化更为剧烈，这主要是因为联合颁布政策比例不仅与联合颁布政策数量有关，与政策颁布总数量关系更为密切，2011—2016 年政策颁布总数量变动剧烈造成联合颁布政策比例出现显著变化。

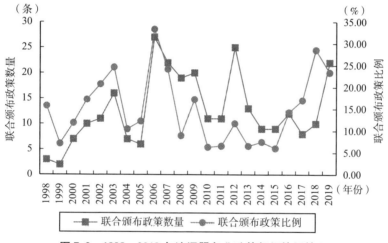

图 7.3　1998—2019 年流通服务业政策部门协同情况

北京市各部门协同颁布的政策中，联合其他部门颁布政策最多的是北京市公安局、北京市公安交通管理局、北京市交通委员会，联合颁布的政策数量分别为 419、413、78 条。单独颁布政策数量最多的是北京市公安交通管理局，颁布的政策数量为 105 条，说明在北京市流通服务业的发展中，北京市公安交通管理局发挥着极为重要的作用。河北各部门协同颁布的政策中，联合其他部门颁布政策最多的是河北省交通运输厅、河北省财政厅、河北省物价局，联合颁布的政策数量分别为 32、31 和 25 条。单独颁布政策数量最多的是河北省发展和改革委员会，颁布的政策数量为 48

条。天津市各部门协同颁布的政策中，协同度相比北京市和河北省偏低，大部分政策都是政府部门单独制定实施，单独颁布政策最多的是天津市城乡建设和交通委员会，政策数量达到了138条。

综合来看，联合颁布的政策中，更多的是通知及公告等力度较低的政策，政策实施有效期限短、效果不明显，既不利于政策制定的长期协同，也不利于系统性、战略性政策的制定和实施。

3. 流通服务业政策措施协同的演变分析

通过对1998—2019年政府部门颁布的流通服务业政策措施进行统计分析，发现引导措施、行政措施、其他经济措施政策、人事措施、财政措施、金融措施占所颁布政策总数比例分别为61.35%、58.51%、18.44%、17.94%、9.91%、2.98%。其中引导措施占比最大，说明其是流通服务业政策的重要措施，其次是行政措施，行政措施和引导措施与其他措施的协同度波动上升，说明流通服务业政策正逐步摆脱单纯依靠引导措施或其他单一政策措施，而是通过不同措施协同来实现政策目标。因此在分析政策措施协同时，重点分析各项措施与行政措施和引导措施的协同。

1998—2019年流通服务业各种措施与引导措施的协同度如图7.4所示。可以看出，行政措施与引导措施表现出很高的协同度。说明三地政府重视使用政策引导和行政能力来促进流通服务业的发展。2010年以前，各种措施与引导措施的协同度呈曲折上升趋势，其间没有出现剧烈波动情况，但金融措施一直处于较低水平，说明三地政府由使用单一政策措施向综合利用各项政策措施转变，并且更加注重各项措施内部的协同。2006年财政措施、金融措施和其他经济措施与引导措施的协同度明显下降，这主要是因为2006年政府颁布的政策数量减少，通知和公告类政策所占比重上升。2008年，行政措施达到一个峰值，人事措施、财政措施和金融措施与引导措施的协同度下降，主要是因为2008年举办奥运会，对流通服务业政府采取行政命令保障其稳定发展。2012年以后，行政措施与引导措施的协同呈现明显的下降趋势，说明政府积极采用其他措施来代替行政命令。2009年之后，财政措施的协同度提升，仅次于行政措施和人事措施，表明政府尝试用经济杠杆与引导措施协同使用，2012年之后金融措施与引导措施的协同度显著提升，但总体还是处于较低的水平，说明政府在运用金融措施与引导措施协同方面还有提升空间。这主要是受限于地方经济和金融市场的发展程度，主要表现为金融市场不完善，与发达国家相比有较大差距，对外开放程度低。2011 年人事措施与引导措施的协同达到一个峰值，主要原因是 2011 年是我国"十二五"规划的开局之年，"十二五"规划纲要确定了人才优先的工作主线，三地政府积极响应国家的号召，培养流通服务业人才，在制定流通服务业政策方面更加重视人事措施与引导措施的协同。人事措施、财政措施、金融措施与引导措施的协同度整体上处于较低的水平，仍有提高的空间。

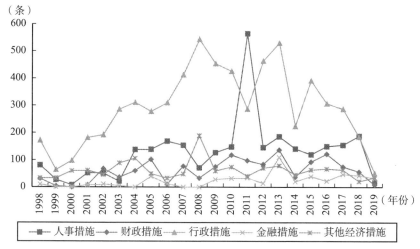

图 7.4　各种措施与引导措施的协同度

　　1998—2019 年各种措施与行政措施的协同度如图 7.5 所示。可以看出，引导措施与行政措施的协同度处于最高水平，且远高于其他措施与行政措施的协同，此趋势在前面已经分析过。2003 年以后，除引导措施外，其他措施与行政措施的协同有明显提升。主要是因为 2003 年国务院进行改组，改组之后国务院部门职权更加明晰，部门行政效率提高，这也使得地方政府不再单纯使用行政措施与引导措施，其他各项措施与行政措施的协同得到提升。2011 年之后除引导措施外，其他措施与行政措施的协同有明显提升，并且与引导措施的差距不断缩小。与图 7.4 相比，金融措施与行政措施的协同度高于金融措施与引导措施的协同，这说明金融和经济杠杆的使用主要依靠政府行政力量。2008 年以后财政措施与行政措施的协同度显著提升，说明三地政府经济杠杆的实施依靠行政手段作为保障。总体而言，行政措施依然占据重要地位。大量使用行政措施不利于流通服务业长期稳定发展，因此为了实现流通服务业高质量健康发展和顺应改革开放的大势，三地政府应将重点放在金融措施和财政措施与其他措施的协同上，用市场机制和经济杠杆来代替行政命令，推动流通服务业的长期健康发展。

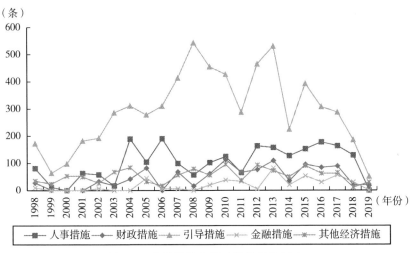

图 7.5   各种措施与行政措施的协同度

7.2.2   流通服务业政策协同的有效性分析

前面分析了流通服务业政策部门协同和政策措施协同的演变，本节将对流通服务业政策措施协同的绩效进行分析，主要分析流通服务业政策措施协同对于流通服务业发展的影响。

选择用 1998—2019 年流通服务业增加值代表流通服务业的发展水平，并作为因变量来分析流通服务业政策协同对流通服务业发展的影响。根据前面的分析，在流通服务业发展的政策协同中，引导措施和行政措施占的比重较高，故分别分析流通服务业政策各种措施与引导措施、行政措施之间的协同对流通服务业发展的影响。在选择自变量时，考虑到政策从实施到发挥效果存在时滞，具体分析时自变量的滞后阶数将根据 AIC 信息准则和 SC 准则来确定。前一年的流通服务业增加值在一定程度上代表着所处年份流通服务业的发展水平，且对当年的发展水平也会有影响，故考虑前一年流通服务业增加值对本年度发展水平的影响。其中流通服务业的增加值取自批发零售、住宿餐饮、交通运输三项增加值之和，协同度数据来自上述的量化分析。

具体输出结果见表 7.7 和表 7.8。

表7.7　　　各种措施与行政措施协同对流通服务业发展的影响

变量	滞后期	系数	t 值	p 值
C		−4901.126	3.237994	0.0450
LT_{t-1}		1.002744	33.28076	0.0000
$XZCZ$	1	13.10885	5.122478	0.1052
$XZRS$	1	−177.6011	0.125678	0.5192
$XZYD$	1	1149.123	−0.236789	0.0301
$XZJR$	1	−20.49342	−2.678943	0.0743
$XZQT$	1	−10.58569	0.125679	0.2364

注：①$R^2 = 0.982569$，Durbin − Watson stat = 1.58910；②置信区间为90%。

表7.8　　　各种措施与引导措施协同对流通服务业发展的影响

变量	滞后期	系数	t 值	p 值
C		14.12479	2.680641	0.0029
LT_{t-1}		0.554860	37.30388	0.0000
$YDCZ$	1	8.940048	−5.180106	0.3469
$YDRS$	1	3.651871	−4.329736	0.0933
$YDXZ$	1	13.67907	6.517412	0.0393
$YDJR$	1	−31.19862	0.335871	0.0716
$YDQT$	1	−19.33357	−0.986125	0.0319

注：①$R^2 = 0.971236$，Durbin − Watson stat = 1.734456；②置信区间为90%。

　　表7.7和表7.8分别表示的是各种措施与行政措施的协同、各种措施与引导措施的协同对流通服务业发展的影响。从 R^2 与 D − W 检验来看，R^2 的值均大于95%，DW 的值都在可接受的范围内，说明两个模型的拟合效果都较好。但是通过置信区间来看，表7.8 中的引导措施与其他措施的协同的置信区间都在90%之内，说明各种措施与行政措施的协同模型比各措施与引导措施模型更差。滞后期的选择，主要参考 AIC 信息准则和 SC 准则，通过平稳性检验后得到的 AIC 和 SC 的结果都可以得到政策措施的滞后期均在0~1年内，这也符合了显示生活中政策的滞后性，即说明了两个模型所表达的内容与现实情况是相符合的。可以看出：首先，政策措施协同对于流通服务业发展整体上均具有滞后性，这与现实生活中政策发挥效应的滞后是相符的。其次，金融措施、人事措施和行政措施的协同

对于流通服务业发展具有阻碍作用，但人事措施与引导措施的协同对流通服务业发展具有促进作用，表明在实际的经济中，应该更多地将人事措施与引导措施协同使用，即更有效地发挥人力资源在流通服务业中的作用，注重对流通服务业人才的培养，更好地促进流通服务业的发展。

金融措施对流通服务业的发展具有阻碍作用，这是因为我国金融市场发展不够完善，金融市场对于流通的支持度不够造成的。同样，其他经济措施与行政措施和引导措施的协同对流通服务业发展有阻碍作用，说明在流通服务业发展中谨慎使用其他经济措施，提高其他经济措施在流通服务业发展中的促进作用，防止因过多的行政性壁垒限制了行业的发展。

进一步可以看出，财政措施与行政措施和引导措施协同对流通服务业发展具有促进作用，说明政府应该更好地发挥财政在流通服务业中的促进作用，运用财政手段大力支持支持流通服务业的发展。

7.3　批发和零售业政策协同性与有效性分析

本节以京津冀为例，从全球法律法规网、万方数据库中筛选整理了1998—2019 年流通服务业中批发零售业的相关政策，通过略读这些政策筛选整理出与批发零售业密切相关的政策，再从政策制定的时间、类型、制定机构以及政策措施等不同方面精读这些政策，最后确定了多个部门单独和联合颁布的批发零售业的政策总共 541 条。

7.3.1　批发和零售业政策协同的总体演变分析

先从整体上了解批发零售业政策的颁布情况，主要从政策总效力、政策平均效力、政策数量等方面分析批发零售业政策的部门协同和政策协同的演变。

1998—2019 年颁布的批发零售的政策数量、政策总效力和平均效力的演变情况如图 7.6 所示。可以看出，政策总效力和政策数量基本保持一致的趋势，政策平均效力的波动范围较小，变化相对平稳。2010 年之前，政策数量和政策总效力是不断上升的，2001 年加入世界贸易组织（WTO），"十一五"规划（2006—2010 年）这些都是促进批发零售业发展的一些动力。2003 年经历"非典"，2004 年的政策颁布数量有一定程度的减少，但是总体上并没有受到特别重大的影响，批发零售业的政策总效力是上升的。"十二五"规划（2011—2015 年）提出扩大内需，通过建立扩大消费需求的长效机制，保持经济长期平稳较快发展，扩大内需加快了批发零售业的发展，积极颁布批发零售业相关政策。"十三五"规划（2016—2020年）提出坚持需求引领、供给创新，提高供给质量和效率，激活和释放有效需求，形成消费与投资良性互动、需求升级与供给升级协调共进的高效循环，增强发展新动能。批发零售连接生产和消费，是促进消费的重要中间环节，所以政策颁布数量逐渐增多。到 2018 年、2019 年"十三五"规划即将结束，再加上政策实施具有一定的滞后性，这两年颁布的政策数量较少，政策总效力逐渐减少。

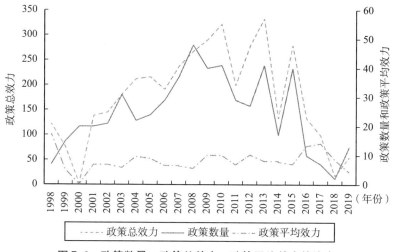

图 7.6　政策数量、政策总效力、政策平均效力的演变

图 7.7 显示了批发零售政策力度平均得分和政策措施平均得分的变化过程，可以看出，政策力度平均得分基本维持在同一水平上。1998 年政策措施平均得分和政策力度平均得分偏高的原因是，虽然 1998 年颁布的政策数量较少，但是颁布的规定、办法等政策占颁布的政策的 3/7。1998 年之后颁布的政策中通知类的政策占多数，政策力度在 1999 年后基本上维持在 1～1.2，比较稳定。但是从侧面反映了政府制定的通知类政策力度较小。2004 年经历过非典后为了重振经济发展，政府颁布的政策措施较为全面，政策措施平均得分较高。2019 年"十三五"规划进入收尾阶段，政策颁布较少，政府主要致力于总结归纳"十三五"成绩和存在的问题以及为接下来的"十四五"规划做准备。

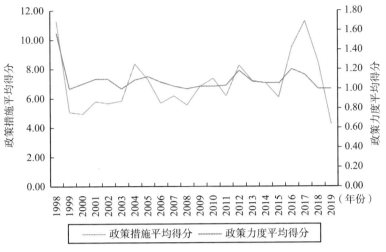

图7.7 政策措施平均得分、政策力度平均得分演变

1. 批发和零售业政策部门协同的演变分析

由于京津冀是三个省份,因此须分别分析北京、天津、河北这三个省份的批发零售业政策部门协同的演变情况。

(1) 北京各部门协同颁布批发和零售业政策的演变情况分析。对北京批发零售业政策颁布的部门的协同演变情况进行分析。由于颁布政策的部门众多,在对政策颁布的部门进行梳理和综合分析后,选取了颁布政策数量最多的15个部门。为了分析方便,对这15个部门进行编号。表中的序号1~15分别对应以下部门:北京市人民政府、北京市国家税务局、北京市物价局、北京市财政局、北京市劳动和社会保障局、北京市药品监督管理局、北京市医疗保险事务管理中心、北京市商业委员会、北京市新闻出版局、北京市发展计划委员会、北京市商务局、北京市工商行政管理局、北京市烟草专卖局、北京市市政管理委员会、北京市人力资源和社会保障局。对角线上的数字代表该部门单独颁布的政策数量,其余数字代表相对应的两个部门联合颁布的政策数量,对角线上的数量和对应列(或行)的数量加总代表该部门单独和联合颁布的政策总数量。

表7.9列出了1998—2019年北京批发零售业政策部门协同颁布的情况,可以看出北京政府部门协同颁布的批发零售业政策数量是比较多的,特别是北京市商务局、北京市发展计划委员会、北京市国家税务局,这几个部门至少联合三个以上的其他部门一起颁布政策。单独颁布政策最多的部门是北京市发展计划委员会,占比达到了34.55%,其次是北京市物价

局、北京市药品监督管理局，所占比例分别达到了 13.01%、10.57%，其他的部门单独颁布的政策占比都在 10% 以下。北京市人民政府、北京市医疗保险事务管理中心、北京市烟草专卖局、北京市人力资源和社会保障局这几个部门主要是单独颁布政策，并没有和其他部门一起协同颁布，这几个部门以后可以多和其他部门联合颁布政策，提高政策的执行范围。北京市财政局、北京市工商行政管理局、北京市市政管理委员会这三个部门颁布的批发零售的政策都是和其他部门一起颁布，没有自己单独颁布的政策。

表 7.9　北京批发零售业政策部门协同颁布的情况

编号	1	2	3	4	5	6	7	8	9	10	11	12	13	14	15
1	9														
2		4		1							1		1		
3			30	1					1						
4		1	1								1				
5					13	1									
6					1	25									
7							16								
8								12		3					
9			1						3						
10								3		77	4	1			
11		1		1						4	9	1			
12										1	1				
13													3		
14		1													
15															13

“十四五”时期，各部门要加强沟通协调，通过各种政策协同促进北京批发零售业快速发展。北京鼓励发展的业态为国际知名主题购物中心、全球精品百货店、国际品牌体验店、旗舰店、高端特色主题商场、连锁品牌专卖店、特色餐饮和影剧院、博物馆等文体娱乐设施及各类新型跨界商业业态、定制业态。控制发展的业态为商品交易市场、大型家居商场、大型综合超市。

（2）天津各部门协同颁布批发和零售业政策的演变情况分析。在对天津批发零售业政策颁布部门进行梳理和综合分析后，选取了颁布政策数量最多的15个部门。为了分析方便，对1998—2019年颁布的15个部门进行编号。表中的序号1~15分别对应以下部门：天津市人民政府、天津市物价局、天津市劳动和社会保障局、天津市药品监督管理局、天津市安全生产监督管理局、天津市商务委员会、天津市新闻出版局、天津市发展和改革委员会、天津市烟草专卖局、天津市人力资源和社会保障局、天津市水务局、天津市统计局、天津市粮食局、天津市财政局、天津市卫生局。对角线上的数字代表该部门单独颁布的政策数量，其余数字代表相对应的两个部门联合颁布的政策数量，对角线上的数量和对应列（或行）的数量加总代表该部门单独和联合颁布的政策总数量。

表7.10列出了1998—2019年天津批发零售政策部门协同颁布的情况，从时间演变的角度来看，天津各部门协同颁布的批发零售政策协同没有北京和河北高。大部分部门都是单独颁布政策，极少和其他部门一起协同颁布政策。天津市物价局单独颁布的政策占比是65.77%，超过了50%。其次是天津市发展和改革委员会，占比达到了15.44%，其他部门单独颁布的政策加起来不超过20%，这也从侧面反映了天津批发零售业的发展颁布的政策主要是天津市物价局、天津市发展和改革委员会，从颁布的政策内容来看主要是调整药品的零售价格和成品油的零售价格。

表7.10   天津批发零售业政策部门协同颁布的情况

编号	1	2	3	4	5	6	7	8	9	10	11	12	13	14	15
1	5														
2		97							1						
3			1	1											
4			1	7											
5					2										
6						1									
7							1								
8								23							
9		1													
10										1					
11											1				

编号	1	2	3	4	5	6	7	8	9	10	11	12	13	14	15
12												1			
13														1	
14													1	2	
15															1

"十四五"时期，天津市的发展目标是建设国际消费中心和区域商贸中心的"双中心"城市。为实现这些发展目标，各部门要加强沟通协调，联合制定相关政策，促进批发零售业高质量发展。天津要力争建设全球商品贸易港，打造北方最大全球商品贸易基地。要发展平台经济，支持流通企业为核心的供应链平台做大做强，建设区域型商品交易市场，引导批发市场向展贸中心转型，推动天津逐步成为万商云集的商贸活动聚集地。到"十四五"末，要培育一批年销售额超过百亿元的批发和零售企业。

（3）河北各部门协同颁布批发和零售业政策的演变情况分析。在对河北批发零售业政策颁布部门进行梳理和综合分析后，选取了颁布政策数量最多的 14 个部门。为了分析方便，对 1998—2019 年颁布的 14 个部门进行编号。表中的序号 1～14 分别对应以下部门：河北省人民政府、河北省劳动和社会保障厅、河北省物价局、河北省粮食局、河北省食品药品监督管理局、河北省统计局、河北省卫生厅、河北省农业厅、河北省商务厅、河北省发展和改革委员会、河北省新闻出版局、河北省卫生和计划生育委员会、河北省国家税务局、中国共产党河北省委员会。对角线上的数字代表该部门单独颁布的政策数量，其余数字代表相对应的两个部门联合颁布的政策数量，对角线上的数量和对应列（或行）的数量加总代表该部门单独和联合颁布的政策总数量。

表 7.11 列出了 1998—2019 年河北批发零售业政策部门协同颁布的情况，从时间演变的角度来看，河北批发零售业部门协同颁布的政策没有北京高，但是比天津高。协同颁布的部门主要包括河北物价局、河北省商务厅，这两个部门都和其他两部门及以上一起颁布政策，协同度较高。单独颁布占比最高的是河北省物价局，占比达到了 39.38%，其次是河北省发展和改革委员会、河北省食品药品监督管理局、河北省人民政府，占比分别达到了 18.13%、13.13%、10.63%，其他部门单独颁布的政策占比都在 10% 以下。大部门政策都是关于药品零售价格、成品油零售价格等的调

整，是河北物价局和河北省发展和改革委员会这两个部门颁布的政策。河北省劳动和社会保障厅、河北省粮食局、河北省农业厅、河北省国家税务局这几个部门都是单独颁布政策，没有和其他部门协同一起颁布。河北省卫生厅、河北省新闻出版局、中国共产党河北省委员会这几个部门都是和其他部门协同一起颁布政策，并没有单独颁布政策。

表 7.11　　　　　　　河北批发零售业政策部门协同颁布情况

编号	1	2	3	4	5	6	7	8	9	10	11	12	13	14
1	15				.		1							15
2		4												
3			61				1				1			
4				2										
5					21							1		
6						2			1					
7	1		1											1
8								3						
9						1			8	1				
10									1	27	1			
11			1							1				
12					1									
13													1	
14	1													1

综上所述，这三个省份协同颁布的政策有多有少，北京协同颁布的批发零售业政策最多，其次是河北，最后是天津。北京市人民政府及相关部门在进行经济结构的改革调整和转变经济增长方式，经济快速发展居民收入水平也在不断提升，居民消费需求也得到了稳步增长，企业经营环境也得到了极大的改善，这些改变在很大程度上共同促进了北京批发零售业的快速建立与发展。河北作为三个省份中占地面积最大的一个，商圈辐射范围也应该是较大的。2016 年河北省人民政府为了贯彻落实《国务院办公厅关于推动实体零售创新转型的意见》，结合河北省的具体情况提出要深化供给结构改革、创新零售发展模式、促进跨界融合发展、规范市场经营秩序、完善扶持政策措施。天津发挥港口和自贸实验区等优势，也在积极

发展批发零售业，促进自身经济发展。天津市《"十二五"规划建议》把服务业大发展作为产业结构优化升级的战略重点，发展新型消费业态，拓展新兴服务消费，构建现代物流体系来发展批发零售业。

（4）各部门协同颁布批发和零售业政策的演变情况分析。从时间演变的角度来看，1998—2019 年批发零售业政策部门协同的情况如图 7.8 所示，可以看出，联合颁布的政策数量和联合颁布的政策比例的波动情况大致是相同的，由于 1998、1999、2002、2008、2018 年联合颁布的政策是零，但是并不代表颁布的政策数量少、颁布的政策不全面，可能是因为某些年份政府联合颁布的政策具有一定的滞后性，不需要每年都联合颁布政策。2016 年联合颁布的政策比例达到了最高，"十三五"规划在一定程度上促使政府联合颁布政策。

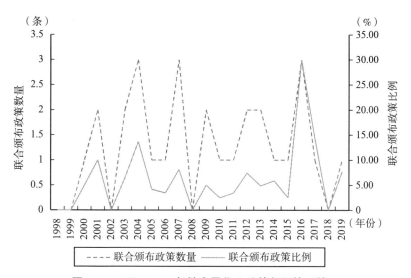

图 7.8　1998—2019 年批发零售业政策部门协同情况

北京各部门协同颁布的政策中，协同其他部门颁布政策最多的是北京市商务局、北京市发展计划委员会、北京市国家税务局，联合颁布的政策分别为 7、8、3 条，分别和 4、3、3 个部门一起颁布政策，其他部门独自颁布政策或者联合一个部门或者两个部门颁布政策。单独颁布政策最多的是北京市发展计划委员会，颁布的政策数量为 85 条，占比达到了 1/3 以上，说明在北京市批发零售业的发展中，北京市发展计划委员会发挥着极为重要的作用。河北各部门协同颁布的政策中，协同度最高的是河北物价局和河北省商务厅。单独颁布政策最多的河北省物价局，政策数量达到了

63 条，由于颁布的调整药品价格或者成品油等其他零售价格的政策较多，物价局主要负责颁布价格相关政策。天津各部门协同颁布的政策中，协同度相比北京和河北偏低，大部分政策都是政府部门单独制定实施，单独颁布政策最多的是天津物价局，政策数量达到了 98 条，占比 2/3 以上，原因和河北省的类似。

综合来看，联合颁布的政策中，更多的是通知及公告等力度较低的政策，政策实施有效期限短、效果不明显。

2. 批发和零售业政策措施协同的演变分析

通过对 1998—2019 年政府部门颁布的批发零售业政策措施进行统计分析，发现引导措施、行政措施、人事措施、其他经济措施、财政措施、金融措施政策占所颁布政策总数比例分别为 98.71%、98.52%、20.52%、12.01%、5.36%、17.19%。其中引导措施占比最大，说明其是批发零售业政策的重要措施，其次是行政措施，并且行政措施和引导措施与其他措施表现出相当高的协同度，说明批发和零售业政策正逐步摆脱单纯依靠行政措施或其他单一政策措施，而是通过不同措施协同来实现政策目标。因此在分析政策措施协同时，重点分析其他各种措施与行政措施和引导措施的协同。

1998—2019 年各种措施与行政措施的协同度如图 7.9 所示。可以看出，引导措施与行政措施的协同度波动范围较大，而且协同度是最高的，这说明政府较为重视行政措施和宣传引导来促进批发零售业的发展。在 2010 年之前，总体上是呈上升趋势的，政府重视批发零售产业发展。2005 年是零售业转折的一个点，2005 年之前主要是线下的批发零售，2005 年电商发展，互联网经济迅速占领市场，1998—2005 年引导措施与行政措施的协同度的增加值和 2006—2010 年协同度的增加值基本等同，这说明电商很大程度上促进了批发零售业的发展。2011 年、2014 年、2016—2019 年协同度较低、波动幅度较大的原因是政策数量过少。其次是人事政策措施与行政措施的协同度，2003 年后人事措施与行政措施协同度增加幅度较大，2004 年后人事措施与行政措施的协同度趋于一种较稳平稳的状态，说明政府越来越重视批发零售方面的人才培养。财政措施在 2016 年前整体上呈上升趋势，说明政府越来越重视通过财政手段如对批发零售业税收优惠来促进批发零售业发展，但是金融措施与行政措施的协同度一度处于相对较低的地位，说明政府在运用金融措施与行政措施协同方面比较薄弱，但使用行政措施过多不利于批发零售业的可持续发展，政府应注重金融措施与其他措施之间的协同，从而促进批发零售业的持续稳定发展。

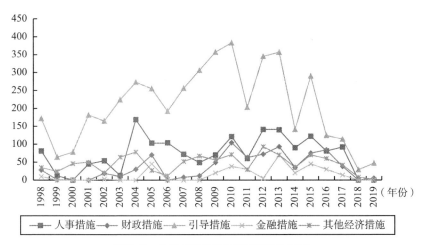

图 7.9　各种措施与行政措施的协同度

　　各种措施与引导措施表现出的协同度如图 7.10 所示。1998—1999 年的协同度都在下降，主要原因是 1998 年颁布的政策意见、规范类政策占比较多，导致协同度高，其他年份的政策大多都是以通知类政策为主。人事措施在 2003 年后与引导措施的协同度增加，原因与行政措施的协同度变化类似，这从侧面反映出政府重视在宣传引导方面的人才培养也在加大

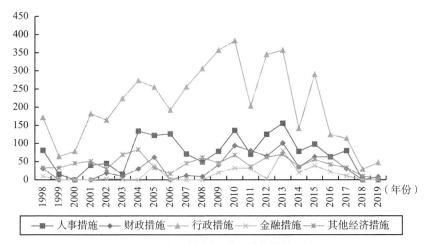

图 7.10　各种措施与引导措施的协同度

力度，认识到了宣传引导对人才培养的重要性。财政措施和金融措施在2008 年后与引导措施的协同度上升，并且波动范围加大，说明政府越来越认识到财政方面的措施与引导措施协同的重要性。"十三五"规划指出要加大金融支持，大力发展风险投资。总而言之，各种措施与引导措施的协同度整体水平偏低，与行政措施协同度之间存在较大的差距，说明行政措施在批发零售业发展中处于核心地位。

7.3.2 批发和零售业政策协同的有效性分析

本节将对批发零售政策协同的绩效进行分析，主要分析批发零售政策协同对于批发零售发展的影响，前面分析得出行政措施与引导措施是在政策措施协同中使用最多的两种措施，故本节根据有效政策的数量，选取1998—2019 年批发零售业的数据，将其他各种措施与行政措施、引导措施的协同作为自变量来分析其对批发零售发展的影响。

根据前面的描述，将批发零售业的增加值作为因变量，各政策与行政措施及引导措施之间的协同度作为自变量，对政策措施的绩效进行分析。在进行实证分析之前，需要检验数据是否平稳，如果不平稳则容易出现伪回归，故先对数据进行 ADF 检验，再利用 VAR 中的 AIC 和 SC 信息准则确定滞后期数，具体输出结果见表 7.12 和表 7.13。

表 7.12　　各种措施与行政措施协同对批发零售业发展的影响

变量	滞后期	系数	t 值	p 值
c		-387.8208	-1.335080	0.2066
$PFLS_{t-1}$		0.893558	22.56018	0.0000
$XZCZ$	1	4.065077	0.741363	0.4727
$XZRS$	1	-1.549914	-0.765529	0.4587
$XZYD$	2	3.065677	3.111132	0.0090
$XZJR$	1	-1.987007	-0.282371	0.7825
$XZQT$	1	7.420904	1.742268	0.1070

注：①$R^2 = 0.990164$，Durbin – Watson stat = 1.741756；②置信区间为90%。

表 7.13　　　　　各种措施与引导措施协同对批发零售业发展的影响

变量	滞后期	系数	t 值	p 值
c		− 284. 5951	− 0. 779654	0. 4507
$PFLS_{t-1}$		0. 913190	20. 77017	0. 0000
$TDCZ$	1	5. 935845	0. 988623	0. 3424
$YDRS$	1	− 0. 971241	− 0. 409518	0. 6894
$YDXZ$	2	2. 663593	2. 317353	0. 0390
$YDJR$	1	− 4. 978007	− 0. 728967	0. 4800
$YDQT$	1	4. 791419	0. 918417	0. 3765

注：①$R^2 = 0.987723$，Durbin – Watson stat $= 1.663049$；②置信区间为 90%。

表 7.12 和表 7.13 分别表示各种措施与行政措施协同、各措施与引导措施协同对批发零售业发展的影响。从这两个表的 R^2 与 D – W 检验来看，R^2 的值均大于 98%，第二个模型的 DW 的值在不确定性的范围内，对上述第二个模型进行修正，得到模型为

$$PFLS_t = c_2 + \beta_1 PFLS_{t-i} + \beta_2 yYDRS_{t-i} + \beta_3 YDCZ_{t-i} + \beta_4 TDXZ_{t-i} + \beta_5 YDJR_{t-i}$$
$$+ \beta_6 YDQT_{t-i} + \omega_t + \omega_{t-1} + \omega_{t-2} \quad t \in [1998，2019] \quad (7.8)$$

修正后的表 7.14 各个指标都符合范围值。从表 7.12 和表 7.13 中的置信区间来看，表 7.14 中的各措施与引导措施协同的置信区间有两个变量在置信区间 95% 以内，表 7.12 中的各种措施与行政措施协同的置信区间有一个变量在置信区间 95% 以内，相比之下第二个模型即各措施与引导措施协同之间的模型拟合效果更好一点，还有一个原因是在京津批发零售业发展中，引导措施占比更高。滞后期的选择主要是参考 AIC 和 SC 信息准则，通过平稳性检验后得到的 AIC 和 SC 的结果都可以得到政策措施的滞后期均在一两年内，两个模型所表达的内容与现实情况是相符合的。由表 7.12 和表 7.13 可以看出：首先，政策措施协同对批发零售业发展整体上均具有滞后性，这与现实生活中政策发挥效应的滞后是相符的。其次，财政措施主要是用于补贴、调整税收政策的一些措施，对行政措施有促进作用，对引导措施反而起到抑制作用，说明财政措施与行政措施结合的更好，应该探寻财政措施阻碍引导措施的原因，使财政措施与引导措施发挥积极的作用。人事措施与行政措施和引导措施都起到了一定的阻碍作用，人事措施主要是人才培养、提高从事相关行业的人的素质，可能是因为由于人才培养需要花费一定的资金和时间成本，所以对于措施的实施效果较

为不明显。

表 7.14   修正后的各种措施与引导措施协同对批发零售业发展的影响

变量	滞后期	系数	t 值	p 值
c		−234.0471	−2.224631	0.0568
$PFLS_{t-1}$		0.963112	73.14096	0.0000
$YDCZ$	1	−0.631355	−0.418951	0.6863
$YDRS$	1	−4.741050	−5.880349	0.0004
$YDXZ$	2	5.787242	14.07703	0.0000
$YDJR$	1	−3.881278	−1.466505	0.1807
$YDQT$	1	−3.167329	−1.711068	0.1254
AR(1)		−1.186194	−9.396864	0.0000
AR(2)		−1.067367	−8.460270	0.0000

注：①$R^2 = 0.997666$，Durbin – Watson stat $= 2.476996$；②置信区间为 90%。

7.4 住宿和餐饮业发展政策协同性与有效性分析

7.4.1 住宿和餐饮业发展政策的协同性分析

本节以京津冀为例，从全球法律法规网、万方数据库中筛选整理了 1998—2019 年政府颁布的住宿餐饮业相关政策，通过略读这些政策筛选整理出与住宿餐饮业发展密切相关的政策，再从政策制定的时间、类型、制定机构以及政策措施等不同方面精读这些政策，最终确定了包含三地政府等多个部门单独和联合发布关于住宿和餐饮业政策，共 280 条。

1. 住宿和餐饮业政策协同的总体演变分析

本节主要研究住宿和餐饮业的总体演变趋势和部门协同演变趋势。

1998—2019 年颁布与住宿和餐饮业相关的政策总效力、政策平均效力和政策数量的演变情况如图 7.11 所示。可以看出，政策总效力和政策数量变动趋势大体一致，政策平均效力变动趋势平缓，2005—2015 年政策平均效力的变化趋于稳定。1998—2000 年，政策总效力和政策数量变动趋势呈波动状态。2001 年以后呈明显上升趋势，主要原因是 2001 年中国加入 WTO，政府颁布了更多政策来促进流通服务业发展，提升流通服务业对外开放程度，住宿和餐饮业作为流通服务业的细分部分，地方政府也会响应中央的号召，颁布有利于住宿和餐饮业发展的相关政策。2006 年政策总效力达到最大值，主要原因是 2006 年是"十一五"规划的开局之年，中央政府会大力支持流通服务业发展，地方政府的政策具有延续性，会颁布更多效力更大的政策来促进住宿和餐饮业的发展。2008—2012 年，政策总效力和政策数量出现大幅度增加，2015 年以后，政策总效力和政策数量呈下降趋势，主要原因是 2015 年以后住宿和餐饮业相关政策颁布数量减少，所颁布的政策大多是通知和公告类，总效力下降。可看出政策总效力与政策数量密切相关。"十三五"规划中提出要按照推进供给侧结构性改革的总体要求，以体制机制改革为动力，以技术应用为支撑，以模式创新为引领，聚焦重点领域和关键环节，完善商贸物流服务体系。根据"十四五"规划要求，三地要充分认识到住宿餐饮业在国民经济发展中的基础性作用，切实把建设现代流通作为一项重要战略任务抓紧抓实，加快发展与高质量发展要求相匹配的住宿餐饮业，为构建以国内大循环为主体、国内国际双循环相互促进的新发展格局提供有力支撑。

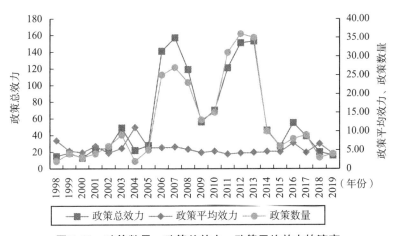

图 7.11 政策数量、政策总效力、政策平均效力的演变

1998—2019 年住宿和餐饮业政策力度平均得分和政策措施平均得分的演变情况如图 7.12 所示。与政策措施平均得分相比，政策力度平均得分的变化趋势更加平缓。2000 年以前，政策力度平均得分偏高，并且呈下降趋势。2003 年以前，政策措施平均得分呈曲折上涨的趋势，2003—2006年，政策措施平均得分直线下降，2007—2016 年逐步恢复为曲折上涨的态势，2017—2019 年出现显著波动。2018—2019 年政策措施平均得分直线

下降主要是因为这一时期政策数量减少,2019 年进入"十三五"末期,政府颁布的政策数量减少,政策总效力下降,通知和公告类政策所占比重较大。2009—2015 年政策力度平均得分和政策措施平均得分变化趋势趋于稳定,这有利于政策可持续发挥作用,对住宿和餐饮业发展具有一定的促进作用。政策力度平均得分与政府机构的级别高低有关,政策措施平均得分与政策具体内容有关。结合图 7.11 和图 7.12 可以看出,政策总效力和政策数量的变动趋势与政策力度平均得分的变动趋势无显著相关关系。

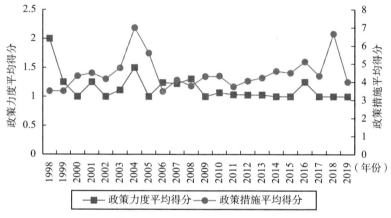

图 7. 12   政策措施平均得分、政策力度平均得分的演变

2. 住宿和餐饮业政策部门协同分析

(1)北京各部门协同颁布住宿和餐饮业政策分析。对北京市住宿和餐饮业政策颁布的部门的协同演变情况进行梳理和综合分析后,选取了颁布政策数量最多的 10 个部门。为了分析方便,对这 10 个部门进行编号。表中序号 1 ~ 10 分别代表:北京市物价局、北京市财政局、北京市教育委员会、北京市卫生局、北京市商务局、北京市食品药品监督管理局、北京市发展和改革委员会、北京市市政管理委员会、北京市住房和城乡建设委员会、北京市人力资源和社会保障局。对角线上的数字代表该部门单独颁布的政策数量,其余数字代表相对应的两个部门联合颁布政策数量,对角线上的数量和对应列(或行)上的数量的加总代表该部门单独和联合颁布的政策总数量。

表 7.15 列出了 1998—2019 年北京市住宿和餐饮业政策部门协同颁布政策的情况。可以看出,北京市政府部门联合颁布的住宿和餐饮业政策数量占比很高,其中北京市财政局、北京市住房和城乡建设委员会、北京市

人力资源和社会保障局联合颁布政策数量占比为 100%，这三个部门没有单独颁布政策，都是与其他部门联合颁布的。其次是北京市市政管理委员会，占比高达 83.33%，北京市商务局联合颁布政策数量占比达 67.64%，北京市物价局以及北京市发展和改革委员会联合颁布政策数量占比都是 66.66%，北京市教育委员会联合颁布政策数量占比为 46.15%，北京市食品药品监督管理局联合颁布政策数量占比为 45.45%，北京市卫生局联合颁布政策数量占比为 33.33%。以上数据显示，北京市住宿和餐饮业政策各政府部门协同度较高。"十三五"时期，北京市住宿和餐饮业面临诸多挑战，居民消费结构升级，对住宿和餐饮业服务向精细化、个性化、专业化发展提出更高要求。"十四五"期间，为完善北京超大城市现代流通体系，将建设一批购物小镇、体验式商业综合体、特色街区，发展有品质的夜间经济，支持发展"夜京城"地标，打造"必到必买"打卡地。

表 7.15　　　　　北京住宿和餐饮业政策部门协同颁布政策的情况

编号	1	2	3	4	5	6	7	8	9	10
1	2	1	3							
2	1		3		3	1	2	1		1
3	3	3	7							
4				28	8		1	5		
5		3		8	11	2	1	7	1	1
6		1			2	6		1		1
7		2		1	1		3	1	1	
8		1		5	7	1		3		
9					1		1			
10		1			1	1				

　　（2）天津各部门协同颁布住宿和餐饮业政策情况分析。对天津市住宿和餐饮业政策协同颁布情况进行整理后，选取了颁布政策数量最多的 10 个部门，对这 10 个部门进行编号。表中序号 1～10 分别代表：天津市物价局、天津市财政局、天津市卫生局、天津市劳动和社会保障厅、天津市商务委员会、天津市工商行政管理局、天津市食品药品监督管理局、天津市环境保护局、天津市质量技术监督局、天津市人民政府。对角线上的数字代表该部门单独颁布的政策数量，其余数字代表相对应的两个部门联合

颁布政策数量，对角线上的数量和对应列（或行）上的数量的加总代表该部门单独和联合颁布的政策总数量。

表 7.16 列出了 1998—2019 年天津市住宿和餐饮业政策部门协同颁布的情况，可以看出，天津市政府部门联合颁布的住宿和餐饮业政策数量占比差别较大。天津市财政局、天津市商务委员会、天津市环境保护局联合颁布政策数量占比为 100%，这三个部门没有单独颁布政策。天津市物价局联合颁布政策数量占比为 85.71%，天津市工商行政管理局联合颁布政策数量占比为 75.00%，天津市卫生局和天津市食品药品监督管理局联合颁布政策数量占比都是 50.00%，这两个部门与前两个既有单独颁布又有联合颁布政策的部门占比差距较大。天津市劳动和社会保障厅、天津市质量技术监督局和天津市人民政府联合颁布政策数量占比都是 0，单独颁布政策数量最多的是天津市质量技术监督局，所颁布的数量为 14 条。天津市物价局和天津市财政局部门协同程度高，天津市住宿和餐饮业政策大多是由这两个部门联合颁布，其他部门协同程度相差较大。天津市商务委员会、文旅局可牵头组织餐饮、住宿行业开展各类促销活动，举办津菜品牌推介活动，针对主流消费人群，突出打造一批特色主题活动，借助全媒体助力宣传，打造 "GO TIANJIN·购天津" 品牌，激发市场活力。天津市"十四五"期间要扎实践行新发展理念，坚持"创新、协调、绿色、开放、共享"一体建设、一体推进。

表 7.16　　天津住宿和餐饮业政策部门协同颁布政策的情况

编号	1	2	3	4	5	6	7	8	9	10
1	4	24								
2	24				1		1			
3			2			1	1			
4				1						
5		1								
6			1			1	1	1		
7			1			1	3	1		
8		1				1	1			
9									14	
10										4

（3）河北各部门协同颁布住宿和餐饮业政策情况分析。对河北省住宿和餐饮业政策协同颁布情况进行整理后，选取了颁布政策数量最多的 10 个部门。为了分析方便，对这 10 个部门进行编号。表中序号 1 ~ 10 分别代表：河北省物价局、河北省财政厅、河北省教育厅、河北省食品药品监督管理局、石家庄市食品药品监督管理局、邯郸市食品药品监督管理局、石家庄市商务局、石家庄市卫生局、石家庄市财政局、石家庄市人民政府。对角线上的数字代表该部门单独颁布的政策数量，其余数字代表相对应的两个部门联合颁布政策数量，对角线上的数量和对应列（或行）上的数量的加总代表该部门单独和联合颁布的政策总数量。

表 7.17 是 1998—2019 年河北省住宿和餐饮业政策协同颁布情况，可以看出河北省住宿和餐饮业部门协同程度极低。河北省物价局、河北省财政厅、河北省教育厅、石家庄市商务局、石家庄市卫生局、石家庄市财政局联合颁布政策数量占比都是 1，所有住宿和餐饮业政策都是以上部门联合颁布的，没有单独颁布相关政策。河北省食品药品监督管理局、石家庄市食品药品监督管理局、邯郸市食品药品监督管理局、石家庄市人民政府联合颁布政策数量占比都是 0，所有住宿和餐饮业政策都是以上部门单独颁布的，没有联合颁布相关政策。省政府和各地市政府没有联合颁布政策。

表 7.17　　　　河北省住宿和餐饮业政策部门协同颁布政策的情况

编号	1	2	3	4	5	6	7	8	9	10
1		8	6							
2	8		5							
3	6	5								
4				16						
5					17					
6						9				
7								1	1	
8							1		1	
9							1	1		
10										8

3. 各部门协同颁布住宿和餐饮业政策情况分析

1998—2019 年住宿和餐饮业政策协同颁布情况如图 7.13 所示。
1998—2019 年住宿和餐饮业联合颁布政策数量呈阶段性波动明显，联合颁
布政策比例与联合颁布政策数量变化趋势大致相同。在 2006 年联合颁布
政策数量达到峰值，2006 年以前联合颁布政策数量先波动上升，后呈现下
降趋势，2006 年以后联合颁布政策数量先下降，后呈波动上升趋势。
1998—2004 年，联合颁布政策比例变化较为剧烈，这是因为联合颁布政策
比例不仅与联合颁布政策数量有关，更与总的政策数量相关，1998—2004
年颁布政策总数量较少，导致联合颁布政策比例波动较大。

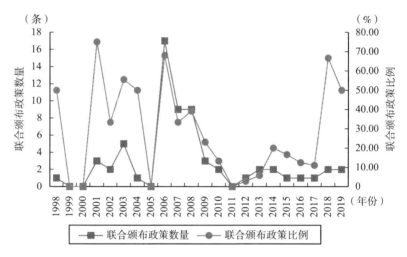

图 7.13　1998—2019 年住宿和餐饮业政策部门协同颁布情况

北京市部门协同颁布的政策中，联合颁布数量最多的是北京市商务
局，数量为 23 条，其次是北京市市政管理委员会和北京市卫生局，数量
分别是 15、14 条。政策颁布数量最多的是北京市卫生局，共计 42 条。
北京市住宿和餐饮业政策颁布中北京市卫生局占据重要地位。"十四五"
时期，北京市经济发展处于重要战略机遇期，服务业进入提质增效发展
的新阶段，要紧紧抓住服务业扩大开放综合试点等带来的重大机遇，将
挑战转化为发展动力，加快构建高精尖经济结构。天津市部门协同颁布
的政策中，联合颁布数量最多的是天津市财政局，数量为 26 条，其次
是天津市物价局，数量为 24 条。政策颁布数量最多的是天津市物价局，
数量为 28 条。天津市要统筹用好促进服务业、商业发展等现有专项资

金或政策，支持加快发展流通促进商业消费工作。河北省部门协同颁布的政策中，联合颁布数量最多的是河北省物价局，数量为 14 条，其次是河北省财政厅，数量为 13 条。这两个部门颁布的政策都是联合颁布，没有单独颁布过相关政策。政策颁布数量最多的是石家庄市食品药品监督管理局，数量为 17 条。

4. 住宿和餐饮业政策措施协同分析

通过对 1998—2019 年政府部门颁布的住宿和餐饮业政策措施进行统计分析，发现引导措施、行政措施、人事措施、财政措施、其他经济措施政策、金融措施占所颁布政策总数比例分别为 77.85%、54.64%、16.07%、9.28%、7.14%、0.35%。其中引导措施占比最大，说明引导措施是住宿和餐饮业政策的重要措施，其次是行政措施，并且行政措施和引导措施与其他措施表现出相当高的协同度，说明住宿和餐饮业政策正逐步摆脱单纯依靠引导措施或其他单一政策措施，而是通过不同措施协同来实现政策目标。因此在分析政策措施协同时，应重点分析各项措施与行政措施和引导措施的协同。

图 7.14 显示了 1998—2019 年各种措施与引导措施的协同度。从图中可以看出，行政措施与引导措施的协同度处于较高的水平。2003 年行政措施与引导措施的协同达到第一个峰值，主要原因是 2003 年国务院进行改组，在中央政府的影响下，各地方政府行政效率提高，所以行政措施与引导措施的协同达到一个峰值水平。2005—2015 年，行政措施与引导措施、人事措施与引导措施的协同度变化趋势大致相同。2006—2010 年财政措施与引导措施的协同度显著提升，表明地方政府不再单纯依靠行政力量，并且尝试使用经济手段与行政力量相结合的方式促进住宿和餐饮业发展。发挥财政资金的引导作用，统筹用好中央财政服务业发展资金等现有专项资金或政策，补齐住宿和餐饮业发展领域短板。三地可因地制宜，促进扩大消费的财政支出。金融措施与引导措施的协同、其他经济措施与引导措施的协同始终处于低水平阶段，说明地方政府在运用金融措施、其他经济措施与引导措施的协同方面仍有提升空间。

图 7.15 显示了 1998—2019 年各种措施与行政措施的协同度。从图中可以看出，引导措施与行政措施的协同度最高。从 2000 年开始，人事措施与行政措施的协同度开始呈周期性波动，但总体处于较低水平阶段。从 2006 年开始，财政措施与行政措施的协同度出现周期性波动，每次变化都使协同度水平降低。为了实现住宿和餐饮业高质量发展从而顺应对外开放

的大势，各地方政府可逐渐将重心放在人事措施、金融措施与其他措施的协同上，支持高等教育机构、商会、协会和企业加强合作，推动学科建设，完善商贸物流理论体系。着力完善专业人才培养体系，通过学历教育、职业教育、继续教育、社会培训等多种方式培养市场急需的商贸物流管理人才和技术操作人才。用经济杠杆补充行政命令，促进流通服务业健康发展。

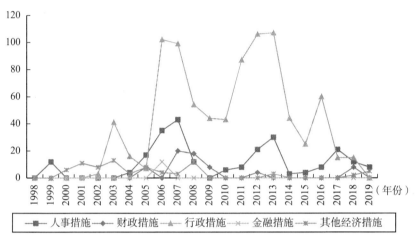

图 7.14　各种措施与引导措施的协同度

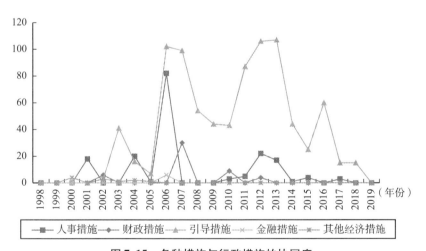

图 7.15　各种措施与行政措施的协同度

7.4.2　住宿和餐饮业发展政策的有效性分析

7.4.1 节分析的是住宿餐饮业政策部门协同和住宿餐饮业政策措施协

同的演变，本节将对住宿餐饮业政策措施协同的绩效进行分析，主要分析住宿餐饮业政策措施协同对于住宿餐饮业发展的影响。7.4.1 节分析得出行政措施与引导措施是在政策措施协同中使用最多的两种措施，故本节根据有效政策的数量，选取 1998—2019 年住宿餐饮业数据，将其他各种措施与行政措施、引导措施的协同作为自变量来分析其对住宿餐饮业发展的影响。

根据基本计量模型的描述，将住宿和餐饮业增加值作为因变量，各项政策与引导措施以及行政措施之间的协同度作为自变量，对政策措施的绩效进行分析。在进行实证分析之前，需要检验数据是否平稳，如果不平稳则容易出现伪回归，故先对数据进行 ADF 检验。通过检验发现变量都是在一阶差分后平稳，再利用 VAR 中的 AIC 和 SC 信息准则确定滞后期数，具体输出结果见表 7.18 和表 7.19。

表 7.18　　　　　各种措施与引导措施协同对住宿和餐饮业发展的影响

	C_1	YDRS	YDCZ	YDXZ	YDJR	YDQT
Coefficient	855.5 ** (263.5944)	−2.776 (4.8385)	5.424 (11.1728)	−1.782 (1.3755)	−11.80 (20.1246)	−27.96 * (10.6025)
Lag			1	2	3	2
R^2			0.6043			

注：* 、** 、*** 分别表示 10% 、5% 和 1% 的置信水平。

表 7.19　　　　　各种措施与行政措施协同对住宿和餐饮业发展的影响

	C_2	XZRS	XZCZ	XZYD	XZJR	XZQT
Coefficient	442.4 (257.7326)	−1.861 (5.5606)	6.009 (9.0672)	−2.143 (1.5723)	5.327 (43.9669)	−122.8 * (46.0307)
Lag			1	2	3	3
R^2			0.5011			

注：* 、** 、*** 分别表示 10% 、5% 和 1% 的置信水平。

表 7.18 和表 7.19 分别表示各措施与引导措施的协同、各措施与行政措施的协同对住宿和餐饮业发展的影响。从两个表的 R^2 值来看，都在 50% 以上，用 Q 检验对残差进行诊断，发现残差项不存在自相关，这进一

步提高了模型的拟合效果。根据 AIC 和 SC 信息准则选出的各项政策措施协同滞后期，通过平稳性检验后得到的 AIC 和 SC 的结果都可以得到政策措施的滞后期均为 0 ~ 3 年，说明了两个模型所表达的内容与现实情况是相符合的，即政策措施的颁布到实施过程存在一定的时间差。

由表 7.18 和表 7.19 可以看出：政策措施协同对住宿和餐饮业发展整体上具有滞后性，这与政策从颁布到发挥效应的滞后是相符的。可以看到金融措施与引导措施的协同对住宿和餐饮业发展具有阻碍作用，但金融措施与行政措施的协同对住宿和餐饮业发展具有促进作用。这表明在实际的经济运行中，应该更多地将金融措施与行政措施协同使用，即更有效地发挥金融措施的作用，促进住宿和餐饮业的发展。其他经济措施与引导措施和行政措施的协同对住宿和餐饮业发展均具有阻碍作用，人事措施与引导措施和行政措施的协同对住宿和餐饮业发展同样具有阻碍作用，说明在住宿和餐饮业发展中应该更加慎重使用其他经济措施和人事措施。财政措施与引导措施和行政措施的协同对住宿和餐饮业发展具有促进作用，说明财政措施与引导措施和行政措施协同效果比较好，财政措施主要是补贴，对一些行政措施中相关部门执行补贴，效果会比较明显。在行政措施的协同中，可以将财政措施和金融措施与行政措施协同使用，发挥财政措施和金融措施对行政措施的促进作用，进一步促进住宿和餐饮业的良好发展。

7.5 交通运输、仓储和邮政业发展政策协同性与有效性分析

7.5.1 交通运输、仓储和邮政业发展政策的协同性分析

本节以京津冀为例，从全球法律法规网、万方数据库中筛选整理了 1998—2019 年京津冀政府颁布的交通运输业相关政策，通过略读这些政策筛选整理出与交通运输业发展密切相关的政策，再从政策制定的时间、类型、制定机构以及政策措施等不同方面精读这些政策，最终确定了包含三地政府等多个部门单独和联合发布的政策，共 1308 条。

1. 交通运输、仓储和邮政业政策协同的总体演变分析

本节先从整体上了解交通运输、仓储和邮政业政策的颁布情况，主要

从政策总效力、政策平均效力、政策效力平均得分等方面分析交通运输、仓储和邮政业政策的部门协同和政策协同的演变。

1998—2019 年交通运输、仓储和邮政行业的政策数量、政策总效力、政策平均效力的演变如图 7.16 所示，显示 1998—2019 年交通运输、仓储和邮政行业的政策数量与政策总效力的演变基本保持吻合。政策平均效力的演变处于较为平稳状况。政策数量和政策总效力 1999 年出现下降，原因可能是亚洲金融危机爆发。在 2003 年以后政策数量与政策总效力又开始呈现一个增长的态势。其中 2008 年政策数量与政策总效力出现很大幅度的增长，原因可能是与 2008 年由美国次贷危机所引发的全球性经济危机有关。其次 2008 年北京奥运会举办。北京作为主办城市会出台更多的交通行业的政策来助力奥运会的举办。在 2011 年政策数量与政策总效力相对上一年都有所增长，原因可能是 2011 年是"十二五"的开局之年，三地政府部门可能会出台更多的交通行业政策服务社会经济流通。在 2011 年之后政策数量与政策总效力呈现下降趋势，可能是在执行先前已经制定的政策，以及执行交通部颁布的全国性的政策。由图 7.16 可以看出，地区的政策总效力会受到政策颁布数量的影响，政策颁布数量直接会影响到交通运输行业的系统性发展。

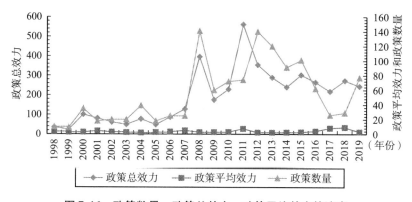

图 7.16　政策数量、政策总效力、政策平均效力的演变

图 7.17 描绘了政策力度平均得分和政策措施平均得分的演变过程，可以看到政策措施平均得分与政策力度平均得分曲线是相对比较吻合的，说明两者存在一定的关系。从 1998—2008 年政策力度平均得分相对平稳，而在 2001 年、2006 年以及 2011 年这三年政策力度平均得分与政策措施平均得分都比较高，是因为这三年分别是"十五""十一五""十二五"的

开局之年，交通部门出台关于促进交通运输行业发展的政策密集且政策力度大。

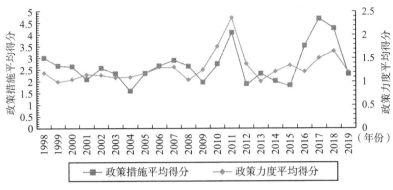

图 7.17 政策措施平均得分、政策力度平均得分的演变

2. 交通运输、仓储和邮政业政策部门协同的演变分析

交通运输、仓储和邮政行业的政策制定需要很多部门联合颁布才会达到一个更好的政策效果。在分析部门协同时需要分地区进而研究不同的地区的部门协同演变情况。

（1）北京各部门协同颁布交通运输、仓储和邮政业政策的演变情况分析。对北京市交通运输、仓储和邮政业政策颁布部门的协同演变情况进行分析，由于颁布政策的部门众多，在对政策颁布的部门进行梳理和综合分析后，选取了颁布政策数量最多的 16 个部门，其中把没有和其他部门进行联合颁布的部门通过对比剔除掉。为了分析方便，对这 16 个部门进行编号。表 7.20 中的序号 1 ~ 16 分别对应以下部门：北京市发展和改革委员会、北京市财政局、北京市公安局、北京市物价局、北京市人民政府、北京市交通局、北京市物资局、中国人民银行北京分行、北京市人事局、北京市公安局公安交通管理局、北京市委组织部、北京市运输管理局、北京市人大常务委员会、北京市税务局、北京市劳动局、北京市银监局。对角线上的数字代表此部门单独颁布的政策数量，其余数字代表相对应的两个部门联合颁布的政策数量，对角线上的数量和对应列（或行）的数量加总代表该部门单独和联合颁布的政策总数量。

表 7.20 显示北京市部门在交通运输、仓储和邮政行业的协同度比较好，尤其是北京市财政局和北京市劳动局，协同颁布的政策占总颁布政策的 84.62% 和 72.73%。当然，也存在有的部门只有单独颁布的政策，比

如北京市公安局公安交通管理局、北京市人民政府、北京市人大常务委员会、北京银监局这四个部门只有单独颁布的政策，原因可能是北京市人民政府作为北京市最高的行政机关，其所颁布的政策更具有单独性。在 16个部门中也存在只有联合颁布关于交通运输行业的部门，比如：北京市委组织部、中国人民银行北京分行，原因可能是相关部门主管业务不是交通运输行业，所以其颁布的政策更多是以配合为主。

表 7.20　　　　北京市交通运输、仓储和邮政行业部门政策协同分析

编号	1	2	3	4	5	6	7	8	9	10	11	12	13	14	15	16
1	4	6														
2	6	6	1	16		7		1						2		
3		1	97					1							1	
4		16		10		5										
5					119											
6		7		5		15										
7							1								1	
8		1	1													
9											1			2		
10										429						
11								1								
12														1		
13													10			
14		2												20	3	
15			1			1		2			1			3	3	
16																15

（2）天津各部门协同颁布交通运输、仓储和邮政业政策的演变情况分析。对天津市交通运输、仓储和邮政行业政策颁布部门的协同演变情况进行分析，由于颁布政策的部门众多，在对政策颁布的部门进行梳理和综合分析后，选取了颁布政策数量最多的 10 个部门，其中把没有和其他部门进行联合颁布的部门通过对比剔除掉。为了分析方便，对这 10 个部门进行编号。表 7.21 中的序号 1~10 分别对应以下部门：天津市人民政府、天津市人民代表大会常务委员、天津市物价局、天津市财政局、天津市劳

动和社会保障局、天津市城乡建设和交通委员会、天津银监局、天津市统计局、天津市发展和改革委员会、天津市国家税务局。对角线上的数字代表此部门单独颁布的政策数量，其余数字代表相对应的两个部门联合颁布的政策数量，对角线上的数量和对应列（或行）的数量加总代表该部门单独和联合颁布的政策总数量。

表 7.21　　　　天津市交通运输、仓储和邮政行业部门政策协同分析

编号	1	2	3	4	5	6	7	8	9	10
1	70									
2		8								
3			3	3		10				
4			3	7						2
5					2					
6		10				232	1	1	10	5
7						1	13			
8						1		1	2	2
9						10		2	2	
10				2		5		2	2	

　　表 7.21 显示天津市交通运输行业部门政策的协同度较好。其中，天津市发展和改革委员会、天津市统计局协同颁布的政策分别占总颁布政策的 87.05% 和 83.33%。天津市物价局这一比例也达到 81.25%。单独颁布政策数量最多的是天津市城乡建设和交通委员会，原因可能是它属于交通行业的主管部门，对政策颁布相对其他部门更多。单独颁布政策数量最少的是天津市国家税务局，可能该部门不是主管交通行业，只是辅助其他部门联合促进交通行业发展。

　　（3）河北各部门协同颁布交通运输、仓储和邮政业政策的演变情况分析。对河北省交通运输、仓储和邮政行业政策颁布部门的协同演变情况进行分析，由于颁布政策的部门众多，在对政策颁布的部门进行梳理和综合分析后，选取了颁布政策数量最多的 11 个部门，其中把没有和其他部门进行联合颁布的部门通过对比剔除掉。为了分析方便，对这 11 个部门进行编号。表 7.22 中的序号 1~11 分别对应以下部门：河北省人民政府、河北省人民代表大会常务委员会、中国人民银行河北省分行、河北省交通

厅、河北省财政厅、河北省物价局、河北省发展和改革委员会、河北银监局、河北省建设厅、河北省土地管理局、中华人民共和国河北海事局。对角线上的数字代表此部门单独颁布的政策数量，其余数字代表相对应的两个部门联合颁布的政策数量，对角线上的数量和对应列（或行）的数量加总代表该部门单独和联合颁布的政策总数量。

　　表 7.22 显示河北省各部门政策协同度比较高。其中，河北省财政厅、河北省物价局和河北省土地管理局三个部门的协同政策占总颁布政策比例最高，分别达到 94.12%、90.91% 和 90.00%。单独颁布政策最多的是河北省人民政府，可能与其行政地位有关。河北省人民代表大会常务委员会、中国人民银行河北省分行两部门的协同度最低，都是 0%，可能与行政管辖权有关。

表 7.22　　　　河北省交通运输、仓储和邮政行业部门政策协同分析

编号	1	2	3	4	5	6	7	8	9	10	11
1	47										
2		5									
3			1								
4				13	2	4	2		2		
5				2	1	7	3		2	2	
6				4	7	2	5		2	2	
7				2	3	5	21		2	3	
8								10			
9				2	2	2	2		2	2	
10					2	2	3		2	1	
11											2

3. 交通运输、仓储和邮政业政策措施协同的演变分析

　　本节统计分析结果显示使用行政措施、引导措施、其他经济措施、人事措施、财政措施、金融措施政策占所颁布政策总数比例分别为 47.84%、36.70%、19.59%、15.14%、8.32%、1.57%，其中行政措施占比最大，表明其依然是服务业政策的重要措施，其次是引导措施，并且行政措施和引导措施与其他措施表现出比较高的协同度，说明交通运输、仓储和邮政业政策正逐步摆脱单纯依靠行政措施或其他单一政策措施，而是通过不同措施协同来实现政策目标。因此在分析政策措施协同时，重点分析其他各种措施与行政措施和引导措施的协同。

各种措施与行政措施的协同度如图 7.18 所示，2006 年之前，各种措施与行政措施的协同程度很低，2006 年之后，各措施与行政措施的协同增长比较明显，这是因为随着我国经济的发展，政府职能在随着社会的发展而进步，我国在 2003 年进行了国务院机构改革后，各地方政府紧随其后进行了行政效率的改革，进而在 2006 年出现了各种措施与行政措施的协同度提高的结果。2008 年出现一个较高的协同度，是因为 2008 年北京奥运会举办，为了服务奥运颁布了更多的政策。2009—2012 年各措施与行政措施的协同度均出现下降，2013 年后各种措施与行政措施协同度出现上升。其中其他经济措施、金融措施、引导措施和行政措施的协同度出现较大幅度的上升。在 2016 年达到峰值，原因是 2016 年是我国"十三五"开局之年，三地政府颁布了更多促进交通运输、仓储和邮政业发展的政策。人事措施与行政措施的协同度相对较低，说明我国对于交通运输、仓储和邮政业人才的培养行政力度不足。财政措施与行政措施的协同度呈现出稳步上升的趋势。

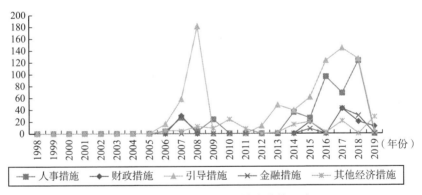

图 7.18　各种措施与行政措施的协同度

各种措施与引导措施的协同度如图 7.19 所示，其中行政措施与引导措施的协同度最高，其趋势在前面已经分析过。值得注意的是人事措施与引导措施的协同，虽然其协同度波动比较大，但整体上维持在一个较高水平，表明我国政府重视人才培养。其他经济措施、财政措施、金融措施与引导措施的协同度整体上呈现上升的趋势，说明我国政府越来越认识到经济类措施和引导措施协同的重要性，并且有进一步上升的趋势。

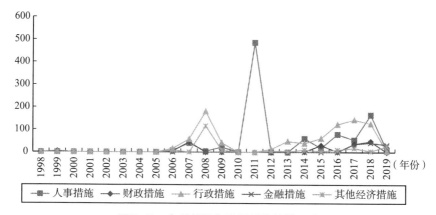

图 7.19 各种措施与引导措施的协同度

7.5.2 交通运输、仓储和邮政业发展政策的有效性分析

本节将对交通运输、仓储和邮政业政策措施协同的绩效进行分析，主要分析交通运输、仓储和邮政业政策措施协同对于交通运输、仓储和邮政业发展的影响，7.5.1 节分析得出行政措施与引导措施是在政策措施协同中使用最多的两种措施，故本节根据有效政策的数量，选取 1998—2019 年交通运输、仓储和邮政业数据，将其他各种措施与行政措施以及引导措施的协同作为自变量来分析其对交通运输、仓储和邮政业发展的影响。

根据前面的描述，将交通运输、仓储和邮政业的增加值作为因变量，各政策与行政措施以及引导措施之间的协同度作为自变量，对政策措施的绩效进行分析。在进行实证分析之前，需要检验数据是否平稳，如果不平稳则容易出现伪回归，故先对数据进行 ADF 检验。通过检验发现变量都是在一阶差分后平稳，再利用 VAR 中的 AIC 和 SC 信息准则确定滞后期数，具体输出结果见表 7.23 和表 7.24。

从表 7.23 和表 7.24 的 R^2 与 D-W 检验来看，R^2 的值均大于 60%，DW 大于 60%，说明拟合优度与杜宾—沃森检验都在可接受的范围内，说明两个模型的拟合效果都较好。但是通过置信区间来看，引导措施与其他措施的协同的置信区间相对行政措施与其他措施的协同置信区间更好，说明各种措施与引导措施的协同在 VAR 模型下比各种措施与行政措施更好，这也是因为各种措施与行政措施的协同度较低。滞后期的选择主要参考 AIC 信息准则和 SC 准则，通过平稳性检验后得到的 AIC 和 SC 的结果都可以得到政策措施的滞后期均为 0～1 年，这也符合生活中政策的滞后性，即

表 7.23　　各种措施与行政措施协同对交通运输、仓储和邮政业发展的影响

变量	滞后期	系数	t 值	p 值
C		614.4720	3.082842	0.0040
$XZCZ$	1	−37.64906	−1.771692	0.0852
$XZRS$	3	31.84483	3.325743	0.0021
$XZYD$	1	4.686644	0.887901	0.3807
$XZJR$	1	25.09735	0.776190	0.4429
$XZQT$	1	74.10036	2.973812	0.0053

注：①$R^2 = 0.639861$，Durbin – Watson stat = 0.602514；②置信区间为90%。

表 7.24　　各种措施与引导措施协同对交通运输、仓储和邮政业发展的影响

变量	滞后期	系数	t 值	p 值
C		549.3718	3.019806	0.0047
$YDCZ$	1	−9.535482	−0.500930	0.6196
$YDRS$	1	5.629835	2.845758	0.0074
$YDXZ$	1	35.54551	4.571280	0.0001
$YDJR$	1	−11.84669	−0.418762	0.6779
$YDQT$	1	−45.30179	−2.985185	0.0051

注：①$R^2 = 0.638748$，Durbin – Watson stat = 0.865244；②置信区间为90%。

说明了两个模型所表达的内容与现实情况是相符合的。可以看出，首先，行政措施协同对交通运输、仓储和邮政业发展整体上均具有滞后性，这与现实生活中政策发挥效应的滞后是相符的。其次，金融措施与行政措施的协同对交通运输、仓储和邮政业发展具有促进作用，但金融措施与引导措施的协同却是阻碍作用，这表明在实际的经济中，应该更多地将金融措施与行政措施协同使用，即更有效地发挥金融措施的作用，更好地促进交通运输、仓储和邮政业的发展。同样可以看到，其他经济措施与行政措施的协同对交通运输、仓储和邮政业发展有促进作用，但其他经济措施与引导措施对交通运输、仓储和邮政业发展却有阻碍作用，说明在交通运输、仓储和邮政业发展中应该更加注重其他经济措施与引导措施的协同，提高其他经济措施在交通运输、仓储和邮政业发展中的作用，以促进其发展。金融措施与引导措施的协同对交通运输、仓储和邮政业发展具有阻碍作用，这是因为金融措施一般体现为给予其信贷支持，包括一些小微服务企业，信贷的支持对于服务企业而言，一方面增加了资金支持，另一方面也增加了自身的债务风险，这无形中提高了自身的经营成本，企业在扩大经营规模的同时也增加了自身的经营风险，甚至有些企业得到了资金的支持，为了实现其他目标并没有将资金用在促进自身发展的方向上，这也从一定程度上阻碍了交通运输、仓储和邮政业的发展。

进一步可以看出，财政措施不论是与行政措施协同还是与引导措施协同，对交通运输、仓储和邮政业发展都具有阻碍作用，原因可能是财政措施一般体现在税收以及政府补贴方面，该行业作为商品流通的必要手段，对税收敏感度不高，减税等积极的财政政策对其刺激不足，同时，对于交通运输、仓储和邮政业的财政补贴可能滋生行业的恶性竞争。人事措施对行政措施与引导措施具有促进作用，原因可能是人事措施是促进该行业持续发展的基础，人才是发展的坚实动力，对于人员的培训可以为其长远发展提供人力支持，促进交通运输、仓储和邮政业的持续健康发展，关于人事措施还有一个需要关注之处，即行政措施的协同中，人事措施与行政措施的协同对服务业发展的滞后期为 3，高于其他措施协同对交通运输、仓储和邮政业发展的影响滞后阶数，这是因为人员培训相对于其他政策措施来说是更需要耗时耗力的，培训好的员工在工作岗位上发挥出效果也需要一定的时间。

7.6 本 章 小 结

本章首先根据不同政策颁布部门制定了政策力度评价标准，再根据政策内容制定了政策措施的量化标准，构建了政策总效力和平均效力测度模型和政策措施协同度模型，然后制定了专家打分的方案，对不同政策措施的协同进行了定义，这些量化标准的制定为后续政策量化研究奠定了基础。在专家打分的基础上，从政策措施协同以及政策措施协同的有效性两个角度分析了流通服务业及批发零售业，住宿餐饮业，交通运输、仓储和邮政业这三个子行业的政策。研究得出以下结论。

从政策颁布数量和政策效力来看，1998 年以来，京津冀流通业政策总效力总体上不断提高，颁布的流通业政策数量总体上不断增加，北京市、天津市和河北省更加关注流通业的发展，各种政策措施的综合使用，各部门的积极协作也成为必然。但是政策总效力的提高要避免是因政策数量增加而引起，而应是通过加大政策制定的力度。制定京津冀流通业的发展战略和标准，要完善强化顶层设计，不断推进京津冀流通业的一体化程度。

从部门协同来看，各部门之间的协同程度不断增强，即使个别年份略有波动也不影响整体上升的趋势，可见部门之间协同成为必然趋势。但在部门协同过程中发挥着主导核心作用的是流通业主管部门，其他部门参与相对还是偏少，难以调动各部门积极性，效率也难以提升。

从制定政策措施来看，京津冀流通业政策正逐步由依靠单一政策措施向综合利用多种政策措施转变，政策措施协同不断加强。但政策工具的协同差异较大，目前京津冀的流通业政策还是以行政措施和引导措施为主。这两种措施协同的大量使用，从一定程度上限制了京津冀流通业的发展。地方政府要实现由单纯依靠单一政策措施向综合利用各种政策措施的转变，加强政策工具间的相互配合，同时整合部门力量，实现孤立型政策向协调型政策的转型。金融措施和行政措施协同度最小，要更加注重其他各种政策措施与金融措施的协同，发挥经济杠杆作用，释放市场机制活力，优化金融政策，助力推京津冀流通业的高质量发展和一体化程度。

从措施协同的有效性来看，对流通业整体而言，京津冀三地流通业发展主要依靠引导措施和行政措施来推动。人事措施与引导措施的协同对京津冀流通业发展具有促进作用，财政措施与行政措施、财政措施与引导措施的协同对京津冀流通业发展具有促进作用，但金融措施与行政措施的协同对京津冀流通业发展具有阻碍作用，这是因为京津冀金融市场发展不够完善，金融市场对于流通的支持度不够做造成的。在实际的经济中，应该更多地将人事措施与引导措施协同使用，即更有效地发挥人力资源在流通业中的作用，注重对于流通业人才的培养，更好地促进京津冀流通业的发展；更好地发挥财政在京津冀流通业中的促进作用，运用财政手段大力支持京津冀流通业的发展。

流通业的不同子行业各措施之间的协同情况是不同的。在批发零售业中，人事措施对京津冀批发零售有明显的促进作用。人才是推动发展的动力，批发零售业的健康发展离不开人才的培养。政府需要完善管理制度，加大市场营销人才开发力度，使更多专业领域的人才掌握现代流通技术，提高流通效率。一方面拓宽人才引进渠道，另一方面提高人员素质，壮大批发零售专业领域人才队伍。财政措施、金融措施对批发零售的发展也起到了重要的推动作用，对于一些中小批发零售企业提供税收减免等财政优惠措施，加大金融扶持力度，扶持中小企业发展，能够有效地提升批发零售的规模层次。这几年新零售发展迅速，应该注重新技术在批发零售领域的应用，例如人工智能、大数据等新技术，政府应高度重视现代流通技术对于批发零售领域带来的改变，加大政策力度支持现代流通技术发展和应用。

在住宿餐饮业中，金融措施与行政措施的协同对京津冀住宿和餐饮业发展具有促进作用，财政措施与引导措施、行政措施的协同对京津冀住宿和餐饮业发展具有促进作用，金融措施与引导措施的协同对京津冀住宿和餐饮业发展具有阻碍作用，其他经济措施与引导措施、行政措施的协同对京津冀住宿和餐饮业发展均具有阻碍作用，人事措施与引导措施、行政措施的协同对京津冀住宿和餐饮业发展同样具有阻碍作用。应最大化金融措施与行政措施、财政措施与引导措施及行政措施的协同。受北京非首都功能疏解的影响，河北很好地承接了北京的产业转移，在住宿和餐饮业方面的优势逐步显现。京津冀住宿和餐饮业发展不平衡，三地之间协同发展深入推进尚存在一定难度。为此，中央政府应充分发挥统领功能打破不同地区政策间屏障，进一步明确地方政府间协同发展的责任，保障区域内各自利益分配实现相对均衡。

在交通运输、仓储和邮政业中，财政措施与引导措施、行政措施的协同有显著的阻碍作用，人事措施与引导措施的协同有明显的促进作用。金融措施与行措施的协同、其他经济措施与行政措施的协同有显著的促进作用。因此更好地发挥人事引导措施的协同效应，同时最大化金融措施与行政措施、引导措施的协同效果。但同时因京津冀交通运输、仓储和邮政业整体发展质量不够高，表现为市场开放不够、民间投资动力不足等。因此加快推进金融服务同时，应与其他服务业相互配合，协同发力，进一步促进北京、天津和河北的交通运输、仓储和邮政业高质量发展。

第4篇　典型案例分析篇——京津冀农产品流通效率及政策协同性分析

引　言

　　结合党的十九大以来各方对高质量发展内涵的解读和对流通服务业内涵的界定，研究认为流通服务业高质量发展是以人民为中心的发展，是体现新发展理念的发展，是创新、持续、协调、绿色、开放的发展。结合程虹（2018）的观点，高质量发展的其中一个衡量标准是看一个地区的经济发展在动能上是靠要素和投资驱动，还是靠创新驱动，而衡量创新最好的标准就是全要素生产率（TFP），本书对流通服务业高质量发展的衡量标准采用流通服务业的全要素生产率。本篇就是以京津冀农产品为典型案例，课题组奔赴了京津冀地区的批发市场，选取北京新发地批发市场、天津何庄子农产品批发市场以及河北新发地批发市场、白佛批发市场和双鸽批发市场的批发商，对农产品批发商进行了有针对性的实地调研和数据采集，通过分析京津冀农产品流通的全要素生产率及其影响因素，并分析了京津冀农产品批发商的技术效率，在此基础上分析了京津冀农产品流通政策的协同性和有效性，为后续制定流通服务业高质量发展的政策提供依据。

第8章 京津冀农产品流通效率评价

　　京津冀协同发展是国家重大发展战略。随着 2015 年 4 月《京津冀协同发展规划纲要》的出台，京津冀协同发展进入到快速实施阶段。解决好京津冀农产品流通问题是落实京津冀协同发展战略的一个重要环节。为加强京津冀农产品流通的统筹协调和深化农产品产供销区域合作，2016 年国家发展改革委、农业部等六部门联合印发了《京津冀农产品流通体系创新行动方案》。京津冀农产品流通的发展逐步驶入快车道。

　　本章对京津冀农产品流通效率进行实证考察。目前关于效率评价的方法较多，其中常用的方法是投入产出法，测度农产品流通的技术效率或者综合效率，即衡量一个经营主体在一定要素投入下的实际产出与最大产出的差距，差距越大则技术效率越低，差距越小则技术效率越高。通过计算京津冀农产品流通市场中经营主体的技术效率的高低，能够较好地反映京津冀地区的农产品流通效率。对于技术效率的测算方法，目前学术界最常使用的方法为数据包络分析（DEA）与随机前沿分析（Stochastic Frontier Analysis，SFA）。数据包络分析能同时处理不同决策单元的多个投入产出项，其以线性规划方法求出决策单元的效率值介于 0~1，不需要事先知道投入与产出之间的函数式，从而避免了设定生产函数的误差，同时在处理比率与非比率的关系时，也能够为决策单元给予最佳的加权值，进而帮助决策者找到改善效率值的方法。借此，本书采用 Malmqusit - DEA 方法对京津冀农产品流通效率进行评价，即通过投入产出数据生成生产前沿，再依据决策单元与生产前沿的距离确定该决策单元的效率。

8.1 数据包络分析

　　数据包络分析属于范畴学领域，是计算效率的非参数方法，能够对多投入多产出的决策单元进行相对效率评价与分析。DEA 是由查恩斯和库珀 (Charnes & Cooper) 等在 1978 年提出的, 其主要思路是利用模型计算出决策单元的各投入、产出的权重并决定有效生产前沿, 再依据以投入为导向时最大产出量与生产前沿的距离, 或者以产出为导向时最小投入量与生产前沿的距离, 并以此评价该决策单元是否 DEA 有效。同时还以计算结果为依据, 制定决策单元是弱有效或者无效下的改进方向。

用 DEA 方法分析效率, 不需要知道具体的函数形式, 可以进行多投入多产出分析; 不需预估参数, 权重由模型依据最优原则计算得出, 并不是人为主观决定; 不受计量单位影响; 可进行效率动态评价等特点, 使得 DEA 在评价效率时具有很大的优势。

设有 n 个决策单元, 每个决策单元的输入指标为 p 个, 输出指标 q 个, 则 $DMU_j (j = 1, 2, \cdots, n)$ 的输入向量为 $\boldsymbol{X}_j = (X_{1j}, X_{2j}, \cdots, X_{Pj})^{\mathrm{T}} > 0$, 输出向量为 $\boldsymbol{Y}_j = (Y_{1j}, Y_{2j}, \cdots, Y_{qj})^{\mathrm{T}} > 0$, 其中 $j = 1, 2, \cdots, n$。

以输出导向为例, 要满足以下条件, 使得决策单元 DMU_j 在与原来决策单元 DMU_{j0} 投入一致的情形下, 就可能得到最大产出, 即 $\max \omega$。约束条件为

$$\text{s. t.} \quad \sum_{j=1}^{q} \lambda_j X_{ij} \leqslant X_{ij0}, \quad i = 1, 2, \cdots, p$$

$$\sum_{j=1}^{q} \lambda_j Y_{kj} \leqslant X_{kj0}, \quad k = 1, 2, \cdots, q \tag{8.1}$$

$$\lambda_j \geqslant 0, \quad \omega \geqslant 0, \quad j = 1, 2, \cdots, n$$

DEA 模型有很多具体的形式, 主要包括是 CCR、BBC、NIBS 和 SE - DEA 等模型。以下主要介绍 CCR 和 BBC 模型。

8.1.1 CCR 模型

CCR 模型是查恩斯等提出的最基本的模型形式, 是指规模报酬不变时的效率评价。首先输入输出指标相应非负权重, $\boldsymbol{V} = (v_1, v_2, \cdots, v_p)^{\mathrm{T}} > 0$, $\boldsymbol{U} = (u_1, u_2, \cdots, u_q)^{\mathrm{T}} > 0$。定义决策单元 DMU_j 的效率评价指数为

$$h_j = \frac{\boldsymbol{u}^{\mathrm{T}} \boldsymbol{Y}_j}{\boldsymbol{v}^{\mathrm{T}} \boldsymbol{X}_j} = \frac{\sum_{k=1}^{p} u_k y_{kj}}{\sum_{i=1}^{q} v_i X_{ij}}, \quad j = 1, 2, \cdots, n \tag{8.2}$$

对决策单元 DMU_{j0} 进行效率评价, 以权重指标为变量, 以决策单元效率指数 $h_j \leqslant 1 (j = 1, 2, \cdots, n)$ 为约束条件, 求值为

$$\max \frac{\sum\limits_{k=1}^{p} u_k y_{kj}}{\sum\limits_{i=1}^{q} v_i X_{ij}} = v_{j0} \tag{8.3}$$

$$\text{s. t.} \quad \frac{\sum\limits_{k=1}^{p} u_k y_{kj}}{\sum\limits_{i=1}^{q} v_i X_{ij}} \leqslant 1 \text{ , } j = 1, 2, \cdots, n$$

然后经过 Charness – Cooper 变换，并且引入松弛变量 S^+，$S^- \geqslant 0$，最后模型变为

$$\min \theta$$

$$\text{s. t.} \quad \sum\limits_{j=1}^{n} \lambda_j X_j + S^- = \theta X_0 \tag{8.4}$$

$$\sum\limits_{j=1}^{n} \lambda_j X_j - S^+ = Y_0$$

$$\lambda_j \geqslant 0, \ j = 1, 2, \cdots, n$$

当 $\theta = 1$，S^+，$S^- = 0$ 时，说明 DMU 有效；当 $\theta = 1$，$S^+ \neq 0$ 或 $S^- \neq 0$ 时，说明 DMU 弱有效；当 $\theta < 1$ 时，说明 DMU 无效。

8.1.2　BBC 模型

为改变在 CCR 模型中因为规模报酬不变带来的技术效率和规模效率不可分开分析的问题，班克、查恩斯和库珀（Banker，Charnes & Cooper）于 1984 年进行改进，即提出在规模报酬可变下的 BBC 模型。通过增加假设 $\sum\limits_{j=1}^{n} \lambda_j = 1$ 有效，BBC 模型为

$$\min \theta^*$$

$$\text{s. t.} \quad \sum\limits_{j=1}^{n} \lambda_j X_j + S^- = \theta^* X_0 \tag{8.5}$$

$$\sum\limits_{j=1}^{n} \lambda_j X_j - S^+ = Y_0$$

$$\sum\limits_{j=1}^{n} \lambda_j = 1 \text{ , } \lambda_j \geqslant 0, \ j = 1, 2, \cdots, n$$

8.1.3　Malmqusit 指数

根据法勒等（Fare et al.，1994）利用距离函数定义 Malmqusit 指数的

公式为

$$M(x^{t+1},\ y^{t+1},\ x^t,\ y^t) = \left[\frac{D^{t+1}(x^t,\ y^t)}{D^{t+1}(x^{t+1},\ y^{t+1})}\frac{D^t(x^t,\ y^t)}{D^t(x^{t+1},\ y^{t+1})}\right]^{\frac{1}{2}} \quad (8.6)$$

式中，$D^t(x^t,\ y^t)$、$D^t(x^{t+1},\ y^{t+1})$ 以第 t 期的技术为参考技术，$D^{t+1}(x^t,\ y^t)$、$D^{t+1}(x^{t+1},\ y^{t+1})$ 以第 $t+1$ 期的技术为参考技术，以上都是 t 期和 $t+1$ 期决策单元的距离函数。如果 M 值大于 1，说明决策单元效率提高；M 值等于 1，则说明决策单元效率不变；M 值小于 1，则说明决策单元效率下降。

法勒在固定规模报酬假设下，将 Malmquist 指数分解为技术效率变化（EC）和技术变化（TC），并指出在可变规模报酬假设下，技术效率变化（EC）可进一步分解为纯技术效率变化（PEC）和规模效率变化（SEC），即把公式（8.6）分解为

$$M(x^{t+1},\ y^{t+1},\ x^t,\ y^t) = \frac{D^t(x^t,\ y^t)}{D^{t+1}(x^{t+1},\ y^{t+1})}\left[\frac{D^{t+1}(x^{t+1},\ y^{t+1})}{D^t(x^{t+1},\ y^{t+1})}\frac{D^{t+1}(x^t,\ y^t)}{D^t(x^t,\ y^t)}\right]^{\frac{1}{2}}$$

$$(8.7)$$

即 $M(x^{t+1},\ y^{t+1},\ x^t,\ y^t) = EC \times TC = PEC \times SEC \times TC$，其中

$$EC = \frac{D^t(x^t, y^t)}{D^{t+1}(x^{t+1},\ y^{t+1})} \quad (8.8)$$

$$TC = \left[\frac{D^{t+1}(x^{t+1},\ y^{t+1})}{D^t(x^{t+1},\ y^{t+1})}\frac{D^{t+1}(x^t,\ y^t)}{D^t(x^t,\ y^t)}\right]^{\frac{1}{2}} \quad (8.9)$$

式中，TC 表示由于技术创新等因素造成的前后期前沿面的移动，如果该值大于 1，说明技术进步，反之则说明技术衰退；EC 表示相对技术效率变动，该值大于 1，说明相对综合效率提高，反之则说明下降；PEC 表示在可变规模报酬下的技术效率变化，如果该值大于 1，说明纯技术有效率，反之则说明纯技术无效率；SEC 表示规模经济对效率的影响，如果该值大于 1，说明规模优化，反之则说明规模恶化。

8.2　指标选择与数据来源

通过对研究文献整理发现，当前用来衡量农产品流通效率的指标并未得到统一。本书借鉴欧阳小迅和黄福华（2011）、王仁祥和孔德树（2014）、何小洲和刘丹（2018）等学者关于农产品效率评价的指标选取和数据处理方式，选择从投入产出角度分析京津冀农产品流通效率。投入指标包括资

本和劳动力两方面，产出指标包含农产品流通总量和农产品流通总产值。

1. 投入指标

劳动力投入指标，选取农产品流通相关从业人员来表示。用流通中批发零售业、交通运输、仓储和邮政业从业人员总从业人数，乘以最终消费率，再乘以居民消费占最终消费的比重，最后乘以恩格尔系数，估算出流通服务业从业人员与居民最终农产品消费匹配的部分，近似测算出农产品流通从业人员数量。

资本投入指标，选取农产品流通相关的资本存量来表示。用流通中批发零售业和交通运输仓储邮政业的全社会固定资产投资总额乘以最终消费率，再乘以居民消费占最终消费的比重，最后乘以恩格尔系数，近似代替农产品流通资本存量。

2. 产出指标

产出指标，一是农产品流通总量，用各地区主要农产品人均占有量乘以各地区农村人口总数来表示。主要农产品包括粮食、油料、蔬菜和水果。二是农产品流通总产值，即流通服务业中批发零售业和交通运输仓储邮政业总产值乘以最终消费率，再乘以居民消费占最终消费的比重，最后乘以恩格尔系数来近似替代。

本书选取的是 2006—2018 年京津冀和河北省十一个地市的面板数据，对相关数据进行分析研究。数据中存在的缺失数据用三年的移动平均值进行计算得出。数据来源为《中国统计年鉴》（2007—2019）、《中国农业统计年鉴》（2007—2019）及各省市统计年鉴和农业统计年鉴。关于农产品的分类，根据国家统计局的统计分类和定义，农产品包括粮、棉（麻）、油、糖、茶、（瓜）果、蔬菜、猪牛羊肉、水产品九大类。本书主要选取了粮食、油料、蔬菜和水果四类有代表性的农产品进行分析，粮油是典型的大宗农产品，蔬菜和水果代表了鲜活农产品。其中农产品流通资本和农产品流通总产值数据用相应的价格指数平减处理。

8.3　京津冀农产品流通效率实证分析

8.3.1　京津冀农产品流通全要素生产率及分解指数分析

通过运行 DEAP 2.1 得出京津冀农产品 2006—2018 年的流通全要素生

产率及其分解情况，如表 8.1 所示。

表 8.1　京津冀农产品 2006—2018 年的流通全要素生产率及其分解情况

年份	全要素生产率	技术变化	技术效率变化	纯技术效率变化	规模效率变化
2006—2007	0.906	0.909	0.997	1.000	0.997
2007—2008	1.102	1.098	1.003	1.000	1.003
2008—2009	0.859	0.928	0.925	1.000	0.925
2009—2010	1.053	1.028	1.025	1.000	1.025
2010—2011	1.102	1.088	1.013	1.000	1.013
2011—2012	0.927	0.932	0.994	1.000	0.994
2012—2013	0.962	0.994	0.968	1.000	0.968
2013—2014	1.247	1.401	0.89	1.000	0.890
2014—2015	0.916	0.941	0.973	0.803	1.212
2015—2016	1.003	0.990	1.012	1.080	0.938
2016—2017	0.909	0.946	0.961	0.918	1.047
2017—2018	0.889	0.818	1.087	1.257	0.864
平均值	0.984	0.997	0.986	1.000	0.986

　　由表 8.1 可知，从全要素生产率整体来看，京津冀 2006—2018 年全要素生产率的均值达到 0.984，表明京津冀农产品流通整体效率在此期间呈现下降趋势，降低了 1.6%。说明京津冀整体农产品流通效率 2006—2018 年出现缓慢下降。2006—2018 年中大部分年份的全要素生产率都小于 1，即农产品流通效率出现下降，其中 2018 年下降最显著，降低了 11.1%。

　　从全要素生产率分解来看，2006—2018 年京津冀农产品流通技术变化均值、技术效率变化均值为 0.997 和 0.986，表明技术变化和技术效率变化在此期间分别下降了 0.3% 和 1.4%。说明 2006—2018 年京津冀农产品流通中技术创新能力不足和对现有技术缺乏有效利用都是抑制京津冀农产品流通效率提高的原因。从技术效率变化分解来看，2006—2018 年京津冀农产品流通纯技术效率变化、规模效率变化均值分别为 1.000 和 0.986，说明缺乏规模效应是抑制京津冀农产品流通效率提升的原因。

　　图 8.1 为京津冀农产品流通全要素生产率及分解指数折线，更能直观看出京津冀农产品流通各效率指标变动趋势。2006—2018 年京津冀农产品流通效率一直处于波动中。从变化趋势看，全要素生产率和技术变化趋势

大致相当。说明京津冀农产品流通效率对技术进步更为敏感。从变动幅度来看，京津冀农产品流通全要素生产率和技术变化的变动幅度较大，技术效率变动幅度较小。这主要是由于技术创新可以通过外来引进农产品流通先进技术，在短时间内促进农产品流通技术快速发展，但是对农产品流通技术的应用则有一定的周期性，其发挥成效需要一定时间才能显现。

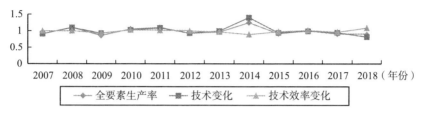

图 8.1　京津冀全要素生产率及其分解指数折线

表 8.2 为京津冀各地区 2006—2018 年全要素生产率均值及其分解情况。

表 8.2　　　　　京津冀各地区 2006—2018 年全要素生产率均值及其分解情况

地区	全要素生产率	技术变化	技术效率变化	纯技术效率变化	规模效率变化
北京	1.037	1.037	1.000	1.000	1.000
天津	0.972	1.013	0.959	1.000	0.959
河北	0.944	0.944	1.000	1.000	1.000

由表 8.2 可知，京津冀农产品流通全要素生产率北京效率最高，天津其次，河北最低，分别为 1.037、0.972 和 0.944，表明 2006—2018 年京津冀农产品流通效率中北京提高了 3.7%，天津和河北分别下降了 2.8% 和 5.6%。说明北京对京津冀农产品流通运行效率提高起到拉动作用，天津和河北起到抑制作用。主要是因为北京具有强大的经济基础，技术创新能力较强，农产品市场专业化发展、规模大，流通基础设施完善，运输成本低等优势，使得北京地区的农产品流通效率高于天津和河北地区。

从北京来看，北京农产品流通效率在研究期间稍有提升，提高了 3.7%。分解全要素生产率，其中技术变化、技术效率变化分别为 1.037 和 1.000，表明技术效率弱有效，技术变化是效率提高的重要原因。说明技术创新有助于提高北京农产品流通运行效率，同时，也要加强对现有技术的有效利用、提高运营管理水平。

从天津来看,天津农产品流通效率在研究期间稍有下降,下降了2.8%。分解全要素生产率,其中技术变化、技术效率变化分别为1.013和0.959,表明技术变化对效率提高起到积极影响,技术效率变化起到消极影响,且技术变化对效率的拉动作用小于技术效率变化的抑制作用。说明技术创新有利于提高天津农产品流通效率,对现有技术缺乏利用和管理水平低下是抑制农产品流通效率的原因,天津更加需要加大举措提高对现有技术的有效利用程度和运营管理能力。更进一步,对技术效率变化进行分解,可以看出天津2006—2018年纯技术效率变化、规模效率变化分别为1.000和0.959,表明在除去规模效率的影响下,对现有技术的应用是有效的。说明缺乏规模效应是影响天津农产品流通效率的原因。

从河北来看,河北农产品流通效率在2006—2018年下降了5.6%。河北省农产品流通效率下降是导致京津冀整体农产品效率下降的区域。分解全要素生产率,其中技术变化、技术效率变化分别为0.944和1.000,表明技术效率弱有效,技术变化是导致河北农产品流通效率低下的重要原因。说明河北省对农产品流通技术能够有效利用,但是利用程度还没有对整体效率提升起到显著拉动作用,技术创新能力不足严重影响了河北省农产品流通效率。整体来看,河北省农产品流通效率较低是因为技术创新能力不足,进而影响了京津冀农产品流通运行效率。

8.3.2　京津冀农产品流通各指数收敛性分析

程书强等(2017)认为在区域农产品流通效率存在差异的情况下,进一步研究区域农产品流通效率差异的变化趋势对促进区域整体农产品流通效率提高具有重要意义。京津冀各地区农产品流通效率存在差异,所以分析农产品流通的全要素生产率、技术变化和技术效率变化指数的收敛性,作为分析京津冀各地区农产品流通效率差异变化趋势依据。建立模型为

$$\ln \frac{X_{it}}{X_{it-1}} = \alpha + \beta \ln X_{it-1} + \mu_t \tag{8.10}$$

式中,X_{it} 表示 t 时期第 i 省市的农产品流通全要素生产率、技术变化或者技术效率变化;β 是收敛系数,当 $\beta < 0$ 时,说明区域农产品流通效率收敛,即区域农产品流通效率的差距不断缩小。本书根据京津冀2006—2018年的面板数据,分析全要素生产率、技术变化和技术效率的收敛性,结果如表8.3所示。

表8.3　　京津冀各地区2006—2018年全要素生产率及分解指数收敛性结果

指标	α	β	R^2	T统计量
全要素生产率	−0.012	−1.415***	69.65	−8.16
技术变化	0.011	−1.294***	62.73	−6.99
技术效率	−0.181	−1.142***	45.95	−4.97

注：*、**、***分别表示10%、5%和1%的置信水平。

由表8.3可知，京津冀农产品流通效率各指标收系数β都小于0，且都在1%的置信水平上显著。说明京津冀农产品效率区域差异不断减小。其中全要素生产率的收敛系数绝对值最大，说明京津冀农产品流通效率较高地区拉动较低地区效率提高；其次是技术变化，说明京津冀农产品流通区域间技术外溢性较强，流通技术扩散促进农产品流通效率提高；最后是技术效率，说明农产品流通技术的应用、经营管理能力和资源配置能力有待进一步加强。

8.3.3　河北省各地级市农产品流通各指数分析

由于河北省地域较广，为更好地研究河北省在京津冀农产品流通整体运行效率中的不足之处，对河北省内十一个地级市的农产品流通的运行效率进行分析，能更加深入剖析京津冀农产品流通效率低下的原因，通过运行 DEAP 2.1 得到河北省十一个地级市 2006—2018 年的全要素生产率及分解情况如表8.4所示。

表8.4　　河北省十一个地级市2006—2018年全要素生产率均值及分解情况

地级市	全要素生产率	技术变化	技术效率变化	纯技术效率变化	规模效率变化
石家庄	0.950	0.973	0.976	1.000	0.976
唐山	1.041	1.047	0.994	1.000	0.994
秦皇岛	0.990	0.990	0.999	1.000	0.999
邯郸	0.969	0.982	0.987	1.002	0.985
邢台	0.968	1.006	0.962	0.981	0.981
保定	0.970	0.967	1.003	1.000	1.003
张家口	1.037	1.020	1.016	1.011	1.005
承德	1.044	1.026	1.017	1.007	1.010
沧州	0.953	0.976	0.977	0.986	0.991
廊坊	0.978	0.991	0.986	0.991	0.995
衡水	0.928	0.928	1.000	1.000	1.000

由表 8.4 可知，2006—2018 年河北省十一个地级市中三个地级市农产品流通全要素生产率大于 1，分别为唐山、张家口和承德，此期间效率分别提高 4.1%、3.7% 和 4.4%；8 个地级市农产品流通全要素生产率小于 1，分别为石家庄、秦皇岛、邯郸、邢台、保定、沧州、廊坊和衡水，衡水和石家庄此期间效率下降分别达到 7.2% 和 5.0%。说明 2006—2018 年河北省整体农产品流通效率降低，主要是因为石家庄、秦皇岛、邯郸、邢台、保定、沧州、廊坊和衡水等地级市流通效率降低，其中衡水和石家庄效率下降较为显著。

从全要素生产率分解来看，唐山、张家口和承德农产品流通效率提高，一方面是由于技术进步，另一方面是由于对现有技术的有效利用和管理水平提高。石家庄、秦皇岛、邯郸、邢台、保定、沧州、廊坊和衡水全要素生产率降低的原因主要是技术变化所致，说明技术创新不足是导致河北省十一个地级市农产品流通效率低下的重要因素。以衡水为例，衡水 2006—2018 年技术变化和技术效率变化分别为 0.928 和 1.000，说明技术创新能力不足严重影响农产品流通运行效率。

8.4　影响京津冀及河北农产品流通运行效率的因素分析

农产品流通效率的影响因素错综复杂，不仅与经济环境、区位因素与基础设施等有关，还受到流通主体活动的影响。农产品流通体系各要素是影响农产品流通效率的重要因素。由于典型相关分析能够分析两组变量之间的相关关系，所以构建了典型相关分析模型对影响京津冀农产品流通效率的因素进行实证分析，在分析京津冀农产品流通体系相对效率的基础上，进一步分析影响京津冀农产品流通体系效率的因素。

8.4.1　模型选择—典型相关分析

典型相关分析（Canonical Correlation Analyses，CCA）由霍特林（Hotelling）于 1936 年提出，是一种多元统计分析方法，常用来研究两组变量间相关关系。其研究思路是先在每组变量中找到具有最大相关性的变量之间的线性组合，然后再找到与第一对线性组合不相关的第二对线性组合，并且其本身也具有最大相关性，一直做下去，直到两组变量间相关性被提取完为止。

假设有一组变量 X_1，X_2，$\cdots$，X_m 与另一组变量 Y_1，Y_2，$\cdots$，Y_n，要研究这两组变量之间的相关关系，如何给两组变量之间的相关性以数量的描述。

当 $m = n = 1$ 时，两个变量 X 与 Y 之间的相关关系就是其相关系数，公式为

$$\rho_{xy} = \frac{\text{Cov}(X, Y)}{\sqrt{\text{Var}(X)} \sqrt{\text{Var}(Y)}} \tag{8.11}$$

当 m 或 n 其中一个等于 1 时，例如 $m \geq 1$，$n = 1$ 时，m 维随机变量 $X = (X_1, X_2, \cdots, X_m)'$，设 $\begin{bmatrix} X \\ Y \end{bmatrix} \sim N_{m+1}(\boldsymbol{\mu}, \boldsymbol{\Sigma})$，$\boldsymbol{\Sigma} = \begin{bmatrix} \boldsymbol{\Sigma}_{11} & \boldsymbol{\Sigma}_{12} \\ \boldsymbol{\Sigma}_{21} & \boldsymbol{\Sigma}_{22} \end{bmatrix}$，$\boldsymbol{\Sigma}_{11}$、$\boldsymbol{\Sigma}_{12}$、$\boldsymbol{\Sigma}_{21}$ 和 $\boldsymbol{\Sigma}_{22}$ 分别为变量 X 的协方差矩阵，变量 X 与 Y 的协方差矩阵，变量 Y 的协方差矩阵。那么随机变量 Y 与变量 X_1，X_2，$\cdots$，X_m 的相关系数可用公式表示为

$$R = \sqrt{\frac{\boldsymbol{\Sigma}_{12} \boldsymbol{\Sigma}_{11}^{-1} \boldsymbol{\Sigma}_{12}}{\boldsymbol{\Sigma}_{22}}} \tag{8.12}$$

当 $m > 1$ 且 $n > 1$ 时，采用主成分分析方法，把含有多个变量的综合变量 X 和 Y 化为两个新的综合变量之间的关系，也就是做两组变量的线性组合。

$$U = \alpha_1 X_1 + \alpha_2 X_2 + \cdots + \alpha_m X_m = \alpha' X \tag{8.13}$$
$$V = \beta_1 Y_1 + \beta_2 Y_2 + \cdots + \beta_n Y_n = \beta' X \tag{8.14}$$

式中，$\boldsymbol{\alpha}$ 和 $\boldsymbol{\beta}$ 为任意非零向量，找到使变量 U 和 V 最大可能相关的 $\boldsymbol{\alpha}$ 和 $\boldsymbol{\beta}$，就是典型相关分析。

8.4.2 指标选择与数据来源

结合前面分析可知，技术进步和对现有技术的有效利用程度是影响京津冀农产品流通效率的因素。农产品流通技术中，互联网、大数据、云计算和无人机等技术的不断发展及变革使得农产品流通技术得到迅速发展，技术对京津冀农产品流通效率的作用越来越显著。对现有技术有效利用程度低主要是流通主体发育程度低、专业化水平低及资源配置能力不足，说明劳动力素质和相关资源投入对农产品流通效率具有影响。规模效率低说明京津冀农产品流通体系缺乏规模效应，说明研究农产品流通中劳动力规模和交易市场规模对京津冀农产品流通的影响具有现实

意义。线上平台逐渐壮大，使得电子商务发展水平成为影响农产品流通效率的重要指标。随着生活质量的提高和人民对于农产品新鲜度、质量等的高要求，使得急需快速推动冷链技术创新，大力发展包含冷链物流在内的流通基础设施建设，物流配送能力和交通水平也是影响农产品流通效率的指标。

为进一步分析影响农产品流通的因素，选取全要素生产率指标中技术变化指数（Y_1）和技术效率指数（Y_2）作为效率指标体系。在前人的研究基础上，并按照农产品流通的基础构成要素和数据的可得性选取和建立效率影响因素指标体系，包括农产品流通劳动力规模（X_1）、劳动力素质（X_2）等指标所反映的流通主体类要素；农产品交易市场集中度（X_3）、交通水平（X_4）、仓储条件（X_5）、物流配送程度（X_6）等指标所反映的流通载体类要素；政府对农产品流通相关的财政支出（X_7）、农产品流通资本投入（X_8）、信息化水平（X_9）和电子商务水平（X_{10}）等指标所反映的流通环境类要素。具体指标见表8.5。

表8.5   **农产品流通效率影响因素指标体系**

一级指标	二级指标	解释
流通主体类	农产品流通劳动力规模（X_1）/万人	流通服务业相关从业人员中批发、交通、信息传输行业从业人员总人数
	劳动力素质（X_2）/年	平均受教育年限
流通载体类	农产品交易市场集中度（X_3）/（%）	限额（亿元）以上商品交易市场成交额 ÷ 批发零售业销售总额
	交通水平（X_4）/万公里	铁路、公路运输线路总里程
	仓储条件（X_5）/亿元	仓储业新增固定资本
	物流配送程度（X_6）/（%）	统一配送商品购进额 ÷ 社会消费品零售总额
流通环境类	政府对农产品流通相关的财政支出（X_7）/亿元	政府对交通运输和粮油物资及储备的财政支出
	农产品流通资本投入（X_8）/亿元	流通服务业中交通运输、仓储和邮政、批发零售和信息传输行业的全社会固定资产投资总额
	信息化水平（X_9）/（%）	互联网普及率
	电子商务水平（X_{10}）/万人	信息传输、软件和信息技术服务业从业人数

1. 流通主体类要素

农产品流通劳动力规模，劳动力是农产品流通运行的生产要素。农产品流通劳动力规模，借鉴王仁祥和孔德树（2014）的做法，以农产品流通相关从业人员来表示，计算时用批发零售业和交通运输、仓储和邮政业的从业人数加总，乘以最终消费率，再乘以居民消费占最终消费的比重，最后乘以恩格尔系数估算出农产品流通服务业相关从业人员数量。

劳动力素质，表示农产品流通中人才质量和专业化水平。劳动力素质以各地区人口的平均受教育年限来表示。本书将我国现有教育制度划分为小学、初中、高中和大专及以上四类教育程度，平均受教育年限分别定为 6 年、9 年、12 年和 16 年。

2. 流通载体类要素

农产品交易市场集中度，表示农产品流通市场结构。借鉴王海燕（2016）、张永强等（2017）的做法，用限额（亿元）以上商品交易市场成交额除批发零售业销售总额来表示。

交通水平，表示基础交通设施发展水平，是农产品流通发展不可缺少的基础要素。借鉴戴欧阳（2015）做法，用铁路里程和公路里程加总得出。

仓储条件借鉴金赛美（2016）、张鸿和贺瑞娟（2017）做法，用仓储业新增固定资本表示。

物流配送程度表明物流水平和服务能力。借鉴何小洲和刘丹（2018）做法，以连锁企业统一配送金额与社会消费品零售总额的比例来表示。

3. 流通环境类要素

政府对农产品流通相关的财政支出。借鉴王家旭（2013）做法，用各地对交通运输的财政支出和粮油物资及储备的财政支出总和表示。政府对农产品流通相关的财政支出中，因为统计局统计指标的变化，所以 2006—2008 年的统计数据为交通运输的财政支出数据，2008 年之后为交通运输的财政支出与粮油物资及储备支出的总和。

信息化水平，学者（欧阳小迅和黄福华，2011；程书强等，2017）一般用电话普及率和互联网覆盖率以 0.4 和 0.6 的权重加权平均得出。随着人民生活改善，通信能力的提高，京津冀电话普及率已经不再能显示地区间信息化发展水平差异，所以用互联网普及率表示。

电子商务水平因为缺少专业数据，所以借鉴金赛美（2016）做法，用信息传输、软件和信息技术服务业从业人数表示。

以上数据来源于中国统计年鉴、中国农村统计年鉴和各省市统计局、国家工信部等。

8.4.3 描述性统计分析

利用 Stata 对京津冀农产品流通效率影响因素各指标的描述性统计如表 8.6 所示。

表 8.6 变量描述性统计

变量	单位	均值	标准差	最大值	最小值	观察值个数
农产品流通劳动力规模	万人	26.461	15.984	56.91	9.59	39
劳动力素质	年	10.229	1.271	12.55	8.13	39
农产品交易市场集中度	%	0.295	0.330	1.461	0.036	39
交通水平	万公里	7.060	7.453	20.06	1.21	39
仓储条件	亿元	944.331	618.880	2613.59	179.40	39
物流配送程度	%	0.0948	0.0487	0.180	0.001	39
政府对农产品流通相关的财政支出	亿元	183.740	136.873	475.680	8.486	39
农产品流通资本投入	亿元	100.739	68.873	331.58	18.660	39
信息化水平	%	51.163	20.078	79.84	9.60	39
电子商务水平	万人	34.780	30.880	111.50	4.52	39

8.4.4 实证分析

在运用 SPSS 对 2007—2018 年效率指标及影响因素指标数据进行典型相关分析，最终得到如表 8.7 和表 8.8 所示的结果。两组典型变量的相关系数及显著性检验见表 8.7。可以看出，提取出两组典型相关变量，其相关系数分别是 1.000 和 0.949，第一组典型相关变量相关程度更高。结合伴随概率结果，第一组典型变量在 1% 显著性水平上显著相关，第二组典型变量不显著。所以以第一组典型变量结果进行分析。

表 8.7 典型相关性

组号	相关系数	Wilk's	Chi – SQ	DF	Sig.
1	1.000	0.000	0.000	20.000	0.000
2	0.949	0.100	10.382	9.000	0.320

表 8.8 为两组典型变量标准化的相关系数结果。

表 8.8 两组典型变量的标准化系数

第 2 组标准化系数		
变量	1	2
Y_1	1.227	0.086
Y_2	0.644	1.048

第 1 组标准化系数		
变量	1	2
X_1	−1.127	0.424
X_2	0.955	0.861
X_3	1.299	1.795
X_4	−6.890	−9.043
X_5	−3.484	−2.104
X_6	0.128	0.024
X_7	−3.250	−2.813
X_8	0.851	1.085
X_9	9.242	6.814
X_{10}	4.335	6.504

由表 8.8 可以得到效率指标及其影响因素指标的第一组典型相关变量的标准相关系数的公式为

$$U = 1.227Y_1 + 0.644Y_2 \tag{8.15}$$

$$V = -1.127X_1 + 0.955X_2 + 1.299X_3 - 6.890X_4 - 3.484X_5 + 0.128X_6$$
$$- 3.250X_7 + 0.851X_8 + 9.242X_9 + 4.335X_{10} \tag{8.16}$$

通过以上公式可知，影响农产品流通技术变化和技术效率变化的各因素中，程度由强到弱依次是，信息化水平（X_9）、交通水平（X_4）、电子商务水平（X_{10}）、仓储条件（X_5）、政府对农产品流通相关的财政支出（X_7）、农产品交易市场集中度（X_3）、农产品流通劳动力规模（X_1）、劳动力素质（X_2）、农产品流通资本投入（X_8）和物流配送程度（X_6）。其中对农产品效率提高起到积极作用的是劳动力素质（X_2）、农产品交易市场集中度（X_3）、物流配送程度（X_6）、农产品流通资本投入（X_8）、信息化水平（X_9）和电子商务水平（X_{10}），对农产品流通效率提高起到消极作用的是农产品流通劳动力规模（X_1）、交通水平（X_4）、仓储条件（X_5）和政府对农产品流通相关的财政支出（X_7）。

1. 流通主体分析

农产品流通劳动力规模与农产品流通技术变化、技术效率变化呈负相关。虽然北京一直是吸引外来务工人员的特大城市，但是天津和河北对外来务工人员的吸引力度小，所以可能是由于区域间劳动力资源配置不均，使得京津冀农产品流通效率下降。我国劳动力成本的增加，使得劳动力规模增加对经济驱动力不断减弱，需要寻找新的发展动力。

劳动力素质与农产品流通技术变化、技术效率变化呈正相关。说明农产品流通中劳动力素质提高，能够提高农产品流通效率，提高流通过程中生产专业性、流通专业化水平。提高对农产品流通中的劳动力素质，有利于提高技术研发能力，不断研发无人机技术、区块链技术、冷链物流技术创新改革；有利于促进流通相关技术的有效利用，高素质人员的投入能够提高流通企业经营管理能力、流通技术操作能力等。

所以在促进京津冀农产品流通效率时，要协调好京津冀区域间劳动力资源配置，天津和河北政府可通过加强政府政策引导，吸引外来劳动力。同时要不断加强培养高素质农产品流通人才和加大对高素质农产品流通人才的引入，使高素质人才成为农产品流通效率提高的新动力。

2. 流通载体分析

农产品交易市场集中度与农产品流通技术变化、技术效率变化呈正相关。说明农产品交易市场集中度的提高有利于提高京津冀农产品流通效率。由于我国农产品市场经营主体主要以单体市场经营为主，且跨区域经营主体少。通常情况下，对于农产品相关市场，其市场集中度越高，越容易形成规模效应，资源配置能力越强，流通效率更高。

交通水平与农产品流通技术变化、技术效率变化呈负相关。虽然京津冀区域多地加快交通基础设施建设，但是京津冀地区交通规划建设一体化水平、交通基础设施一体化水平和交通信息服务一体化水平较低（孙钰等，2019）。河北与京津交通道路出现"断头路""瓶颈路"，区域交通运输布局严重失衡，津冀轨道交通运力不足等问题（庞世辉，2015）。所以由于各地区之间交通道路不同，影响区域农产品流通，导致整体农产品流通成本较高，流通效率低下。

仓储条件与农产品流通技术变化、技术效率变化呈负相关。一是可能因为不同种类农产品所需存储条件不一样，所以对仓储设备要求较高，造成仓储中基础设施投入占比较大，但是投资回收期较长；二是农产品仓储过程中的农产品损耗率较高，流通中间环节较多，使得仓储规模效应较低；三是对传统仓储设备投入资源，难以满足现代仓储需求，不利于提高农产品流通效率。

物流配送程度与农产品流通技术变化、技术效率变化呈正相关。说明高效的物流配送有利于降低流通成本，提高服务水平和服务质量。物流水平越高，说明物流技术设施建设水平越高，运营能力、协调能力越强，在物流配送中损耗越少、成本越低、流通效率越高。

3. 流通环境分析

政府对农产品流通相关的财政支出与农产品流通技术变化、技术效率变化呈负相关。说明政府对农产品流通的补贴不利于农产品流通服务业竞争，不利于促进农产品流通效率提高。

农产品流通资本投入与农产品流通技术变化、技术效率变化呈正相关，说明对资本投入有利于提高农产品流通效率。

信息化水平和电子商务水平与农产品流通技术变化、技术效率变化呈正相关。说明农产品流通中互联网、大数据、云计算等技术的应用，电子商务的发展改变了人民生活方式，促进了农产品流通产业调整，对提高农产品流通效率具有正向作用。

8.5　京津冀农产品批发商技术效率及影响因素分析

8.5.1　模型选择

目前关于技术效率的研究方法主要有数据包络法（DEA）和随机前沿分析法（SFA）。其中，DEA 模型虽然无须设定函数形式，可以有效避免主观因素的影响，但是同时也忽略了随机因素与环境因素对成本效率的影响，而且该测算方法并未对数据整体的拟合效果进行分析，这可能会影响到研究的准确性；而 SFA 不仅对数据的拟合效果进行了 t 检验和极大似然估计检验，而且同时运用技术非效率函数对技术效率的影响因素进行了更深入的分析。综合考虑现有两种技术效率测评方法的优缺点，选用了随机前沿分析法，即 SFA。

1. SFA 介绍

巴蒂斯和科埃利（Battese & Coelli）于 1995 年对艾格纳和密森（Aigner & Meeusen）等的随机前沿生产函数进行完善，并提出可以在估计随机前沿生产函数的同时对技术效率损失影响因素进行估计的模型方法，其具体模型形式为

$$Y_i = \beta X_i + (V_i - U_i) \quad i = 1, 2, \cdots, N \tag{8.17}$$

式中，Y_i 表示第 i 个批发商的经营利润；X_i 表示第 i 个批发商的投入要素变量；β 为待估参数向量；V_i 为随机误差项，U_i 为技术非效率项，二者相互独立，而 $V_i - U_i$ 则表示组合误差项。

在判断所随机生产函数中技术非效率项的影响是否显著时，可以依据估计出的参数 $\gamma = \sigma_u^2 / \sigma^2$ 是否显著异于 0 进行推断，其中 $\sigma^2 = \sigma_v^2 + \sigma_u^2$，$\gamma$ 一般取值为（0，1）。若 γ 趋近于 0，则说明随机误差是导致技术偏差的主要因素；若 γ 趋近于 1，则表示技术非效率项是导致技术偏差的主要因素。而 γ 是否显著异于 0 决定了随机前沿模型的有效与否，SFA 在对 γ 的取值进行检验时采用了单边似然比检验法，只有 LR 即单边似然比统计量大于对应的混合 χ^2 分布临界值，$\gamma = 0$ 的原假设才能被拒绝，即此时的 γ 显著异于 0，也才能证明技术非效率项的存在与随机前沿生产函数的有效性。

第 i 个批发商的技术效率可以表示为实际利润的期望值与生产前沿面上利润的期望值之比，测算公式可写为

$$TE_{it} = \frac{E(Y_{it}^* \mid U_{it}, X_{it})}{E(Y_{it}^* \mid U_{it} = 0, X_{it})} \tag{8.18}$$

式中，E(·) 为对应的期望值，Y_{it}^* 为第 i 个批发商在 t 期的利润。TE_{it} 的取值范围为 [0，1]，其值越大，说明技术效率的损失就越小；反之，其值越小，则说明技术效率的损失就越大。

2. 模型设定

（1）随机前沿生产函数。对于农产品批发商而言，追求利润最大化是其最终目标，故将其年利润作为随机前沿生产函数的产出变量；批发商在经营过程中需要投入人员、资金以及摊位，考虑到运输车辆、电子秤等均属于固定资产，并不影响观察期内的年利润，因此将摊位面积（A）、流动资金（C）和劳动人员（L）设定为生产函数的投入变量。

关于生产函数形式的确定，随机前沿生产函数主要包括 C – D 函数和 Translog 函数（超对数函数），与前者相比，后者考虑了交互变量的影响，

而且允许投入要素替代弹性可变，更加符合批发商的实际经营情况。因此，选用 Translog – SFA（超对数随机前沿模型）对京津冀生鲜农产品批发商的技术效率进行测评，并借鉴张磊等（2018）的函数形式构建函数为

$$\ln Y_i = \beta_0 + \beta_1 \ln A_i + \beta_2 \ln C_i + \beta_3 \ln L_i + \beta_{12} \ln A_i \ln C_i + \beta_{13} \ln A_i \ln L_i + \beta_{23} \ln C_i \ln L_i$$
$$+ \beta_{11} (\ln A_i)^2 + \beta_{22} (\ln C_i)^2 + \beta_{33} (\ln L_i)^2 + V_i - U_I \tag{8.19}$$

式中，Y_i 表示批发商 i 的年利润（万元）；A_i 表示批发商租赁摊位的面积（平方米）；C_i 表示批发商 i 投入经营用的流动资金（万元）；L_i 表示批发商 i 投入经营的人员数量（人）；β_0，β_1，$\cdots$，β_{33} 为待估参数；V_i 和 U_i 分别为随机误差项和技术非效率项，且 $V_i \sim N(0, \sigma_v^2)$，$U_i \sim N(m_i, \sigma_u^2)$，其中 $m_i = z_i \delta$。

（2）技术无效率函数。为了进一步了解京津冀生鲜农产品批发商技术效率的影响因素，构建技术效率损失函数为

$$m_i = \delta_0 + \delta_1 x_{1i} + \delta_2 x_{2i} + \delta_3 x_{3i} + \delta_4 x_{4i} + \delta_5 x_{5i} + \delta_6 x_{6i} + \delta_7 x_{7i} + \varepsilon_i \tag{8.20}$$

式中，$x_{1i} \sim x_{3i}$ 均为人力资本变量，分别表示批发商 i 的年龄、文化程度（受教育年限）和从事年限；$x_{4i} \sim x_{5i}$ 为社会资本变量，分别表示固定下游客户从批发商 i 处的采购量占批发商 i 总批发量的比重和批发商 i 从固定上游客户处的收购量占其总收购量的比重；$x_{6i} \sim x_{7i}$ 均为经营行为变量，分别表示批发商 i 的产品销售周期和网络工具使用频率。

3. 数据说明

本书所用数据为对北京、天津和河北的多家批发市场中的生鲜农产品批发商的实地调研与问卷发放所搜集的数据。预调查阶段，课题组曾于 2019 年 3 月在北京新发地批发市场进行实地走访调查，并据此修改原设计的调查问卷，使之更符合批发商的实际情况以及研究目的。2019 年 4 月至 2019 年 6 月，向北京新发地批发市场、天津何庄子农产品批发市场以及河北新发地批发市场、白佛批发市场和双鸽批发市场的批发商发放修改后的调查问卷共计 420 份，收回 396 份，将填写不完善以及作答存在自相矛盾的 67 份问卷数据予以剔出，即有效问卷共计 329 份，占所收回问卷的 83.08%。

所调查的批发商 2018 年的利润总额最小值与最大值之间相差悬殊，但 89.71% 的商户利润集中在 10 万～30 万元，而投入要素也呈现出类似的情况。京津冀生鲜农产品批发商的平均年龄为 38.86，且 41.18% 批发商的年龄在 [30, 40) 范围内，39.22% 批发商的年龄在 [40, 50) 范围

内，即批发商的年龄主要集中在 30～50 岁；批发商的平均受教育年限为 9.49 年，即其平均文化程度为"初中"，且 71.57% 的批发商文化程度在 "初中"以下。

8.5.2 模型结果与分析

1. 随机前沿生产函数估计结果

借助 Frontier 4.1 软件和极大似然估计方法，对京津冀生鲜农产品批发商随机前沿生产模型进行估计，反映模型拟合效果的参数及随机前沿生产函数中各个待估参数的估计值见表 8.9。

表 8.9　　京津冀生鲜农产品批发商随机前沿生产函数参数的估计结果

变量	参数	系数值	t 值	变量	参数	系数值	t 值
常数项	β_0	0.17168	0.28366	$(\ln A)^2$	β_{11}	-0.01012	-0.48330
$\ln A$	β_1	-0.14462	-0.86141	$(\ln C)^2$	β_{22}	-0.11308 ***	-2.75601
$\ln C$	β_2	0.69313 ***	3.03543	$(\ln L)^2$	β_{33}	-0.17513 **	-2.23831
$\ln L$	β_3	1.24227 ***	3.24035	σ^2	—	1.17060 ***	5.51872
$\ln A \cdot \ln C$	β_{12}	0.12158 **	2.31533	γ	—	0.72145 ***	10.34474
$\ln A \cdot \ln L$	β_{13}	-0.05855	-0.93922	LR	—	55.46553	
$\ln C \cdot \ln L$	β_{23}	-0.08445	-0.94941				

注：*、**、*** 分别表示参数估计值在 1%、5% 和 10% 的显著性水平上显著。

γ 的显著性决定了技术非效率项对产出影响的显著性，而 LR 的显著性可以检验 γ 是否显著异于 0，故 γ 和 LR 两个指标可以检验所设定的随机前沿生产函数模型的有效性与合理性。从表 8.9 中模型参数的估计值可知，γ 的值为 0.72145，并且根据相应的 t 值可判断出该 γ 值在 1% 的显著水平上是显著的；同时，在原假设（$\gamma = 0$）成立的条件下，混合 χ^2 分布的临界值在 5% 和 1% 的显著水平上分别为 16.274 和 20.972，而 LR 值明显大于前述的两个临界值，故 γ 的零假设在 1% 的显著性水平上被拒绝，即批发商在批发过程中存在技术效率的损失，并且所建立的随机前沿生产函数具有足够的解释力。

由于超对数生产函数中各变量之间关系复杂，函数设定形式不同，所得参数系数也会存在差异，并无法直接反映出各投入要素对产出的动态影响，故将进一步计算相应的产出弹性对其进行衡量。产出弹性计算公式为

$$e_A = \beta_1 + \beta_{12}\ln C + \beta_{13}\ln L + 2\beta_{11}\ln A \qquad (8.21)$$

$$e_C = \beta_2 + \beta_{12}\ln A + \beta_{23}\ln L + 2\beta_{22}\ln C \qquad (8.22)$$

$$e_L = \beta_3 + \beta_{13}\ln A + \beta_{23}\ln C + 2\beta_{33}\ln L \qquad (8.23)$$

从表 8.10 中产出弹性的计算结果可知：①摊位面积的产出弹性为正值，但是其值比较小，说明批发商在经营过程中的摊位面积投入存在微微不足，增加摊位的投入会提升批发商的年利润，但是效果甚微。②流动资金的产出弹性为正值，说明增加流动资金投入会增加批发商的年利润。批发商为保证货源的持续性，往往需要将从上游收购到向下游售出进行无缝衔接，以实现稳定持续经营，这就需要有足够的流动资金用于支付货款、运输费用和员工工资等，一旦资金链出现断裂，批发商的正常经营活动将受到不利影响。③劳动力的产出弹性为正值，说明增加参与批发经营的人数会增加批发商的年利润。农产品批发为劳动密集型行业，从产品收购到运输再到销售，每个环节都需要有足够的人员投入，而所调研的批发商主要是以家庭成员为经营人员，员工规模较小，很难保证每个环节的人员，因此增加经营人员、合理配置劳动资源可以提高批发商的经营利润。

表 8.10 投入要素平均产出弹性

指标	摊位面积（A）	流动资金（C）	劳动力（L）
产出弹性	0.07	0.29	0.29

2. 技术效率及其影响因素分析

调研所选取的京津冀生鲜农产品批发商的技术效率分布情况见表 8.11。从表中数据可得知，样本商户的技术效率分布区间为 [0.02，0.92]，最大技术效率值与最小技术效率值之间差距悬殊，而批发商的平均技术效率为 0.76，说明京津冀生鲜农产品批发商技术效率尚有约 24% 的提升空间。北京农产品批发商的平均技术效率最大（0.79），其次是天津（0.75），而河北批发商的平均技术效率最小（0.72），但这也说明在消除技术效率损失后，河北省农产品批发商技术效率的提升空间最大。

京津冀生鲜农产品批发商技术效率有较大的提升空间，而且根据前述分析可知较低的技术效率部分原因是存在技术效率损失。为了解批发商技术效率的影响因素，在测算京津冀技术效率的同时设定了技术非效率模型，对技术效率损失的影响因素进行了分析，从而得知各因素对批发商技术效率的影响，模型参数的估计结果见表 8.12。

表8.11　　　　　　　京津冀生鲜农产品批发商技术效率分布情况

技术效率取值区间	比重/（%）	技术效率	备注
[0，0.5）	5.83	0.02	最小值
[0.5，0.6）	5.00	0.92	最大值
[0.6，0.7）	10.42	0.76	平均值
[0.7，0.8）	28.75	0.79	北京市
[0.8，0.9）	46.25	0.75	天津市
[0.9，1]	3.75	0.72	河北省

表8.12　　　　　　　　　技术效率损失模型参数的估计结果

变量	参数	系数值	t 值	变量	参数	系数值	t 值
常数项	δ_0	3.96172 ***	3.78211	x_4	δ_4	0.08029 ***	4.36517
x_1	δ_1	-0.03388 *	-1.65462	x_5	δ_5	-0.06561 ***	-2.77791
x_2	δ_2	-0.59163 ***	-6.16116	x_6	δ_6	0.50488 ***	2.91751
x_3	δ_3	0.05388	1.18313	x_7	δ_7	-0.47188 ***	-2.65032

注：*、**、*** 分别表示参数估计值在1%、5%和10%的显著性水平上显著。

（1）批发商的年龄、文化程度、固定上游客户收购比重和网络工具使用频率4个变量对批发商的技术非效率具有显著负向影响，即对技术效率的影响显著为正。首先，批发商的年龄越大，他们的经验就越丰富，从而可以更加准确地把握市场行情，理应有助于批发商技术效率的提升；其次，在商业竞争较激烈的行业，较高的相关知识储备与及时获取最新的商业信息有利于持续经营的实现，而较高的文化水平说明批发商具有更多知识储备或者可以更快接受新知识，也相对更容易获取并加工利用最新商业信息，从而使其经营的技术效率有所提高；再次，上游客户的固定不仅可以减少批发商寻求新货源的时间成本，也可以降低由于信息不均衡造成的逆向选择的道德风险，从而实现技术效率的提升；最后，批发商使用网络平台进行沟通、交易的频率越高，其技术效率也会越高，主要因为网络平台的使用可以降低交易成本。

（2）固定下游客户采购比重和产品销售周期对批发商的技术非效率具有显著正向影响，即对技术效率的影响显著为负。首先，固定下游客户对技术效率的影响与预期不符，这可能是因为受访对象固定下游客户对他们的影响还未真正显现出来；其次，产品销售周期越长，所需的储存费用就会越高，而且生鲜农产品的储存损耗也会增加，无形中形成额外的费用，技术效率损失越严重，相应的批发商技术效率也就越低。

3. 实证结果分析

京津冀农产品批发市场的技术效率（0.76）处于中等水平，而且效率损失主要是由技术非效率造成的，这就意味着落后的交易技术在较大程度上降低了批发市场的运行效率；交易主体的文化程度、固定上游客户、网络工具使用程度的提高可以促进交易效率的提升，农产品销售周期越短越有利于交易效率的提升，而这些因素又或多或少与交易技术相关联，所以改善农产品批发市场的交易技术不失为提升交易效率的良策。

8.5.3 农产品批发市场创新经验借鉴

前面分析了京津冀农产品流通的运行效率，并具体分析了批发商的技术效率，技术创新能力不足和对现有技术缺乏有效利用是抑制京津冀农产品流通效率提高的重要因素，落后的交易技术在较大程度上降低了批发市场的运行效率，京津冀农产品批发市场主要采用线下交易，数字经济背景下，我国已经有部分农产品批发市场开始借助产业融合发展或数字技术进行转型升级，其中比较典型的有深圳布吉农产品中心批发市场、深圳市农产品股份有限公司和武汉白沙洲农副产品大市场（简称武汉白沙洲市场）。因此借鉴这些先进的经典案例，试图找到流通服务企业——批发市场高质量发展的路径选择。

1. 新发展理念—供应链管理创新—网链式发展——"深农布吉模式"

基于"企业办市场、市场企业化"的理念，深圳布吉农产品中心批发市场在我国率先进行了农产品流通体制改革，开创了"布吉模式"，使其发展成为我国最大规模的农产品批发市场。经过多年的发展，布吉批发市场探索出物资集散、价格生成、信息发布、标准化建设、商品促销、服务引导、产业带动七大功能，构建了"公司＋销地批发市场＋产地批发市场＋中介组织＋基地＋农户"的产业化模式。在丰富深圳和香港两地市民"菜篮子"的同时，推动着全国农业实现产业化发展，被确认为"国家级中心批发市场"。

继"布吉模式"之后，公司制定了"一个中心、两个延伸"战略，即以农产品批发市场为中心，向生产和零售两个领域延伸，促进农产品批发市场实现从生产到零售的全产业链式的发展，扩大了利润空间。在生产领域，公司建立了深圳市果菜贸易公司、深圳市农牧实业有限公司和深圳市深宝实业有限公司，具体包括蔬菜种植基地、农业园、养殖场等，很大程度上保证了流通中农产品的质量安全及货源的充足；在零售领域，公司旗下拥有连锁超市与其对接，并配备相应的物流设施。即布吉农产品批发市场构建了"农产品种植基地（牲畜养殖场）＋批发市场＋连锁超市"的组织模式。

在实现第一、第二、第三产业融合发展的同时，公司加快了扩张步伐，实现了横向一体化发展。公司通过资产重组方式兼并了上海、南昌等地的大型农产品批发市场，并投资控股了深圳福田、西安、惠州、成都、长沙等地批发市场，逐步形成了覆盖三大经济圈、西北、西南和中南地区的全国性农产品批发市场体系。至此，布吉农产品批发市场形成了以网络化建设为特征的"深农布吉模式"，实现了农产品批发市场网链式发展，缩减了批发商寻求货源与下游客户的时间成本和财力，提高了市场的运行效率。

深农布吉模式体现了新发展理念——供应链管理创新的发展模式，通过整合上下游企业资源，形成了"生产—流通—消费"全产业链的发展模式，整合了供应链的各个环节，实现了管理创新，其关键是制度创新，以最少的成本，使供应链从采购开始，到满足最终客户的所有过程达到最优化，也是流通企业自主实现企业制度创新的体现，降低了交易成本。

2. 新发展理念—数字化、信息化科技创新驱动发展——"大白菜＋"平台

深圳市农产品股份有限公司（以下简称农产品公司）是以深圳布吉农产品批发市场为基础，通过投资控股兼并形成的具有约50家大型农产品批发市场的公司，旗下公司遍布全国35个大中型城市。"深农布吉模式"在长期发展过程中形成了坚实的线下基础和稳定的物流保障，为了更好地整合市场信息资源以提高农产品批发市场信息化水平，进而推动农产品批发市场转型升级，农产品公司于2015年创建了农产品大流通生态平台——"大白菜＋"，形成了线上线下互联的重资产O2O模式，但与其说这是一个B2B电商平台，倒不如说这是国内首个农产品流通大数据价值的发现平台。

农产品批发市场借助"互联网＋"实现信息化发展需要强大的数据支撑，碎片化的特征又使数据整合较为困难，但批发商可以作为核心节点将碎片化数据串联起来，而农产品公司经过30多年发展和数据积累，可以帮助"大白菜＋"汇聚海量数据信息，为线下批发商反攻线上提供强大的数据支持。"大白菜＋"平台借助农产品公司旗下的多种子品牌，为农产

品批发商提供一站式服务，具体包括以下内容。

（1）农产品货源信息采集。平台对农产品采用备案制度获取新货源信息，并借助"农迈天下"和"中农网"对产地客户提供的农产品数据信息（产地、品种、产量等）进行采集。

（2）为采购商提供货源信息。平台通过"依谷网"和"有种网"为批发商提供农产品货源地、来货量、销量、销地、价格、市场存量等信息服务，以便采购商选取合适的货源。

（3）信用评级和金融服务。平台借助站内和实体批发市场的相关数据，从食品安全、经营行为、商户信誉等维度对批发商画像、进行信用评价，并据此通过"海吉星金融"或第三方平台为其提供互联网金融产品。

（4）物流服务和食品安全追溯体系。借助线下资源为客户提供农产品运输服务，并对农产品进行安全检测形成产品质量数据，结合备案信息及物流车联网信息等数据形成食品安全追溯体系，为消费者提供权益保障。

农产品生态圈如图 8.2 所示。

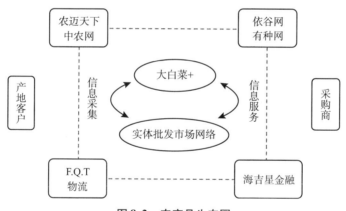

图 8.2　农产品生态圈

资料来源：深圳市农产品集团股份有限公司。

信息不对称是造成农产品滞销的最直接原因，而"大白菜＋"平台一定程度上打破了信息不对称的瓶颈，提升了农产品交易效率。"大白菜＋"平台汇集了真实详尽的一手农产品信息数据，并通过大数据分析挖掘客户需要、判断各商家农产品的吞吐量及质量等信息，提供价格指导、撮合交易完成。这种以数据为基础搭建的农产品互联网平台，可以实现农产品供需双方更快速地完成交易，提高了农产品批发市场的运行效率、加快了农产品流通效率。

深圳市农产品股份有限公司的"大白菜+"平台通过数字化、信息化管理创新改造传统流通服务企业，推动数字经济与流通实体经济融合发展，大力推动流通领域数字化升级，推动建设高质量现代流通服务企业。

3. 坚持共享理念——"互联网+"模式—武汉白沙洲市场

武汉白沙洲市场是我国华中地区最大的农产品批发市场之一，于2015年成功入驻谷登电商平台，成为首个与谷登电商合作的大市场，实现了"互联网+"转型。武汉白沙洲市场引进了谷登"智慧农批"，谷登电商为武汉白沙洲市场提供了信息管理平台，将实体批发市场内果蔬、水产、粮油等农产品信息进行整合并公布在平台上，实现农产品价格等信息透明化，促进农产品价格遵从市场规则稳定在一定范围内，避免了商家坐地起价现象。据了解，武汉白沙洲市场在与谷登电商合作半年之后，市场内农产品价格虚高的弊病得以有效解决，实现了整体价格适度下调的目标。

与此同时，谷登电商借助大数据指导白沙洲市场进行更有效的运营管理，对实体市场落后的管理模式进行改善，进而提高市场管理效率。诸如"称重下单结算一体化"技术将每笔交易时间由1小时缩减至1分钟，交易时间效率提升了60倍；专业的手机App使农产品批发市场的管理人员时刻掌握市场的运营情况，包括车流、能效、应收应付情况、每平方米营业面积的贡献率等线下信息，以及平台商户数量、订单、价格等线上信息。此外，武汉白沙洲市场借助谷登电商对农产品质量安全进行监测，以此筛选出不合格产品并对其进行无害处理，保障流通中农产品质量安全；为了方便市场交易，谷登电商还向市场内的批发商提供了电子结算系统及POS机安装服务，辅助农产品批发市场实现电子结算功能，极大地简化了实体交易程序。

武汉白沙洲农副产品大市场坚持共享理念——"互联网+"模式，共享了各种农产品信息，实现了农产品价格等信息的透明化，提高了流通运行效率。

4. 从要素驱动到创新驱动发展流通服务业的启示

在数字经济背景下，数字技术的应用有助于农产品批发市场搭建农产品平台、与电商平台合作，并借助平台数据及备案制度等建立农产品批发市场电子结算系统，实现"互联网+农批"模式以数字化运营提升农产品流通效率，促进产销无缝衔接；但值得注意的是，农产品网上平台运营需要大量的数据信息，这就需要依托线下批发市场的网链式发展，真正实现农产品批发市场线上线下相结合，促进"双网"协同发展与农产品批发市场的高质量发展。

通过对比京津冀农产品批发市场与深圳布吉农产品中心批发市场、深圳市农产品股份有限公司和武汉白沙洲农副产品大市场，可以发现，京津冀农产品批发市场采用的还是传统的要素驱动模式，主要采用线下实体交易，批发市场的发展主要依靠人力和资本投入。技术创新能力不足，对现有技术缺乏有效利用抑制了京津冀农产品流通效率的提高，落后的交易技术在较大程度上降低了批发市场的运行效率。流通服务业要实现高质量发展需要改变传统的要素驱动模式，靠供应链管理创新、数字化、信息化、"互联网＋"模式等科技创新实现创新驱动发展。

8.6　本章小结

（1）近十多年来，京津冀农产品流通整体运行效率缓慢降低。技术创新能力不足和对现有技术缺乏有效利用是抑制京津冀农产品流通效率提高的重要因素。京津冀农产品流通对技术创新更为敏感，且全要素生产率和技术变动幅度较大，技术效率变动幅度较小。从各区域来看，北京对京津冀农产品流通运行效率提升起到拉动作用，天津和河北起到抑制作用。技术水平提高是北京农产品流通效率提高的重要原因，缺乏规模效应是影响天津农产品流通效率的重要原因，技术创新能力不足是河北省农产品流通效率较低的重要原因。

（2）京津冀农产品流通效率的地区差异在不断减小。京津冀农产品流通的全要素生产率的收敛系数最大，技术变化次之，技术效率最小。京津冀对现有技术的应用水平、信息资源共享整合、经营管理能力和资源配置能力有待进一步加强。

（3）河北省 11 个地级市中大部分地级市的农产品流通效率在 2006—2018 年出现降低。其中衡水市和石家庄市效率下降较为显著，技术创新不足是导致河北省 11 个地级市农产品流通效率低下的重要因素。

（4）劳动力素质、农产品交易市场集中度、农产品流通资本投入、信息化水平、电子商务水平和物流配送程度对提高农产品流通效率具有积极作用，农产品流通劳动力规模、交通水平、仓储条件和政府对农产品流通相关的财政支出对提高农产品流通效率具有消极作用。

（5）京津冀农产品批发市场的技术效率处于中等水平，而且效率损失主要是由技术非效率造成的，这就意味着落后的交易技术在较大程度上降低了批发市场的运行效率；批发商的文化程度、固定上游客户、网络工具使用程度的提高可以促进交易效率的提升，农产品销售周期越短越有利于交易效率的提升，而这些因素又或多或少与交易技术相关联，所以改善农产品批发市场的交易技术为提升交易效率的良策。

第9章 京津冀农产品流通发展政策的协同性与协同有效性分析

本章主要是通过分析京津冀农产品政策的协同性及协同的有效性，试图通过政策协同支持农产品流通，提高农产品流通效率，实现农产品流通的高质量发展。

本章从全球法律法规网、万方数据库中筛选整理了 1978—2019 年京津冀政府颁布的农产品相关政策，通过略读这些政策筛选整理出与京津冀农产品流通发展密切相关的政策，再从政策制定的时间、类型、制定机构以及政策措施等不同方面精读这些政策，最终确定了包含京津冀三地政府等多个部门单独和联合发布的农产品政策共880条。

9.1 农产品流通发展政策的协同性分析

9.1.1 农产品流通政策协同的总体演变分析

本节先从整体上了解京津冀农产品政策的颁布情况，主要从政策总效力、政策平均效力、政策效力平均得分等方面分析京津冀农产品流通发展政策的部门协同和政策协同的演变。

京津冀 1978—2019 年颁布的农产品流通政策数量、政策总效力和平均效力的演变情况如图 9.1 所示。可以看出，政策总效力和政策数量保持基本一致的趋势，政策平均效力相对比较平稳。2010 年之前，政策数量以及政策总效力呈现逐步增长的趋势，其中政策总效力在 2001—2003 年是自 1978 年以来较大的增幅，原因可能是 2001 年我国加入WTO，我国的农业得到了一定的发展；2003—2007 年波动较大，可能是由于 2003 年非典的影响；2007—2010 年出现了最大的增幅，是由于"十一五"规划（2006—2010 年）提出，坚持把解决好"三农"问题作为工作的重中之重，实行工业反哺农业、城市支持农村，推进社会主义新农村建设，促进城镇化健康发展，"三农"政策使农业得以快速发展。自 2010 年以来，京津冀颁布的农产品政策数量及政策总效力开始呈下降趋势，原因可能是"十一五"期间颁布的农产品政策继续有效，另外各个地方主要执行全国的农产品发展政策。京津冀的政策总效力主要与政策颁布的数量有关。政策效力下降的幅度过大会对政策的系统性和战略性造成不利的影响，进而对京津冀农产品流通政策的发展的效果也会产生不利影响。

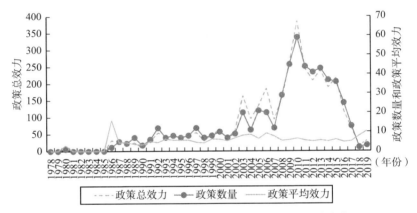

图 9.1　政策数量、政策总效力和政策平均效力的演变

　　图 9.2 描绘了政策力度平均得分和政策措施平均得分的变化过程，可以看出政策力度平均得分基本维持在同一水平上，政策力度平均得分总体呈上升趋势。1986 年以前政策数量很少，暂不做分析。1986—1989 年京津冀政策力度的平均得分波动幅度较大，1986 年力度平均得分异常偏高是因为其中有规定类政策，政策力度较大。1990—1998 年和 2008—2018 年这两个阶段相对比较平稳，是因为颁布的通知类政策较多。2001 年、2006 年、2011 年分别是"十五""十一五""十二五"规划的开局之年，政策密集出台，政策力度较大。总体来看，1986 年和 2004 年由于颁布的有一些规定类、意见类政策，京津冀的政策措施平均得分比较高，其他年份大多是通知类政策，政策措施得分比较低。

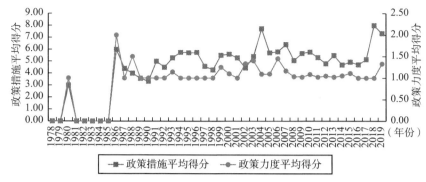

图 9.2　政策措施平均得分、政策力度平均得分演变

9.1.2　京津冀农产品流通政策部门协同的演变分析

以下分别分析北京、天津、河北这三个省市的农产品流通政策部门协同的演变情况。

1. 北京各部门协同颁布农产品流通政策的演变情况分析

由于颁布政策的部门众多，在对北京农产品流通政策颁布的部门进行梳理和综合分析后，选取了政策颁布数量最多的 15 个部门，其中把没有和其他部门进行联合颁布的部门通过对比剔除掉。为了分析方便，对这 15 个部门进行编号。1 ~ 15 分别对应以下部门：北京市税务局、北京市财政局、北京市粮食局、北京市民政局、北京市物价局、北京市审计局、中国农业发展银行北京市分行、中国农业银行北京市分行、北京市物价局、北京市商业（务）委员会、北京市发展计划委员会、北京市发展和改革委员会、北京市工商行政管理局、北京市农村工作委员会、北京市农业局。对角线上的数字代表此部门单独颁布的政策数量，其余数字代表相对应的两个部门联合颁布的政策数量，对角线上的数量和对应列（或行）的数量加总代表该部门单独和联合颁布的政策点数量。

表 9.1 是 1978—2019 年北京农产品流通政策部门协同颁布的情况，从时间演变的角度来看，北京政府部门协同颁布的农产品流通政策数量还是比较高的，特别是北京市民政局、北京市审计局、中国农业发展银行北京市分行、中国农业银行北京市分行、北京市发展计划委员会、北京市发展和改革委员会，这几个部门协同颁布的政策数量分别占到了政策颁布数量的绝大部分。北京财政局与其他部门协同颁布的数量最多，与 7 个部门一起颁布过政策，这说明北京财政局比较支持农产品流通发展。单独颁布政策最多的部门是北京市粮食局，其次是北京市财政局，最低的是中国农

业发展银行北京市分行和中国农业银行北京市分行，占比都仅为 0.82%，
说明中国农业发展银行北京市分行和中国农业银行北京市分行颁布农产品
流通政策是与政府有关部门一起颁布，其本身没有单独颁布相关政策。

表 9.1　　　　　　　　北京农产品流通政策部门协同颁布情况

编号	1	2	3	4	5	6	7	8	9	10	11	12	13	14	15
1	8	8	1												
2	8	24	21	5	1	2	1			1				7	
3	1	21	61	1	1							5	3		
4		5	1												
5			1		1					1					
6		2													
7		1					1								
8							1				1				
9		1							2	1					
10				1					1	2	1	2			1
11		1					1			1					
12			5							2		7			
13			3										1		
14		7								1				2	1
15														1	4

2. 天津各部门协同颁布农产品流通政策的演变情况分析

由于颁布政策的部门众多，在对天津农产品流通政策颁布部门进行梳
理和综合分析后，选取了颁布政策数量最多的 15 个部门。为了分析方便，
对这 15 个部门进行编号。1~15 分别对应以下部门：天津市人民政府、天
津市物价局、天津市粮食局、天津市财政局、天津市农业局、天津市安全
生产委员会办公室、天津市人民政府办公厅、天津市农村工作委员会、天
津检验检疫局食品安全监管处、中共天津市委教育工作委员会、天津市教
育委员会、天津市国家税务局货物和劳务税处、天津市发展和改革委员
会、天津市文明办、天津市质监局。对角线上的数字代表此部门单独颁布
的政策数量，其余数字代表相对应的两个部门联合颁布的政策数量，对角
线上的数量和对应列（或行）的数量加总代表该部门单独和联合颁布的政

策总数量。

表 9.2 列出了 1978—2019 年天津农产品流通政策部门协同颁布的情况，从时间演变的角度来看，天津各部门协同颁布的农产品流通的政策数量没有北京和河北高，协同颁布的部门主要包括天津市财政局、天津市农村工作委员会、中共天津市委教育工作委员会、天津市教育委员会、天津市发展和改革委员会、天津市文明办这些部门，但是颁布的政策数量却很少。单独颁布政策最多的是天津市粮食局，占比达到了 83.1%，其余 14 个部门最多的不超过 5%，这说明天津市农产品流通政策颁布的主要部门是天津市粮食局。

表 9.2　　　　　　　天津农产品流通政策部门协同颁布情况

编号	1	2	3	4	5	6	7	8	9	10	11	12	13	14	15
1	9														
2		1													
3			170	4									3		
4			4					1							
5					2										
6						1									
7							6								
8				1											
9									2						
10										1					
11										1				1	
12												1			
13			3												
14											1				
15															1

3. 河北各部门协同颁布农产品流通政策的演变情况分析

由于颁布政策的部门众多，在对河北农产品流通政策颁布部门进行梳理和综合分析后，选取了河北颁布政策数量最多的 15 个部门。为了分析方便，对这 15 个部门进行编号。1 ~ 15 分别对应以下部门：河北省人民政府、河北省人民政府办公厅、河北省物价局、河北省粮食局、河北省国家税务总局、河北省财政厅、河北省商务厅、河北省农业厅、河北省发展和改革委员会、河北省卫生厅、河北省物价局、河北省环保厅、河北省工商行政管理局、河北省供销合作总社、河北省商务厅。对角线上的数字代表此部门单独颁布的政策数量，其余数字代表相对应的两个部门联合颁布的政策数量，对角线上的数量和对应列（或行）的数量加总代表该部门单独和联合颁布的政策总数量。

表 9.3 列出了 1978—2019 年河北农产品流通政策部门协同颁布的情况，从时间演变的角度来看，河北各部门协同颁布的农产品流通的政策数量没有北京高，但是比天津高。其中，河北省工商行政管理局协同颁布的政策数量占到了政策颁布总数量 100%，其次是河北省发展和改革委员会这一比重达到了 78.57%。单独颁布政策最多的是河北省农业厅，占比达到了 41.53%，比较少的是河北省物价局、河北省商务厅、河北省卫生厅、河北省环保厅、河北省工商行政管理局、河北省供销合作总社，占比均为 0.55%。

表 9.3 河北农产品流通政策部门协同颁布情况

编号	1	2	3	4	5	6	7	8	9	10	11	12	13	14	15
1	10														
2		9													
3			1												
4				24		2		1	4				1		
5					4										
6				2		7		1	1						
7							1								
8				1		1		58	16						
9				4		1		16	6						1
10										1					
11											5				
12												1			
13				1											
14														1	
15						1									1

综上所述，京津冀这三个省市协同颁布的政策数量有高有低，北京协同颁布的农产品流通政策最多，其次是河北，最后是天津。落实高质量发展要求，北京扎实推进实施乡村振兴战略，着力提升农业农村发展水平，激发乡村振兴内生发展动力。2016 年发改委印发了《京津冀农产品流通体系创新行动方案》的通知，指出结合北京非首都功能疏解，北京加快疏解跨区域大宗农产品中转集散功能。北京作为首都，农业虽然不是主导产业，但还是非常重视农业发展，从"十一五"开始，逐步重视农业生态功能，"十二五"期间，北京市大力发展唯一性特色农产品，打造都市型现代农业品牌。从市场需求看，北京是世界上最大、最密集的农产品消费市场之一，同时还具有消费结构层次多、消费需求变化快、消费质量高、消费点多、消费多元化等特点。《北京市乡村振兴战略规划（2018—2022 年)》指出北京将实施农业高质量发展行动，从提升"菜篮子"生产基地、开展京郊美丽田园建设、强化农产品质量安全监管、推进现代农业示范创建、加强农业面源污染防治五个方面着手，持续推进全市农业供给侧结构性改革和都市型现代农业转型升级。河北省农业占的比重比较高，着力发展一批优质农产品生产基地，构建面向京津及域内大中城市消费的优质农产品供应链体系，因此河北协同颁布的农产品政策比较多。天津也非常重视农产品发展，发挥港口和自贸试验区等优势，积极打造北方进出口农产品集散中心。2019 年天津市发展和改革委员会等十部门关于印发《天津市重要农产品市场保供稳价十条措施》的通知，指出要稳定扩大农副产品生产，确保地产蔬菜自给率保持在 60% 以上。但在京津冀区域，天津农业占比较小，发展的侧重也相对较小。

4. 京津冀农产品流通政策部门协同的演变分析

从时间演变的角度来看，1978—2019 年京津冀农产品流通发展政策部门协同的情况如图 9.3 所示，1978—2015 年京津冀农产品流通发展政策联合颁布数量总体上呈上升趋势，在 2015 年联合颁布政策数量达到最高点，期间波动比较频繁。联合颁布政策数量的变化趋势和联合颁布政策比例的变化趋势大致是相同的，是因为联合颁布政策数量的变动对于联合颁布政策比例的影响较为明显。

北京各部门协同颁布的政策中，数量最多的是北京市财政局、北京市粮食局和北京市税务局，联合颁布的政策分别为 46、32、9 条，北京市粮食局是颁布农产品流通政策数量最多的部门，为 93 条，部门协同政策为 32 条，说明北京市农产品流通发展的政策主要颁布部门是北京市粮食局，

北京市粮食局在北京市农产品流通发展中占据着重要的角色。天津各部门
协同颁布的政策中，数量最多的是天津市粮食局，为 7 条，其他部门都较
少，为 1 条或者 0 条，天津市粮食局也是农产品流通发展政策数量最多的
部门，为 177 条，其次是天津市人民政府，为 9 条。说明天津市农产品流
通政策颁布部门主要是天津市粮食局，其他部门对于农产品流通的发展侧
重相对少很多。对于河北而言，在部门协同颁布的政策中，数量最多的是
河北省发展和改革委员会和河北省农业厅，分别为 22、18 条，河北省农
业厅是农产品流通发展政策数量最多的部门，为 76 条，其次是河北省粮
食局，为 32 条。

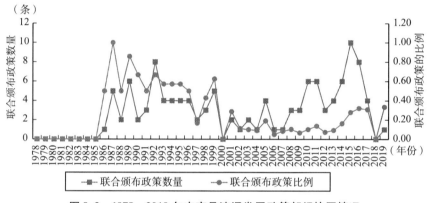

图 9.3　1978—2019 年农产品流通发展政策部门协同情况

综合来看，京津冀联合颁布的政策中，更多的是通知及公告等力度较
低的政策，政策实施有效期限短、效果不明显，既不利于政策制定的长期
协同，也不利于系统性、战略性政策的制定和实施。

9.1.3　京津冀农产品流通发展政策措施协同的演变分析

本节对 1978—2019 年京津冀政府部门颁布的农产品流通政策措施进
行了统计分析。统计分析结果显示使用行政措施、引导措施、其他经济措
施、人事措施、财政措施、金融措施政策占所颁布政策总数比例分别为
69.01%、42.81%、34.42%、30.99%、18.84%、3.42%。其中行政措
施占比最大，表明其依然是京津冀农产品流通发展政策的重要措施，其次
是引导措施，并且行政措施和引导措施与其他措施表现出相当高的协同
度，说明京津冀农产品流通政策正逐步摆脱单纯依靠行政措施或其他单一
政策措施，而是通过不同措施协同来实现政策目标。因此在分析政策措施

协同时，重点分析其他各种措施与行政措施、引导措施的协同。

各种措施与行政措施的协同度如图 9.4 所示，2003 年之后各措施与行政措施的协同度增长变化比较明显，究其原因是 2003 年国务院改组提高了行政效率，京津冀政府的行政效率也大幅提高，使得各措施与行政措施的协同得到了明显提高。2015 年后各措施与行政措施协同度降低的原因是京津冀颁布的农产品流通政策数量减少，尤其是 2018 年和 2019 年颁布的政策数量过少。2003 年后，引导措施与行政措施的协同度比较高，说明京津冀政府较为重视行政能力和宣传引导促进农产品流通的发展。人事措施与行政措施的协同度较高，说明京津冀越来越注重农产品流通方面的人才培养。财政措施与行政措施的协同度相对稳定，处于较低的协同度，主要原因是财政措施一般是单独颁布的，与行政措施一起颁布的较少，为了促进京津冀农产品流通的快速发展，应该提高财政措施与其他措施之间的协同。金融措施与行政措施的协同一度处于相对较低的地位，说明京津冀政府在运用金融措施与行政措施协同方面比较薄弱，其协同度在 2003 年后波动比较频繁，这在一定程度上与京津冀的金融市场发展水平有关，金融市场的发展尚不成熟，金融工具类与发达国家相比仍然有很大的差距，随着我国对金融市场的不断完善，金融措施将会发挥重要作用，京津冀应该更加关注其他措施与金融措施的协同。但使用行政措施过多，不利于农产品流通的可持续发展，政府应注重金融措施与其他措施之间的协同，用经济杠杆和市场机制取代部分的行政命令，从而促进京津冀农产品流通持续稳定发展。

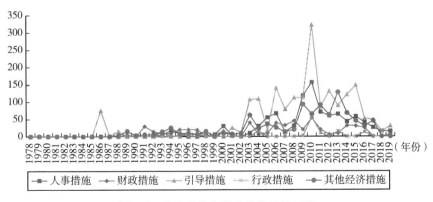

图 9.4　各种措施与行政措施的协同度

各措施与引导措施表现出的协同度如图 9.5 所示。其中，行政措施与引导措施的协同度最高，其趋势在前面已经分析过。人事措施与引导措施的协同度在 2015 年达到了最高，这表明京津冀政府在重视人才培养的同时，也认识到了宣传引导对人才培养的重要性。其他经济措施、财政措施、金融措施与引导措施的协同度从整体来看波动比较大，但也说明我国政府越来越认识到经济类措施与引导措施协同的重要性。2018年和 2019 年各种措施与引导措施协同度低的原因是这两年颁布政策数量过少。总体而言，各种措施与引导措施的协同度整体水平偏低，与行政措施协同度之间存在较大的差距，说明行政措施在京津冀农产品流通发展中处于核心地位。

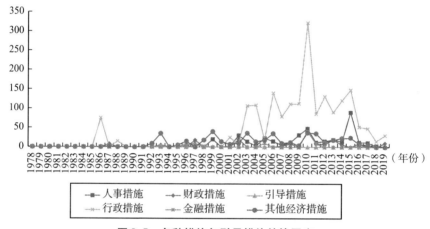

图 9.5　各种措施与引导措施的协同度

9.2　京津冀农产品流通发展政策
措施协同的有效性分析

9.1 节分析的是京津冀农产品流通发展政策部门协同和京津冀农产品发展政策措施协同的演变，本节将对京津冀农产品发展政策措施协同的绩效进行分析，主要分析京津冀农产品流通发展政策措施协同对于农产品流通发展的影响，前面分析得出行政措施与引导措施是在政策措施协同中使用最多的两种措施，故根据有效政策的数量，选取 1978—2019 年农产品数据，将其他各种措施与行政措施、引导措施的协同作为自变量来分析其对农产品发展的影响。

9.2.1　基本计量模型

由于农产品的增加值在 1997 年后才开始统计，数据较难获取，故采用第一产业农林牧渔中的农业产值作为因变量代表农产品的发展水平。1978—1985 年除 1980 年外没有颁布政策，2019 年的统计数据并未公布，故选择 1986—2018 年京津冀农业产值作为农产品发展的指标，并作为因变量来分析农产品流通政策措施协同对农产品流通发展的影响。在京津冀农产品流通发展的政策协同中，行政措施和引导措施处于很重要的地位，故分别分析农产品流通发展政策各种措施与行政措施、引导措施之间的协同对京津冀农产品发展的影响。选择自变量时，考虑到政策从实施到发挥效果存在时滞，具体分析时，自变量的滞后阶数将根据 AIC 信息准则和 SC 准则来确定。考虑到前一年的农产品流通发展水平对当年的农产品流通发展水平有影响，前一年的农产品发展水平也作为自变量。其中京津冀的农业产值来自中国统计年鉴，协同度数据来自上述的量化分析。

构建以下模型分析京津冀农产品发展政策中各种措施与行政措施的协同对农产品发展的影响：

$$GDP_t = C_1 + \theta_1 GDP_{t-i} + \theta_2 XZRS_{t-i} + \theta_3 XZCZ_{t-i} + \theta_4 XZYD_{t-i}$$
$$+ \theta_5 XZJRXZ_{t-i} + \theta_6 XZQT_{t-i} + \varepsilon_t \quad t \in [1980，2018] \quad (9.1)$$

式中，GDP_{t-i}、$XZRS_{t-i}$、$XZCZ_{t-i}$、$XZYD_{t-i}$、$XZJR_{t-i}$、$XZQT_{t-i}$分别表示第 $t-i$ 年农产品流通的发展水平、人事、财政、引导、金融、其他措施与行政措施的协同度。

再构建以下模型分析京津冀农产品发展政策中各种措施与引导措施的协同对农产品发展的影响：

$$GDP_t = C_2 + \beta_1 GDP_{t-i} + \beta_2 YDRS_{t-i} + \beta_3 YDCZ_{t-i} + \beta_4 YDXZ_{t-i}$$
$$+ \beta_5 YDJR_{t-i} + \beta_6 YDQT_{t-i} + \mu_t \quad t \in [1980，2018] \quad (9.2)$$

式中，GDP_t 表示第 t 年京津冀农产品的产量，GDP_{t-i}、$YDRS_{t-i}$、$YDCZ_{t-i}$、$YDXZ_{t-i}$、$YDJR_{t-i}$、$YDQT_{t-i}$分别表示第 $t-i$ 年的农产品流通的发展水平、人事、财政、行政、金融、其他措施与引导措施的协同度。具体代表的两种政策之间的协同信息参见表 9.4。i 为滞后期数，为了得到滞后期数，需要利用 VAR 模型得到平稳性检验过后的数据的 AIC 准则和 SC 准则的信息，确定滞后期。θ_i 和 β_i 代表自变量的系数，C_1 和 C_2 代表的是两个式子的常数项，ε_t 和 μ_t 为随机误差项。

表9.4　　　京津冀农产品流通发展政策措施协同变量的含义

变量	含义
XZCZ	行政措施与财政措施的协同
XZRS	行政措施与人事措施的协同
XZYD	行政措施与引导措施的协同
XZJR	行政措施与金融措施的协同
XZQT	行政措施与其他经济措施的协同
YDCZ	引导措施与财政措施的协同
YDRS	引导措施与人事措施的协同
YDJR	引导措施与金融措施的协同
YDQT	引导措施与其他经济措施的协同

9.2.2　政策措施协同对京津冀农产品流通发展的影响

将京津冀农产品流通的农业产值作为因变量，各种措施与行政措施、引导措施之间的协同度作为自变量，对政策措施的绩效进行分析。在进行实证分析之前，需要检验数据是否平稳，如果不平稳则容易出现伪回归，故先对数据进行 ADF 检验。通过检验发现变量都是在一阶差分后平稳，再利用 VAR 中的 AIC 和 SC 信息准则确定滞后期数见表9.5 和表9.6。

表9.5　　　各种措施与行政措施协同对服务业发展的影响

变量	滞后期	系数	t 值	p 值
C		64.50451	2.236794	0.0326
GDP_{t-1}		0.962772	32.28076	0.0000
XZCZ	1	3.406873	2.976975	0.0056
XZRS	1	1.270490	0.760045	0.4530
XZYD	1	-0.413490	-0.708837	0.4837
XZJR	1	-6.377571	-2.550946	0.0159
XZQT	1	0.542629	0.501164	0.6198

注：①$R^2=0.992479$，Durbin-Watson stat = 1.311098；②置信区间为90%。

表 9.6　各种措施与引导措施协同对服务业发展的影响

变量	滞后期	系数	t 值	p 值
C		55.05665	1.680641	0.1029
GDP_{t-1}		1.027592	35.30388	0.0000
$YDCZ$	1	−1.905310	−1.180106	0.2469
$YDRS$	1	−5.422173	−1.329736	0.1933
$YDXZ$	1	0.818794	1.517412	0.1393
$YDJR$	1	0.183978	0.035871	0.9716
$YDQT$	1	−0.166306	−0.086125	0.9319

注：①$R^2 = 0.990236$，Durbin – Watson stat $= 1.265292$；②置信区间为 90%。

表 9.5 和表 9.6 分别表示各种措施与行政措施的协同、引导措施的协同对京津冀农产品流通发展的影响。从 R^2 与 D – W 检验来看，R^2 的值均大于 99%，DW 的值都在可接受的范围内，说明两个模型的拟合效果都较好。但是通过置信区间来看，表 9.6 的引导措施与其他措施的协同的置信区间都在 90% 之外，说明各种措施与行政措施的协同模型比各种措施与引导措施模型更好，这也是因为各种措施与引导措施的协同度较低导致的。滞后期的选择主要是参考 AIC 信息准则和 SC 准则，通过平稳性检验后得到的 AIC 和 SC 的结果都可以得到政策措施的滞后期均为 0 ~ 1 年，这也符合了显示生活中政策的滞后性，即说明了两个模型所表达的内容与现实情况是相符的。可以看出，首先，政策措施协同对于京津冀农产品流通发展整体上均具有滞后性，这和显示生活中政策发挥效应的滞后是相符的。其次，金融措施与行政措施的协同对于京津冀农产品流通发展具有阻碍作用，但金融措施与引导措施的协同对京津冀农产品流通发展具有促进作用，表明在实际的经济中，应该更多地将金融措施与引导措施协同使用，即史有效地发挥金融措施的作用，更好地促进京津冀农产品流通的发展。同样，其他经济措施与行政措施的协同对京津冀农产品流通发展有促进作用，但其他经济措施与引导措施对京津冀农产品流通发展却有阻碍作用，说明在京津冀农产品流通发展中应该更加注重其他经济措施与引导措施的协同，提高其他经济措施在京津冀农产品流通发展中的作用，以促进其发展。

进一步可以看出，财政措施、人事措施与行政措施协同对农产品流通发展具有促进作用，与引导措施的协同对农产品发展具有阻碍作用。说明财政措施和人事措施协同的效果比较好，人事措施主要体现在人员培训、成立小组实施行动等方面，说明在行政措施方面，人事措施效果明显；财政措施主要是补贴，对于一些行政措施中相关部门执行的补贴，效果会比较明显。

9.3 京津冀农产品流通效率提升的政策支持

从实证研究可以看出，技术创新能力不足是抑制京津冀农产品流通体系运行效率的重要因素。技术水平提高是北京农产品流通效率提高的重要原因。缺乏规模效应导致天津农产品流通效率不够高，技术创新能力不足导致河北省农产品流通效率较低。衡水市和石家庄市效率下降较为显著，技术创新不足是导致河北省 11 个地级市农产品流通效率低下的重要因素。劳动力素质、农产品流通资本投入、信息化水平、电子商务水平和物流配送程度对提高农产品流通效率具有积极作用。

从京津冀农产品流通政策的颁布情况来看，农产品流通政策的总数量在减少，但是政策的覆盖面逐渐增大，政策措施不断加强；部门协同发布的农产品政策中，大多数为通知类等力度比较低的政策，不利于京津冀农产品流通发展长期性、系统性、战略性目标的实现；行政措施与其他政策措施协同度最高，但我国政府也越来越认识到经济类措施的重要性。

因此应从宏微观两方面提出提升京津冀农产品流通效率的建议。

9.3.1 宏观层面

1. 重视京津冀农产品流通政策中金融措施和财政措施的运用

提升京津冀农产品流通企业的技术创新能力，单独依靠企业自身的力量很难实现，需要依靠国家政策支持。具体包括：①可设立专门基金对农产品流通企业技术创新给予资金支持和优惠。②对农产品流通企业技术创新给予税收优惠，比如三年内免税、五年内减税等。国有银行或其他银行对积极开展技术创新的农产品流通企业国家实行"贷款担保制"，适当放宽贷款金额和还款期限。

另外，政府要加大对技术创新的投入，为农产品流通企业发展提供外部动力。农产品流通企业单纯依靠自身力量实现技术创新困难重重，我国在技术创新方面的投入和效率与世界发达国家仍存在较大差距，因此政府要高度重视对企业技术创新方面的投入，建立和完善支持中小流通企业发展的科技投融资体系和风险投资机制，政府可根据农产品流通企业的技术创新程度和技术创新的带头企业给予资金上的奖励支持，尤其是将达到国际、国内和京津冀区域内技术领先水平的农产品流通企业给予资金和政策上的额外扶持。

2. 政府多采取引导措施鼓励农产品流通企业技术创新

政府通过采取引导措施，营造良好的技术创新环境，鼓励和引导中小型农产品流通企业通过技术创新带动农产品流通发展。营造良好的市场环境有助于农产品流通企业技术创新路径的实现。政府可联合农产品流通企业共同建设技术创新项目，鼓励和引导中小型农产品流通企业参与到项目中来，中小型农产品流通企业通过参与技术创新项目可以实现技术创新突破，通过技术创新带动服务创新，推动产业向价值链中高端跃进。

3. 注重财政措施和人事措施协同

加大财政资金的投入，注重人才的培养，尤其是要加大资金培养信息化方面的人才。信息化水平是影响京津冀农产品流通体系效率提升的主要因素，也是影响京津冀农产品流通企业技术创新的关键因素。一方面，深入推进科技队伍管理体制改革，营造良好的科研生态，提升流通企业的科技创新能力、释放流通科技人才创造活力，要把社会各方面的认识凝聚起来，形成合力，建立科技创新价值共同体，鼓励企业、大学、研究院所探索建立知识、技术、管理等要素参与分配的制度和措施，形成科研人员潜心向学、创新突破的长效机制。另一方面，要加强信息基础设施建设的资金投入，充分发挥优势，抢抓机遇在 5G 建设上先行一步，努力打造信息高速公路网，加强 5G、人工智能、物联网等新型基础设施建设，扩大高速率、大容量、低延时网络覆盖范围，鼓励流通企业通过内网改造升级实现人、机、物互联，为共享服务提供信息网络支撑，进一步提升信息服务水平。营造良好的环境可以提高农产品流通企业的吸引力，激发农产品流通企业从事技术创新的动力并形成集聚效应。当集聚效应形成且在正效应的路径依赖作用下，越来越多的农产品流通企业就会主动地开展技术创新活动。

9.3.2　微观层面

1. 企业应制定中长期的技术创新投入规划

农产品流通企业要实现技术创新就要加大对新技术的投入。而农产品流通企业运营的每一个环节——生产、运输、仓储、加工、配送需要技术创新投入，农产品流通企业的技术创新投入成本高、风险大，因此企业应制定中长期的技术创新投入规划，并具有承担风险的能力。人才是企业实现技术创新的核心动力，因此农产品流通企业技术创新投入除了资金投入外，还需要建立科学、合理的人才培养、使用机制，加大对技术创新人才的投入和培育，制定技术创新人员的培养和选拔机制，为企业发展提供长久的、持续发展的人才梯队，提升企业的竞争能力。

2. 企业注重技术创新与管理创新相结合

企业的技术创新是企业的"硬实力"，可以推动企业的创新能力，技术创新是一个淘汰旧模式，采用新模式的过程。管理创新是企业的"软实力"，可以调整技术创新带来的风险，有效地重组组织结构，及时地建立新技术的研发团队，激励员工更好地完成技术创新。管理创新能够为实现技术创新提供良好的保障和协调，对技术创新有着积极的推进作用，加快技术创新的进度，提高技术创新的水平，提高技术创新的质量和成功的概率。农产品流通企业连接生产和消费，更具沟通、协调和管理的优势。如果注重技术创新与管理创新相结合，就能够不断地提高技术创新能力。农产品流通企业的生存与发展需要技术创新与管理创新相结合，才能在竞争中获得优势，取得更高的市场占有率。

3. 企业注重技术创新与制度创新相结合

在农产品流通企业的发展过程中，企业的技术创新与制度创新是密切相关、相互依赖、相互辅助、共同进步的。农产品流通企业的技术创新建立在已有的技术水平之上，通过技术创新可以降低劳动和资本成本，增加产品的技术含量，提高工作效率，增加规模效益，技术创新追求持续突破，而制度的作用就是降低不确定的经济环境中的不确定性因素，农产品流通企业的制度建设具有稳中求变的特性，保持农产品流通企业技术创新与制度创新的互动能够推动企业健康快速发展。制度创新包括国家的宏观管理外部制度和农产品流通企业的规章内部制度等，完善的制度能够为农产品流通企业技术创新提供制度保障和稳定的创新环境，从而激发农产品流通企业创新的科研热情，有利于顺利开展技术创新。在当今激烈的市场竞争环境下，农产品流通企业只有牢牢把握自身的技术和制度基础才能突破自身特殊性，持续重建新的技术与制度。正确认识制度创新与技术创新的关系，构建激励技术创新的制度框架，农产品流通企业才能实现制度创新和技术创新的良性互动机制。

4. 企业注重技术创新与科研创新相结合

企业技术创新与科研创新从表面上看并无联系，但实质上却存在密不可分的关系。流通企业技术创新涉及面较为广泛，以企业自身的技术水平难以面面俱到，要在技术创新方面获得优势，需要与各大高校及相关科研院所建立长久的合作关系，实现产学研相结合，与科研创新机构建立一种合理的、长期的定向机制，一方面科研创新机构能够为企业提供技术和人才，另一方面企业能够为科研创新机构提供资金支持和研究项目。企业通过技术创新与科研创新相结合能够提高技术创新能力。农产品流通企业重视技术创新和科研创新相结合，不但可以分享科研创新机构的研究成果，而且可以获得一批有技术、有素质的科研人才和先进的科研创新成果，为农产品流通企业技术创新的实现提供长足的发展动力。

5. 企业重视技术创新路径相关环节的规划

很多流通企业往往采取临时性的、短期的技术创新计划，缺乏长期、总体的科学性规划，由于技术创新未来发展前景具有不确定性，一些流通企业对技术创新没有长远的路径发展规划，导致在市场变化中逐渐失去竞争优势，这种短视行为为企业未来的发展带来难以弥补的损失。流通企业作为消费与生产的中间桥梁和传输纽带，需要根据自身的企业特点和行业特色，合理地、科学地规划技术创新路径相关的各个环节。技术创新路径的规划与选择一定要遵循"动态变化"的原则，不断依据企业内部和外部环境的改变而调整和更新技术创新路径。

9.4　本章小结

本章对1978—2019年农产品流通政策从总体上演变、部门协同和政策措施的演变进行了分析，得出以下几点结论：第一，2010—2019年，京津冀农产品流通政策的数量开始减少，但是覆盖面逐渐全面；第二，在京津冀农产品政策的部门协同中，颁布政策最多的分别是北京市是粮食局、天津市粮食局和河北农业厅，这些都是农业发展的核心部门，颁布政策的数量都在50%以上。部门协同颁布的农产品政策中，大多数为通知类等力度比较低的政策，不利于京津冀农产品流通发展长期性、系统性、战略性目标的实现；第三，行政措施与其他政策措施协同度最高。但我国政府也越来越认识到经济类措施和引导措施协同的重要性；

第四，人事措施、财政措施和其他经济措施与行政措施的协同对农产品发展具有正向促进作用，金融措施与引导措施的协同对京津冀农产品流通发展具有促进作用。

从宏微观两个层面提出了要重视京津冀农产品流通政策中金融措施和财政措施的运用、多采取引导措施鼓励农产品流通企业技术创新、注重财政措施和人事措施协同、企业应制定中长期的技术创新投入规划、企业注重技术创新与管理创新相结合等建议。

第5篇 政策体系构建篇——流通服务业高质量发展的政策设计

引　言

　　通过"基础研究—路径选择研究—政策协同性研究—典型案例分析—政策设计"，本篇构建"新发展理念—创新驱动—政策协同支持"的政策体系为流通服务业高质量发展的实践提供有益探索。政策设计以"创新、协调、绿色、开放、共享"的新发展理念为引领，坚持创新理念作为驱动流通服务业高质量发展的第一动力，坚持协调理念构建流通服务业发展新格局，坚持绿色理念培育流通服务业发展新优势，坚持开放理念拓展流通服务业发展新空间，坚持共享理念提高流通服务业运行效率，在此基础上提出各区域流通服务业高质量发展路径实现的政策支持建议和配套政策，从理念树立、部门协同、措施协同、组织体系的构建、运行机制的完善和外部环境的营造等方面提出流通服务业高质量发展政策体系实现的条件保障。

第10章 流通服务业高质量发展的政策体系构建

流通服务业政策目标得到了大幅提高，流通服务业增加值规模不断扩大，但政策工具的协同差异较大，其中主要依靠行政措施来推动；政策部门协同在逐步加强，但政策力度偏小。为此，需要进一步提高流通服务业政策措施的协同度，加强政策工具间的相互配合，同时整合部门力量，实现孤立型政策向协调型政策的转型。

基于以上基础研究、路径选择分析、政策协同性研究和典型案例分析，提出我国流通服务业高质量发展的政策设计构想。

10.1 基 本 构 想

10.1.1 构建思路

以"创新、协调、绿色、开放、共享"的新发展理念为引领，以创新为第一驱动力，以政策协同为抓手，构建政策体系，推动流通服务业高质量发展，本着求真务实、资源有效配置、利益平衡的原则，通过打破区域壁垒、促进劳动力资本和物质资本等要素自由流动、突破技术壁垒等手段，探索流通服务业高质量发展的优化路径，并提出相关配套政策，以期推动形成降本增效、智能化、标准化的流通服务业发展体系。

10.1.2 主要原则

1. 求真务实原则

流通服务业的高质量发展要与其产业和资源禀赋的客观实际相符合，与其发展水平和阶段相适应，并且将其在生产—流通—消费各环节的实际运转情况有机地结合起来。实践中，对流通服务业的优化发展并不是推翻或颠覆原有的模式或机制，而是遵循求真务实的原则，提出阶段性切实可行的方法路径。

2. 资源有效配置原则

各区域应突破行政划分，树立区域观念，充分整合可利用的人力、物力、财力、基础设施及信息与管理技术等各项资源，提高资源的利用率，对流通服务业各项资源进行有效的优化，以此将流通时间进行压缩，减少流通损耗，降低流通成本，同时灵活运用闲置资源，互相补充和调度关键性资源及短缺资源，构建高效、合理的流通体系。

3. 利益平衡原则

流通服务业中包含批发零售、住宿餐饮、交通运输仓储邮政、物流、快递等众多流通主体，将这些主体连接在一起的最主要纽带就是利益。利益最大化是每个行业主体参与市场竞争的主要目的，如何处理好各个行业主体之间利益均衡分配问题，是流通服务业健康、有效发展的前提。因此在流通服务业高质量发展的过程中，应随着流通模式的调整，建立合理的利益分配机制，使各流通主体利益趋于平衡。

10.2 流通服务业高质量发展的政策设计

10.2.1 以新发展理念引领流通服务业高质量发展

在经济新常态下，流通服务业发展的环境、条件、任务、要求等都发生了新的变化。适应新常态、把握新常态、引领新常态，保持流通服务业持续健康发展，必须坚持正确的发展理念。

新发展理念是实现高质量发展的重要指引。新发展理念中的创新与开放理念有助于解决流通服务业高质量发展中存在的发展不充分问题。流通连接生产和消费，能够调节供需矛盾，实现供求平衡，形成合理的市场价格，促进社会资源的有效配置，具有价值实现与价值创造的功能。改革开放 40 多年，我国经济已经深度融入全球经济体系，并且积极参与全球经济治理。流通具有媒介全球生产与消费的功能，但是，也面临着诸如流通环节成本过高、流通效率低下等问题，这些问题都亟须运用创新与开放理念进行引导与破解。协调、绿色和共享理念有助于解决高质量发展中存在的发展不平衡问题。新时代我国流通服务业发展面临解决各个子行业、城乡及区域发展中各种失调失衡问题。只有将协调发展、绿色发展和共享发展相统一，方能最终有效解决这些不平衡、不协调问题。因此必须坚持以"创新、协调、绿色、开放、共享"的新发展理念引领流通服务业高质量发展。

1. 坚持创新理念作为驱动流通服务业高质量发展的第一动力

创新作为引领发展的第一动力，是全面深化改革、实现高质量发展的关键所在。流通服务业创新驱动可以从以下几个方面实现。

（1）理论创新驱动。理论来源于实践，又对实践具有反作用。过去过度强调生产对流通、消费的决定作用，而忽视了流通、消费对生产的反作用。流通经历了"无流通—轻流通—重流通"的发展历程。受计划经济影响，"重生产、轻流通"的现象依然存在，因此必须创新流通理论，清除"重生产、轻流通"的思想烙印。流通服务业已成为国民经济的基础性、先导性和战略性产业，要使该理论成为我们的行动指南。新时代流通领域是与互联网接触最早、融合最深、成效最明显的领域之一，"互联网＋流通"正成为大众创业、万众创新最具活力的领域，成为经济社会实现创新、协调、绿色、开放、共享发展的重要途径，因此需要按照新常态的要求进行战略谋划，加快形成创新驱动流通发展的新格局，加强互联网与流通的融合，进一步推进线上线下融合发展，有利于促进流通创新，推动实体商业转型升级，拓展消费新领域，促进创业就业，增强经济发展新动能。"互联网＋流通"行动计划是流通领域实现稳增长、扩消费、强优势、补短板、降成本、提效益的重要举措，从供需两端发力，改变流通的作业时间和流通半径，大幅减少中间流通环节，生产有可能直接对接消费，让随时随地消费成为常态，流通效率不断提升，流通成本不断下降。互联网与流通的融合发展也面临一系列问题，比如"最后一公里"物流滞后、信息基础设施建设有待加强、冷链仓配体系不完善等"硬瓶颈"以及商业诚信不健全、假冒侵权时有发生等"软制约"，特别是部分电子商务的低价无序竞争和缺乏诚信建设，给电子商务升级带来挑战。因此，实施"互联网＋流通"行动计划，是解决上述困难和问题的根本途径，能够推进流通创新发展，推动实体商业转型升级，拓展消费新领域，促进创业就业，增强经济发展新动能。在全面建成小康社会的决胜阶段，我国应加快流通理论创新，促进流通现代化早日实现。

（2）制度创新驱动。近些年来，国家越来越重视创新驱动流通服务业的发展，2012 年国务院出台了《关于深化流通体制改革加快流通产业发展的意见》文件。明确了以下几点：一是明确指出流通服务业已经成为国民经济的基础性和先导性产业，通过降本增效等措施全面提升流通现代化水平，到 2020 年基本建立起统一开放、竞争有序、安全高效、城乡一体的现代流通体系；二是体现了通过商流、物流、信息流、资金流四流合一的指导思想构建现代流通体系；三是提出通过信息化建设和物联网、互联网、云计算、全球定位系统、移动通信、地理信息系统、商品条码、电子标签等新技术改造和提升传统流通服务业，实施创新驱动的新模式，推动流通标准化；四是提出了由商务部牵头的全国流通工作部际协调机制。2016 年商务部等 10 部门共同颁布的《国内贸易流通"十三五"发展规划》，商务部、国家发展改革委、工业和信息化部、财政部、国土资源部、农业部、人民银行、税务总局、工商总局、质检总局 10 部门联合出台流通发展规划，体现了部门协同制定政策的制度创新，也充分说明国家重视流通服务业的发展。该规划提出创新驱动成为流通服务业发展的新动力，通过消费促进、流通现代化和智慧供应链等行动，推动流通大国向流通强国迈进，推动供给侧结构性改革，完善国内贸易流通体制机制，提升流通在经济发展中的先导性引领和基础性支撑作用。

（3）数字化、信息化等科技创新驱动。大数据时代的质量变革和效率提升都离不开科技创新水平的提高。坚持科技创新能够把握发展的主动权，为高质量发展提供战略支撑。必须高度重视科技创新，以现存的突出瓶颈问题、深层次技术难题等为导向，进一步完善科技创新体系，加大创新投入，鼓励技术攻关，加速各项技术向数字化、网络化、智能化转变，不断提升产业链、价值链，真正实现从量变到质变的飞跃。

《国内贸易流通"十三五"发展规划》提出要通过推动移动互联、云计算、大数据、物联网、虚拟现实、人工智能和区块链等先进信息技术在流通领域的创新和应用推动流通企业信息化建设，大力发展"互联网＋"车货匹配、"互联网＋"运力优化、"互联网＋"运输协同、"互联网＋"仓储交易等新业态、新模式，加快推进物流仓储信息化、标准化和智能化，推广应用高效便捷的物流新模式。通过搭建互联网平台，创新物流资源配置方式，实现货运供需信息实时共享和智能匹配，减少迂回、空驶运输和物流资源闲置。

新时代信息化、数字化已成为引领创新、驱动转型、塑造优势的先导力量，加快数字流通建设，积极发展数字经济，推动产业数字化已成为共识。流通服务业应该以习近平总书记关于网络强国的重要思想为指导，鼓励线上企业发挥技术和数据优势，赋能传统流通企业，推动"互联网＋流通"全面升级，加快新型智能商业基础设施建设，着力推动关键核心技术取得突破，推动数字经济与流通实体经济融合发展，大力推动流通领域数字化升级，推动建设高质量现代流通体系。

（4）供应链管理创新驱动。基于管理创新驱动的供应链是指为了最大化创造价值，供应链网络相关的所有参与者在产品、过程、市场、技术、资源配置及组织上进行从渐进到激进的综合性管理变革，供应链管理创新是供应链管理、创新管理和可持续发展三个领域融合，实现经济、社会和环境绩效的平衡。供应链管理创新的主体已经从单一的组织扩展到整个供应链的范围，供应链创新管理包含供应链网络中各利益相关方的需求、多种不同创新方式和内容，创新的结果是实现可持续发展的能力。供应链管理是创新活动的载体，可持续性是供应链创新活动的目标和结果，重点倾向于平衡经济、社会和环境三个维度的绩效，供应链参与者满足所有利益相关方的需求，在改善环境生态绩效和承担社会责任的同时改善供应链整体盈利能力。

企业与企业之间的竞争已成为过去时，新时代是供应链之间的竞争。党的十九大报告指出现代供应链是经济增长的新动能、发展的新动力。供应链创新要实现供应链、产业链、价值链协同发展，供应链、产业链、价值链是息息相关的，产业链是围绕供应链形成的，它是供应链的集成，供应链的优化、整合和提升就是产业链的升级，供应链的发展方向意味着价值链的发展方向，在供应链当中所处的地位、分工就意味着在价值链当中是否居于高处，以供应链带动产业链、价值链的发生，最终在每个行业的价值链当中找到属于流通企业的高端地位，至少是中端地位，而不是在低端。通过供应链管理创新从根本上解决流通企业高库存和资金周转慢等问题。

（5）结构调整创新驱动。流通服务业结构大体上包括所有制结构、流通主体结构、业态结构、城乡结构等。

①流通企业要一视同仁、平等对待。在国务院推进政府职能转变和"放管服"改革协调小组的统一领导下，建议由商务部牵头建立部门协同攻关机制，围绕流通市场主体关心关注的市场准入、产权保护、融资贷款、投资贸易便利化、政务服务、政策公开透明等，加快疏通制度瓶颈，切实帮助生产资料流通企业解决生产经营面临的问题和困难，改善优化营

商环境。

②城乡结构。我国城乡二元经济结构约束下市场分割环境明显，"重生产、轻流通"的观念影响了我国城乡一体战略的推进，也影响了我国流通组织的双向对接。在互联网时代，有效整合城乡流通资源，加强城乡流通网络一体化建设，打通城乡之间要素的流通，建立支持城乡双向流通的新机制，缩小城乡流通差距，促进城乡共同融合发展。

③流通主体结构。流通企业应以大企业为主导，以中小企业为主体，打造大中小企业协同共生的新格局。

④业态结构。鼓励购物中心、百货店等调整经营结构，从传统销售场所向社交体验消费中心转型。推动连锁化、品牌化企业设立社区便利店和社区超市，发挥终端网点优势，拓展便民增值服务。培育生活性服务新业态新模式，提升规范化水平，提高服务质量和经营效益。支持大数据、云计算、人工智能、无人科技等在流通领域的研发和应用，推动实体零售创新转型，探索电子商务、无店铺零售企业、智慧门店、无人商店等新业态模式。促进商圈内不同经营模式和业态优势互补、信息互联互通，构建线上线下融合发展的体验式智慧商圈。随着年轻一代消费群体的崛起，消费需求发生变化，鼓励视频直播、快手、抖音等网红经济的快速发展。

（6）生活服务创新驱动。要实现消费升级就需要扩大服务消费，引导流通服务业实现生活服务创新。

①引导流通企业增强品牌意识，夯实品牌发展基础，培育名店、名师和名品，推动中国产品向中国品牌转变，促进品牌国际化，提升产品附加值和软实力。利用互联网技术加强品牌推广，提升品牌知名度、美誉度，增加品牌附加值。健全流通企业品牌认定、管理、评价和保护机制，加强老字号保护和传承，扶持老字号企业创新发展。培育一批国家级示范商圈和老字号特色街区，形成商贸、旅游、文化、餐饮、康养千亿级消费市场，加快打造特色街区，鼓励休闲娱乐街、购物街、民族商品特色街、美食街的发展，严格规范商品特色街，打造食品亮证经营示范一条街，保证群众饮食安全。

②推动商业发展高端化，打造具有区域辐射力、国际竞争力的核心商圈，推动商贸、文化、旅游融合发展；支持鼓励顶级商圈大力引进品牌旗舰店和特色主题店，根据不同城市的居民消费水平，适度提高国际知名品牌入驻率。

③推动生活服务便利化，努力创造舒适便捷的生活环境。有序引导底

商向社区聚集，大力发展社区新零售服务体系，推广 O2O 社区商业模式，鼓励在社区布局一站式生活体验馆，大力建设社区集成化智能服务终端，提升市民日常生活服务的便利度。

④推动服务供给品质化，紧跟市民需求变化。将着力提高生活服务质量和效率，扩大有效和中高端供给，满足市民更高品质生活需求，推动旅游休闲服务、居民和家庭服务等提档升级，推进生活服务的精细化、精准化和人性化，推动文化服务、餐饮服务特色化发展。

⑤推动消费方式多样化，引领培育新型服务业。将大力发展体验服务、定制服务等新型服务业态，着眼新型消费市场。大力培育乡村旅游、体育赛事、商务展览、文化创意等绿色消费业态，打造绿色消费生态圈。

⑥鼓励大数据在餐饮中的应用，培育新餐饮服务。全国餐饮业在消费升级的推动下，以供给侧结构性改革为主线，创新发展，迈入高质量发展的新餐饮时代，融合体验、零售、跨界等元素的新餐饮尝试越来越多，并越来越多元化。随着追求新奇性、互动性、体验性的新生代消费群体成为消费主力，高体验式消费场景成为餐饮门店的新趋势。在餐饮业，除了为消费者进行精确画像从而进行精准营销之外，鼓励大数据应用于餐厅定位、选址、经营决策、营销策划、供应链、运营管理等领域，如星巴克利用大数据做新店选址、换季菜单；木屋烧烤通过大数据打造信息化组织系统，实现连锁体系的高效运行；味多美借助口碑大数据进行精准营销，并推出无人智慧面包坊；牛肉粉品牌"霸蛮"基于数据分析精准获取。

⑦发展饭店业特别是旅游饭店业，注重场景体验，融入真正的"人的体验"。饭店业逐步实现从标准化住宿向非标化、精品化、家居化转变。

（7）消费创新驱动。消费通过流通决定生产，消费的规模、方式、品种和消费的观念等都会对流通形成倒逼机制。从供给端看，技术创新、营销方式创新、商业模式创新和产品创新能够实现消费增长，尤其在信息消费、文旅消费、健康消费、服务消费、环保消费等领域都会出现新的消费增长点。注重产品的个性化设计，为年轻消费群体提供更具个性和时尚性的供给。引导传统产业升级换代产品，为中高收入群体提供更加安全、更为舒适美观、更有文化内涵的商品和服务。支持大型商业业态发展特色商品专营，设置进口商品专区和柜台，从传统销售场所向社交消费中心转型，提升中高端供给，吸引境外消费回流。从需求端看，支出负担过重的住房、医疗、教育等刚性消费对其他消费产生了"挤出效应"，居民的潜在消费需求无法全面释放。要多渠道促进消费创新，扩大内需，一方面，通过个税改革、完善社会保障体系等增强消费能力；另一方面，要针对不同的消费市场制定差别化的消费政策，满足不同收入群体、不同年龄结构、不同地域的消费层级需求。

（8）供给侧改革创新驱动。2015年11月中央财经领导小组会议首次提出"供给侧改革"，释放出中央新的经济政策出台的信号。加快流通领域供给侧结构性改革，优化流通供给，提高流通效率，降低流通成本，释放消费潜力，为我国经济稳定增长提供有力支撑。供给侧改革不能"重生产、轻流通"，供给侧改革不仅仅是生产领域等供应方面的改革，还包括流通领域各供应链环节上的制造商、代理商、经销商、批发商和零售商之间的交易行为、交易制度与交易方式的改革。我国流通领域中供给侧方面存在的主要问题是品牌商对终端市场价格的控制，多层次地区代理分销制导致的价格层层加码，以及零售商的代销制，导致了流通环节增加和效率低下。中国是制造业大国，但同类产品在国际市场和国内市场会出现国际市场价格远低于国内市场价格的普遍现象，造成中国的消费者到国外去大量购买中国制造的产品回国的怪现象。供应端流通领域的多环节和低效率现状造成的价格高是必须要进行大力改革的。

2. 坚持协调理念构建流通服务业发展新格局

（1）加强中央政府与地方政府以及各主管部门间的协调。一方面，流通服务业包括批发零售、住宿餐饮、交通运输仓储邮政等行业，是涉及众多部门的复合型产业，我国的流通服务业发展政策除由国务院发布外，还包括商务部、财政部、交通运输部、生态环境部等多部委以及地方政府，这使得流通服务业发展政策政出多门，很难保证政策的协调性和一致性。随着科技的发展及我国经济规模的不断扩大，出台的流通服务业政策将会越来越多，所涉及的部门也会越来越广，不同的部门间的协作分工会更加困难，无论是政策的制定还是执行都会有更大的难度。另一方面，我国流通服务业发展政策多以规划、通知、意见等形式出台，尤其是通知类政策比较多，政策力度低，实施对策多为原则性的指导，没有明确的量化目标，可操作性比较差，实施效果不理想。因此，在我国流通服务业政策制定过程中，有必要借鉴日本《综合物流施策大纲》等流通服务业发展政策的经验，在中央政府统一部署、统筹规划的基础上，加强中央政府与地方政府以及各主管部门的协作与配合，加强不同行政部门间的协调，不断深化其他部门与流通相关部门间协同的深度和广度，构建统一的流通服务业整体发展战略和目标规划，建立协调一致、操作性强的流通服务业发展政策。只有这样才能顺应时代的潮流，使所制定的政策对流通服务业发展起到更好的推动作用。

（2）建立政府、行业协会和企业共同组成的综合协调机制。流通服务业具有媒介生产和消费的功能，其功能作用的发挥涉及众多相关的产业和部门，现代流通服务业科技投入多、技术密集，需要在政府的宏观指导下由政府统筹解决、加强管理，牵头组织各部门之间通力合作，建立综合协调机制。同时还要发挥流通行业协会的重要作用，建立政府、行业协会和企业协商合作的综合协调机制，形成各有分工、各司其职的流通服务业管理机制。

3. 坚持绿色理念培育流通服务业发展新优势

绿色发展关注高质量发展中人与自然的和谐问题。通过绿色化服务促进传统流通服务业的转型升级，提升服务绿色化水平，培育新优势，提升服务质量和竞争力。

（1）完善绿色流通立法并建立激励与约束相融的绿色流通法律体系。近年来我国政府非常重视绿色流通的政策体系建设，相继提出了推进交通运输节能、发展绿色物流、实施绿色交通、支持物流业节能减排等的相关政策，2020 年 3 月，发改委出台的《关于加快建立绿色生产和消费法规政策体系的意见》（以下简称《意见》）提出，要完善绿色流通建设支持政策。加快建立健全快递、电子商务、外卖等领域绿色包装的法律、标准、政策体系，减少过度包装和一次性用品使用，鼓励使用可降解、可循环利用的包装材料、物流器具。健全再生资源分类回收利用等环节管理和技术规范。此外，《意见》还鼓励公交、出租、通勤、城市邮政快递作业、城市物流等领域新增和更新车辆采用新能源和清洁能源汽车。近年来，邮政快递业一直在推进快递包装绿色治理的相关工作。国家邮政局近期发布的数据显示，截至 2019 年年底，全国电子运单使用率达 98%，电商快件不再二次包装率达 52%，循环中转袋使用率达 75%，设置符合标准的包装废弃物回收装置的邮政快递网点已达 3 万个。

可以看出，我国政府非常重视绿色化的流通服务。但我国现阶段还缺乏绿色流通方面的法律规制，绿色流通的立法比较滞后，与当前快速发展的绿色流通极不适应。因此，借鉴日本等发达国家的经验完善立法体系，一方面在现有法律法规的基础上，应当从绿色运输、绿色仓储、绿色包装和绿色流通加工等具体的流通环节完善立法，建立有效的约束机制；另一方面应当完善绿色流通有关的政府采购、税收优惠、财政补贴等激励性法律制度，使流通服务企业有动力发展绿色物流，并且随着经济社会的发展及时完善立法、调整政策，保持政策的稳定性和连续性。

（2）重视绿色通道建设。绿色通道建设是一项跨部门、跨行业、跨区域的系统工程，"绿色通道"网络是由两条横向五条纵向通道构成的。绿色通道网络贯穿全国 31 个省（自治区、直辖市），覆盖了全国重要的商品生产基地和销售市场，为商品流通提供了快速有效的流通条件。近年来，绿色通道范围进一步扩大，减免品种进一步增加。"绿色通道"的开通，促进了商品的流通效率，弥补了商品尤其是农产品易腐易烂的特点，降低了农民的流通成本，进而提高了其收入，使农村经济进一步发展。根据《公路法》《道路交通安全法》《收费公路管理条例》等法律法规的有关规定，以提高鲜活农产品跨区域流通效率为重点，继续完善各项配套政策，积极稳妥地推进全国鲜活农产品流通"绿色通道"建设工作，切实改善鲜活农产品流通环境。

（3）倡导绿色零售。发达国家的绿色零售主要包括节能减排、绿色商品的培养及信息提供、绿色物流网三项工作，因此我国应借鉴发达国家的经验倡导绿色零售实践。

①尽快建立绿色零售企业标准，降低企业能耗。我国大型百货店和购物中心属于大型商场建筑，结构特点和能耗特点比较突出，单体建筑的层面积比较大，在运营过程中使用的各类用电设备繁多，与其他类型的大型公共建筑相比，大型商场建筑的用电能耗非常大，我国零售业节能潜力巨大。零售企业绿色化在于其采取绿色经营方式，在经营中节能减排、降低能耗，绿色零售企业的标准应以零售企业节能减排的标准为主。我国 2007 年修订的《节约能源法》规定国务院标准化主管部门依法组织制定并适时修订有关节能的国家标准、行业标准，建立健全节能标准体系。因此要建立健全节能标准体系，在此基础上再根据零售企业的特点制定符合零售业的绿色零售企业标准。

②尽快完善绿色产品标准。我国分别于 1988 年和 1990 年发布了《中华人民共和国标准化法》《标准化法实施条例》，但这些标准已经严重脱离实际，因此需要修订标准化法，不仅应将规范强制性标准，也应将与环保紧密相关的绿色标准纳入规范。首先，应对现行的《标准化法》中标准的划分作出调整，我国的《标准化法》与 WTO/TBT 协议中的标准划分不同，我国标准按属性分为强制性标准和推荐性标准，但没有明确绿色标准。因此，按照 WTO/TBT 协议将其划分为技术法规和标准是科学地规范

绿色标准的前提。其次，在修订时增加相关绿色标准的内容，确定绿色标准的制定主体，明确行业协会、科研机构及各相关利益团体在制定标准中的权利与责任，确保其科学性及公正性。

③倡导绿色物流。目前我国出台的物流政策主要以规划、意见或纲要为主，有关绿色物流方面的具体措施和实施细则比较少，针对绿色物流的法律法规有待建立和完善。应该针对绿色物流出台具体规划，为物流业的转型升级提供制度保障。以绿色物流为突破口，鼓励大中型企业通过兼并重组等方式开展全方位的绿色物流运作模式，并带动上下游企业发展绿色供应链，使用绿色包材，推广循环包装，减少过度包装，推行实施货物包装和物流器具绿色化、减量化。支持中小型企业发挥自身特色服务优势，解决"最后一公里"等问题。

加快车用 LNG 加气站、内河船舶 LNG 加注站、充电桩布局，在批发市场、快递转运中心、物流园区等建设充电基础设施。发展绿色仓储，鼓励和支持在物流园区、大型仓储设施的建设中应用绿色建筑材料、节能技术与装备以及能源合同管理等节能管理模式。应用"互联网＋"、大数据、云平台等先进科技与绿色物流活动的各个环节深度融合，开启万物互联的新时代。

4. 坚持开放理念拓展流通服务业发展新空间

中国流通服务业的开放，经历了商品开放、经营业态开放和中外资本完全开放三个阶段。流通服务业改革开放 40 多年，以市场主体实践探索、流通管理体制变革、商品流通理论创新、流通服务业全面开放为主线，取得了巨大成就。开放带来了中国流通服务业重大转变，实现了从买方市场到卖方市场的转变，商品业态实现从单一、传统到现代、多元的转变，商业模式实现从追赶者向引领者转变。

新经济时代，加快发展开放型经济，坚持"走出去"与"请进来"紧密结合，牢固树立开放是为了合作，合作是为了发展，抓开放就是抓发展，抓开放就是抓先进生产力的理念，从"外向型经济"向"开放型经济"转变，从"打开一扇窗"到"推开一扇门"转变。大力发展外向型经济，持续扩大对外开放。要转变发展观念，调整产业结构，大力发展商业综合体、商贸物流、电子商务，着力构建大枢纽、大商贸、大物流的高质量发展新格局。

借鉴美日发达国家的发展经验，借助电子商务搞活开放型经济，电子商务具有开放性、全球化、低成本、高效率等特点，它的应用加速了整个全球的商品流通。日本政府为了保证电子商务的顺利发展，修改和颁布了相关法律法规，开放了电信业和金融业。我国近年来也颁布了《关于跨境电子商务零售进口税收政策的通知》（2016）、《电子商务法》《关于促进跨境电子商务寄递服务高质量发展的若干意见（暂行）》（2019）等政策法规，这些政策的出台和落实加快了我国流通服务业对外开放的步伐。

特别要借助"一带一路"的建设，进一步推动流通服务业对外开放。为了共走开放发展之路，发改委和海洋局还制定了《"一带一路"建设海上合作设想》（2017）、《关于推进邮政业服务"一带一路"建设的指导意见》（2017）等政策。与发达国家相比，"一带一路"背景下我国流通服务业"走出去"具有政治优势和价格优势等；与发展中国家相比，我国流通服务业在技术、人才、资金等方面都具有相对比较优势。为更好地服务中国生产制造企业、服务贸易企业对外投资经营、参与"一带一路"建设，将我国流通服务业"走出去"纳入"一带一路"建设，努力适应开放型经济发展的要求，提升流通服务业对外开放水平，建议发改委、商务部、财政部等部门联合制定政策措施，给予流通服务企业"走出去"，在投融资、税收、人才培养与引进、信息技术等方面给予更大的支持，为流通服务企业创造新的发展空间，推动流通服务业融入全球供应链。在走出去的探索过程中，不断提高流通服务业的国际化、信息化和现代化水平。

5. 坚持共享理念提高流通服务业运行效率

（1）通过"新零售＋共享经济"实现生产——流通——消费三者的资源共享。为了解决全球资源禀赋差异的矛盾，用共享的理念聚集资源，用分享的理念优化资源、分配资源，实现共商、共建、共享、共赢。线上电商的流量对线下店铺产生挤出效应，同时线上电商市场已经趋于饱和，这为线上与线下协同发展提供了契机。新零售存在的意义便在于此，其一在于将线下零售线上化引导而提升流量，其二在于为线上电商完善实体服务能力，加强差异化竞争优势。共享经济模式的理念在于，抓住了商品使用者的碎片化需求，通过互联网平台来实现有序市场交易。随着我国经济的迅猛发展，城市生活节奏加快，消费者的生活半径转变为多点型，消费者的碎片化需求将得到重视。"新零售＋共享经济"提倡将生产商、流通商和消费者三者的资源共享，提升商品的制造效率、运输效率、销售服务和场景体验，通过共享资源，大大提高了流通的效率。

（2）鼓励共享配送。共享配送是在共享经济下、即时配送的创新模式，是一个连接配送服务需求方和供给方的信息平台。"配送员"与平台之间没有雇佣关系，可以根据个人意愿自由自愿接单。面对消费者越来越个性化的服务要求，共享配送作为主动适应消费升级形势的需要，旨在规范行业服务标准、信息共享以及促进行业发展。在新零售的发展过程中，配送是一个重要的环节，不仅影响着消费者的消费体验，也关乎企业形象。国家邮政局统计数据显示，即时配送的同城速递已成为流通服务行业增速较快的子行业，配送环节高质量、高效率的运行至关重要。尤其在农村流通发展过程中，比较突出的是"最后一公里"问题。农村电商刚刚起步，但农村地区"最后一公里"配送成为众多快递公司的痛点。由于配送货源不足、不稳定，单独配送成本相当高。采取"共享配送"，比如通过农村连锁超市与物流快速公司合作，配送超市货品的同时，完成快速公司在农村的快递收发业务，有效降低双方的物流成本。在市场竞争之下，有了规范的价格体系、信用体系、服务体系，共享配送才能让消费者满意。

（3）构建流通共享服务平台。整合资源，构建公共服务云平台，促进部门间信息资源开放共享，利用政府采购、服务外包等方式，推动第三方电子商务平台等机构开放数据资源，建立政府与社会紧密互动的大数据采集机制，扩大商务领域大数据应用。支持城市商圈智能化改造，促进商圈内不同经营模式和业态优势互补、信息互联互通，构建线上线下融合发展的体验式智慧商圈，加快发展智慧流通。

构建流通供应链共享服务平台。供应链系统开发是指商品到达消费者手中之前各相关者的连接或业务的衔接，是围绕核心企业，通过对信息流、物流、资金流的控制，从采购原材料开始，制成中间产品以及最终产品，最后由销售网络把产品送到消费者手中，将供应商、制造商、分销商、零售商、直到最终用户连成一个整体的功能网链结构。流通服务业从上游品牌商、下游终端再到消费者，通过强大的供应链体系能够实现各环节的整合与链接——能够帮助品牌商覆盖终端，帮助终端直接通过平台向上游采购，同时，终端可以直接跟品牌商互联互通。"流通引领新零售"理念强化流通供应链核心服务能力，面向传统零售门店、个人移动互联网创业者、商业机构提供共享服务平台以及链接技术，打造赋能服务平台，构建新流通"商业生态圈"。

（4）加强物流数据开放共享。推进公路、铁路、航空、水运、邮政及公安、工商、海关、质检等领域相关物流数据开放共享，向社会公开相关数据资源，依托国家交通运输物流公共信息平台等，为行业企业查询和组织开展物流活动提供便利。结合大数据应用专项，开展物流大数据应用示范，为提升物流资源配置效率提供基础支撑。结合物流园区标准的修订，推动各物流园区之间实现信息联通兼容。

10.2.2 创新驱动各区域流通服务业高质量发展路径实现的政策支持

各区域流通服务业高质量发展的路径大致分三步走：第一步，从"要素驱动型"转变为"制度依赖型"或"技术依赖型"；第二步，从"制度依赖型"转变为"技术依赖型"，这一步并非流通服务业高质量发展动力转换的必经阶段，但在流通服务业发展的过程中客观存在；第三步，从"要素驱动型"到"制度依赖型"到"技术依赖型"再到"创新驱动型"。

我国各省份目前流通服务业的发展阶段分别属于四个区间，"要素驱动型"增长（区间1），包括甘肃、青海、河南三个省份；"制度依赖型"增长（区间2），海南、山西、内蒙古、宁夏、广西五个省份；"技术依赖型"增长（区间3），福建、黑龙江、吉林、辽宁、河北、天津、重庆、贵州、湖北、湖南、江西、安徽、陕西、四川十四个省份；"创新驱动型"增长（区间4），包括北京、上海、广东、山东、江苏、浙江六个省份。

根据各区域流通服务业的不同增长阶段应采取不同的政策支持措施。

1. 对于"要素驱动型"增长的区域（区间1）

处于该区域的省份既可能没有制度优势也可能不具备技术优势，流通服务业高质量发展根据各区域的实际发展情况采取不同的步骤和实现路径，如果该区域通过提高制度质量明显改善了流通服务业发展，第一步就先由"要素驱动型"转变为"制度依赖型"，在第一步完成后，如果该区域能够通过自主创新实现流通服务业的快速发展，就直接从第一步到第三步，从"制度依赖型"转变为"创新驱动型"。

如果该区域通过提高技术创新水平明显改善了流通服务业发展，第一步就先由"要素驱动型"转变为"技术依赖型"，然后该区域通过突破制度限制，不断提高技术创新水平，直接从第一步到第三步实现创新驱动发展。

该区域流通服务业的发展目前主要依靠劳动力、资本和资源等传统要素投入，流通企业对低要素成本、高市场规模的需求更强烈，该区域的河南省是人口大省，长期维持"二三一"的产业结构模式，结构不合理，第一产业存在大量劳动力且大多技能较低，劳动力要素不能实现向流通服务业的有效转移。2020 年甘肃省是全国人均 GDP 最低的省份，甘肃省经济发展落后的主要原因是自然环境比较差，一面是寒冷的青藏高原，一面是寸草不生的戈壁沙漠。在"十三五"规划中，中央政府投入了大量资金在这些山谷间建设了高速公路、铁路和桥梁。在"十四五"规划中，政府承诺要让甘肃省每一个地级市都通上高速公路和高速铁路，即使如此，甘肃依然还有很多偏远村庄没有通上公路和桥梁。一个区域的政治稳定性、政府支持的程度等均属于制度质量范畴，制度质量的完善可以有效提升其他区域对该区域的投资促进效应。较高的制度质量可能会降低流通企业的经营成本和交易成本，有利于流通企业的发展。

该区域的政策环境和制度质量正在不断改善，在实现流通服务业高质量发展的过程中，一是流通企业要提高市场自主调节能力，处理好政府与市场的关系，另一方面政府要为流通企业的创新发展营造良好轻松的市场环境，壮大个体、民营和外资流通企业等非国有经济的力量，以市场经济机制鼓励各流通企业全面参与市场竞争，激发流通企业自主研发、全面创新的积极性与主动性；二是要提高政府支持的力度，中央和地方政府对这些区域应该给予更多的优惠政策，政府应加大对这些区域中的研究与开发机构的政府资金拨款，政府尤其要加大与技术创新相关活动的支持力度，良好的制度质量也是一个区域的一种比较优势，能够有效提高资源配置效率和促进区域流通企业的发展；三是要打破国内行政区域划分，消除地区产品市场和要素市场的地域分割，实现要素自由流动，降低交易费用；四是流通企业要培养自主技术创新能力，吸引资源从低效率部门向高效率部门转移，带动流通服务业实现创新驱动，实现高质量发展；五是实行供给侧结构改革旨在从提高供给质量出发，加快要素市场改革，矫正要素配置扭曲，弱化政府对要素资源的配置权力，扩大有效供给。

2. 对于"制度依赖型"增长的区域（区间 2）

处于该区域的省份存在制度优势，但可能不具备技术优势，创新驱动效应低。流通服务业高质量发展已经完成第一步，该区域具有明显的制度优势，技术创新与制度创新是流通服务业高质量发展的两大关键因素。其中，技术创新是内生动力，制度创新是外部诱因，因此政府要大力支持该区域技术创新研发活动，杜绝因"寻扶持"而仅仅追求技术创新的数量（如专利数量）的行为，增强创新成果的市场转化率，通过市场化和产业化最大限度地挖掘创新成果的潜在商业价值，释放高水平的技术创新质量，如果流通企业能够自主实现技术创新，通过提高制度质量极大地促进了技术创新能力发展，直接由第一步走到第三步，从"要素驱动型"到"制度依赖型"再到"创新驱动型"，通过技术突破转向创新驱动发展。

如果该区域通过提高制度质量没有明显改善流通服务业发展，就先由第一步走到第二步，从"要素驱动型"到"制度依赖型"到"技术依赖型"，通过适宜的制度支持，通过技术引进、模仿创新或协同创新，再通过技术突破、吸引高新技术转变为技术依赖型，由第二步走到第三步，实现创新驱动发展。技术创新与制度质量创新是流通服务业高质量发展的两大关键因素。其中，技术创新是内生动力，制度质量创新是外部诱因，制度质量创新往往滞后于技术创新。实现技术突破，通过技术创新最终实现创新驱动对流通服务业高质量发展的带动作用。

3. 对于"技术依赖型"增长的区域（区间3）

处于该区域的省份存在技术优势，创新驱动效应高，但可能不具备制度优势。流通服务业高质量发展已经完成第一步，从"要素驱动型"转变为"技术依赖型"。该区域具有技术优势，可以通过突破制度限制转向创新驱动发展。技术优势对流通服务业高质量发展的作用固然重要，但离不开适宜的制度环境。因此该区域在以技术创新推动流通服务业高质量发展的过程中，制度要通过不断进行自我调整、自我革新为技术创新营造良好的环境，诱导和激励技术创新对流通服务业高质量发展的积极推动作用。要加快市场中介组织建设和法律制度环境建设，为推动流通服务业高质量发展提供完善的组织保障和法律保障。

技术创新具有多元化、非线性和系统性特征，是对未知事物的探索，要从法制保障和管理机制上，为创新者自由探索营造良好的环境氛围，营造有利于激励创新的制度环境。重大技术创新的组织实施，投入大、周期长、风险高，非一般企业所能决策和承担，要落实政府的引导责任，需要政府的战略判断和协调。要积极转变政府职能，从关注技术转向强调创新、从注重管理转向完善治理，要围绕创新链，建设创新功能性平台，大力扶持和培育创新服务机构，以市场最认可、企业最需要的方式，推进技术成果转移转化，促进大众创业、万众创新。要改革创新导向的制度体系，建立健全激励创新的税收、贸易、技术和人才制度，构建完善市场制度、创新政策和政府监管的"创新三角"。

一般而言，制度的约束程度要得当，适宜的制度才具有较高的质量，规制太多会束缚流通服务业发展，规制不足又难以遏制问题的滋生；制度引导力度过小，难以形成产业发展凝聚力，引导力度过大，可能使流通服务业发展失衡。

4. 对于"创新驱动型"增长的区域（区间 4）

处于该区域的省份既存在技术优势，也具备制度优势。流通服务业已接近高质量发展阶段，要继续发挥创新驱动的作用。流通服务业高质量发展的关键在于流通企业形成创新驱动能力，吸引资源从低效率部门向高效率部门转移，带动流通服务业产业结构优化升级。创新驱动是推动流通服务业高质量发展的有效途径，随着中国经济步入新常态，流通服务业高质量发展要从要素投资驱动、制度驱动、技术驱动最终转向创新驱动，主动适应和引领经济发展新常态，坚持以创新驱动为中心，推动流通服务业高质量发展。

北京、上海、广东、山东、江苏、浙江六个省份的流通服务业实现创新驱动发展是有基础和条件的，这些区域的人均 GDP 水平、资本投入水平、人力资本存量已经远远高于全国平均水平，很多区域已接近和达到发达国家水平，这是实现创新驱动发展的基础。上海、江苏、浙江属于长三角区域，该区域科教资源丰富，长三角是中国大学最多的区域，也是研究性大学数量最为集中的区域，中科院研究所聚集了大量的科学家。这些区域可以更好地整合创新资源，充分利用本地的科教资源，实现本区域内部创新资源的合理流动和配置，地方政府具有强劲的推动发展的能力，苏南模式的明显特征是强政府和强市场的结合。这些区域既有政府的条件，又有企业的条件，还有科教资源的条件，因此政府要充分利用这些良好的基础条件和优势，率先引领实现更高级别的创新驱动发展，为其他区域流通服务业的发展起到带头和示范作用。

5. 各区域流通服务业高质量发展其他路径选择的政策支持

以上根据各区域流通服务业的"要素驱动型""制度依赖型""技术驱动型""创新驱动型"四种不同的增长阶段分别指出了路径选择的不同政策支持侧重，但是全国各区域这四种增长阶段类型的划分是根据实证分析得出的结论，由于受数据和选取指标的限制，实证分析的结论有可能与各个区域的发展实际状况和发展阶段有出入。另外，除了这些路径外，流通服务业也可能通过其他路径实现高质量发展。除了制度质量和技术创新因素外，还有其他因素也会影响流通服务业的高质量发展，因此各区域流通服务业在高质量发展的实践中，除了参照以上所提出的路径选择外，还要根据各区域的发展实际情况，结合该区域的制度环境、技术创新等实际情况，采取有针对性的政策措施，只有这样才能真正实现流通服务业的高质量发展。

10.2.3 政策协同促进流通服务业高质量发展

2017 年中央经济工作会议提出了宏观调控要更加强调政策的连续性、稳定性与协同性，这是高质量发展的实现手段。通过政策协同支持促进流通服务业高质量发展。

1. 部门协同、措施协同

从部门协同来看，掌握行政和经济资源的部门处于部门协同的核心地位，与流通服务业发展密切相关的主管部门不掌握足够的经济和行政资源。虽然参与政策颁布的部门众多，但各部门参与积极性较低，整体效率不高。联合制定的流通服务业发展政策中，大多为通知类等力度较低的政策，不利于流通服务业发展长期性、系统性、战略性目标的实现。从措施协同来看，流通服务业发展政策措施协同不断加强，行政措施处于主导地位。我国流通服务业发展政策正逐步由依靠单一政策措施向综合利用多种政策措施转变，且行政措施与其他政策措施协同度最高，即我国流通服务业发展政策目前主要依靠行政措施来推动。从措施协同的有效性来看，金融措施与行政措施的协同对流通服务业发展具有阻碍作用，但金融措施与引导措施的协同对流通服务业发展的促进作用相对较为明显；人事措施与行政措施对流通服务业影响滞后比较明显，但人事措施不论与行政措施的协同还是与引导措施的协同对促进流通服务业发展的作用都比较明显。

因此，在制定流通服务业发展政策时，要赋予流通服务业主管部门如商务部、交通运输部等部门足够的权限，提高其参与联合制定政策的积极性，提高政策的执行效率。全面深化改革，加强颁布流通服务业发展政策措施的协同力度，推进国家治理体系和治理能力现代化。新时代全面深化改革呈现出许多新的内涵和特点，政策制定分量更重。对政策制定顶层设计的要求更高，对政策制定的系统性、整体性、协同性要求更强，相应地政策措施的协同、构建完善的政策体系的任务更重。综合运用各种流通服务业政策措施之间的协同来推进流通服务业的发展。流通服务业发展政策的制定要综合考虑各种政策措施的运用，特别是金融措施与引导措施、人事措施与行政措施等要协同发力，共同服务于实体经济。我国流通服务业领域需要平衡促内需、调结构、稳增长、防风险等多元目标，单独依靠某一种政策措施都无法实现，政策措施间必须紧密配合，协同发力，共同推进流通服务业发展，即需要更好地发挥金融措施的作用，加大对流通服务业人才的培养力度，推动我国流通服务业更好的发展。尤其在"一带一路"建设背景下，完善金融服务政策，全力支持亚投行建设，为我国出口提供全方位的金融服务。

2. 不同子行业采取不同的政策措施协同

由于各政策措施之间的协同对不同子行业具有不同的效应，应当针对不同的行业做出区分。

（1）对流通服务业整个行业而言，对税收都比较敏感，减税等积极的财政政策对流通服务业的刺激效果明显，财政措施与行政措施的协同使用能够极大地促进流通服务业发展。金融措施主要体现为信贷支持，由于流通服务业中大型企业相对较少，以中小企业为主，难以获得信贷支持，对于已经获得信贷支持的大型流通企业而言，自身的债务风险也随之增加，经营成本增加，经营风险扩大，甚至有些企业可能将资金挪作他用，不利于流通服务业的发展。

（2）加强部门协同颁布政策，促进批发零售业新业态新模式发展。虽然政府部门协同颁布批发零售业的政策较多，但是与交通运输部门相比，京津冀批发零售业政策协同度偏低，政府部门应该重视关于政策协同带来的政策效力，重视各部门协同颁布政策，"十四五"期间，加强关于现代批发市场和新零售方面的政策支持力度。推动传统批发市场触网升级，建设现代化商品批发市场，构建高效配送网络体系，降低流通成本，提高流通效率。鼓励发展新零售、移动支付、网红带货、首店经济、宅经济、无人配送、直播零售等新业态新模式，建设智慧商店、智慧商圈、智慧街区，完善城乡商业网点布局，推进社区便民商业网点建设，发展连锁经营、小店经营模式，健全鼓励消费的政策体系，创新消费金融。培育做优平台企业，加强线上线下消费融合，发展无接触交易服务，推进传统商圈改造，推动实体商业创新发展，打造一批购物小镇，提升特色商业街品质。

加强批发市场尤其是农产品批发市场管理转型升级，推动主要批发市场"批零分开"。深入贯彻落实"十四五"流通体系发展规划，推进大型农产品批发市场建设，进一步提升生活必需品及应急物资供应保障能力。在农产品批发集散功能基础上强化公共物流配送功能，发展形成"批发集散＋电子商务＋物流配送"的现代化农产品流通枢纽。完善多层次商贸物流节点网络，支持农产品冷链设施建设，推动商贸物流信息化、标准化、智慧化发展。

在抗击新冠肺炎疫情的大背景下，压紧压实商业服务业防疫责任。滚动修订批发市场等行业防控指引，落实各方责任，通过日常巡查、驻场督查等多种方式，落实测体温、佩戴口罩、一米线、限客流、通风消毒等措施，织密疫情防控大网。

（3）赋予住宿和餐饮业相关部门更多的权力，提高政策制定的力度。住宿和餐饮业的政策数量呈阶段性变动趋势，政策总效力与政策数量趋势变动一致。但总体而言，地方政府政策总效力的提高并不是由于政策力度的提升，很大程度上是因为政策数量的增加。各部门之间协同程度呈周期性变动趋势，从长远来看部门协同已成为必然。在部门协同中，不同地区之间基本没有部门协同效应。因此要完善地方政府之间政策制定的沟通对接机制，建立住宿和餐饮业之间协调运作机制，同时应加强相关部门如中国饭店协会的监管，提高政策力度，调动各部门参与联合政策颁布的积极性。中国饭店协会是全国饮食服务业标准化技术委员会秘书处所在单位，可牵头申报国家标准、国家行业标准，可作为行业组织发布团体标准、沟通协调相关部门制定住宿餐饮业相关政策。"十四五"新阶段，要以质量品牌为重点，促进消费向绿色、健康、安全发展，鼓励消费新模式新业态发展是饭店餐饮业"十四五"时期的发展总要求。《中共中央关于制定国民经济和社会发展第十四个五年规划和二〇三五年远景目标的建议》中指出，推动绿色发展，为住宿餐饮业绿色发展明确了坐标。同时，国家相关部门出台的相关规定，又为住宿餐饮行业绿色发展设置了"高压线"。新版限塑令、生活垃圾分类、禁食野生动物等相关法规的实施，给住宿餐饮企业经营带来不小的挑战。住宿餐饮业绿色发展既是趋势，又是作为民生产业的责任担当。中国饭店协会作为践行绿色发展的倡导者，一直大力引导行业绿色发展。国家要鼓励支持中国饭店协会等相关部门多开展关于住宿餐饮方面相关的活动，赋能住宿餐饮企业绿色发展。

（4）加强部门协同，实现交通运输仓储邮政业深度融入内外循环。"十四五"时期交通运输仓储邮政业将深度融入内外循环，绿色化智能化可期。内循环上，要支撑起世界第二大经济体的运转，"十四五"的交通运输将通过建立现代化高质量综合立体交通网来实现扩大循环规模、提升循环效率、降低循环成本。现代化的交通体系继续深化，助力区域/城市群一体化发展，扩大循环规模，to B 物流如化工物流和合同物流将受益于产业升级和降本增效需求，而 to C 物流如快递快运、即时配送都会持续受益于内生需求。外循环上，国际通道的打通将促进中国出口，跨境电商发展将成为重点。在内循环和外循环的体系之上，碳中和驱动交通运输绿色化，科技赋能推动交通运输智能化。因此，各部门要充分发挥本部门的优势，协同制定交通运输仓储邮政业的政策，真正实现交通运输仓储邮政业深度融入内外循环。

建设现代物流体系是构建以国内大循环为主体、国内国际双循环相互促进新发展格局的重要组成部分，并为之提供有力支撑。现代物流体系既包括硬件基础设施，也包括标准兼容、软件联通；既包括海陆空铁多种运输方式，也包括仓储集散、联运转换和调度中心；既包括专业运输，也包括金融、信息等专业化服务。各组成部分、构成要件之间需要协调。

完善现代商贸流通体系，培育一批具有全球竞争力的现代流通企业，支持便利店、农贸市场等商贸流通设施改造升级，发展无接触交易服务，加强商贸流通标准化建设和绿色发展。加快建立储备充足、反应迅速、抗冲击能力强的应急物流体系。

建设统一开放的交通运输市场，加快建设交通强国。要形成内外联通、安全高效的物流网络，要塑造市场化、法治化、国际化营商环境，要培育一批具有全球竞争力的现代流通企业，开放建设、开放发展非常关键。在做好内部网络完善、效率提升的同时，需以构建人类命运共同体为长远目标，依托"一带一路"和六大经济走廊合作，坚持互利共赢和共建共享原则，完善畅通内外连接通道，内外协同服务我国高质量发展。

建设现代化综合交通运输体系，推进各种运输方式一体化融合发展，提高网络效应和运营效率。完善综合运输大通道，加强与周边国家互联互通。构建快速网，完善干线网，加强邮政设施建设，推进城市群都市圈交通一体化，提高交通通达深度，推动区域性铁路建设，加快沿边抵边公路建设，继续推进"四好农村路"建设，完善道路安全设施，推进中欧班列集结中心建设，深入推进铁路企业改革，推动公路收费制度和养护体制改革。

10.2.4 流通服务业高质量发展的配套政策

1. 财政税收支持政策

在流通服务业发展政策的制定与实施过程中，长期存在"重工轻商"的政策歧视现象。中央和地方预算中对流通服务业的资金支持不足，因此要加强财政资金支持力度。积极发挥中央和地方政府投资的促进作用，注重扶持政策结构及类型的优化，减少无偿的资金支持，重点支持公益性流通设施、流通供应链的信息化基础设施、物联网和区块链技术应用的设施体系、绿色流通、农产品和农村流通体系以及中小流通企业发展等，推动物联网、移动互联、云计算、大数据、人工智能和区块链等技术在流通领域的创新和应用。完善公益性流通设施投入长效机制，完善流通体系的基础设施布局，把资金投入流通的高效率环节中，建立重要产品追溯体系长期性资金保障机制，更多地实施税收优惠和贴息贷款等政策，通过财政支持、政府补贴等方式，吸引更多企业参与商品流通，促进商品增值，增加商品流通各相关主体的利益。

引导社会资金投入，鼓励社会资本设立流通发展产业投资基金，支持传统流通企业转型升级，促进实体经济发展。地方政府加大财政资金支持力度，培育现代新型农村流通主体，促进小微流通企业的快速发展。

落实减税政策措施，切实降低流通企业的运营成本。营造线上与线下流通企业公平竞争的税收环境。对于符合技术先进型服务企业认定条件的流通企业，按规定程序认定后依法享受相关税收优惠政策。对于规范的合作经济组织尤其是农民合作组织实行免交所得税、附加税和减免营业税等不同程度的税收减免优惠政策，并逐步向免交一切税赋的国际惯例靠拢。

2. 金融支持政策

加强信贷支持同时加强监管以促进商品流通体系相关金融体系建设。鼓励银行业金融机构针对流通产业特点，对现代流通体系建设予以政策倾斜，重点支持各类平台经济，鼓励综合型和专业型产品交易平台、现代物流服务平台、社区综合服务平台等发展，推进电子商务示范基地建设，推动共享经济快速规范发展。

拓宽各类流通企业的融资渠道，对于符合条件的大型流通企业支持其上市融资。对信用记录良好、市场发展潜力大但资金短缺问题严重的各流通主体给予资金支持。鼓励各类金融机构加大对基础设施尤其是农村基础设施建设、科技成果转化和农业产业化等项目的金融信贷支持。稳步推广供应链金融，开展消费金融公司试点，鼓励金融机构创新消费信贷产品和服务模式。

加大农村流通体系建设的信贷支持力度。农业发展银行可加大对农村流通基础设施建设的支持力度，完善农村基础设施建设的信贷操作程序。

各类农业银行可以尝试通过各种金融工具吸收农村居民的储蓄，加大支持农产品流通力度。农村信用社可开发针对中小农户的信贷产品，扶持农村合作经济组织的发展。

3. 优化土地要素支撑政策

长期以来，在土地资源的使用上，流通服务业的成本都高于工业企业。政府应加大对流通企业的用地需求支持力度，优先保障农贸市场、乡镇商贸中心等设施用地需求，鼓励各类市场主体在不改变用地主体、规划条件的前提下利用存量房产等土地资源发展现代流通服务业。保障国家重要商品储备库等公益性流通设施用地。对符合规划要求的农产品流通设施建设项目，加快用地审查报批，保障项目依法依规用地。建立听证和通报等制度，完善大型商业设施的开发预警机制，加强对流通服务业的用地用途监管。

4. 法律法规

我国经济已由高速增长阶段转向高质量发展阶段。高质量发展的重点是注重创新发展，要促进流通的创新发展，必须理顺政府和市场的关系，通过深化体制机制改革，发挥流通主体的积极性和主动性。要引导各类流通主体顺应消费提档升级的大趋势，运用大数据、区块链和云计算等先进的信息技术，搭建更多的流通平台、形成更多的新业态和新模式，推动流通新业态新模式快速发展。但流通连着生产和消费，中间环节多、成本高，要充分发挥好流通引导生产、促进消费的重要作用，仅仅依靠流通领域各个主体的力量很难实现，这就需要政府力量的介入，通过制定相应的法律法规，在实现流通创新的同时，还要引导流通规范发展。

具体而言，一方面，积极推动商品流通法立法进程，坚持中央立法与地方立法相结合，鼓励地方在立法权限范围内先行先试，确立商品流通保障、流通基础设施建设、流通行业发展以及市场监管等基本制度。这方面可以借鉴日美韩等国外相关的立法，如韩国的《中小企业结构调整与搞活零售市场的特别措施法》，日本的《百货店法》《大规模店铺选址法》，美国的《商品交易法案》《电子商务法》等。另一方面，发挥政府宏观调控职能，通过法律法规和相关政策措施规范各类流通主体的行为，如规范零售商和供应商交易行为，建立平等和谐的零供关系。完善信用信息采集和信息披露等制度，加快商业诚信体系建设。细化部门职责分工，堵塞监管漏洞。规范农产品市场的交易主体行为和交易对手方的行为，提高农户在流通市场中的地位，严防因信息不对称产生欺诈行为。

10.2.5　其他流通服务业发展政策

1. 强化流通体系的支撑作用

习近平总书记在中央财经委员会第八次会议上强调，流通体系在国民经济中发挥着基础性作用，构建新发展格局，必须把建设现代流通体系作为一项重要战略任务来抓。深化流通体制改革，畅通商品服务流通渠道，提升流通效率，降低全社会交易成本。对标国际先进规则，加快构建国内统一大市场，促进不同地区和行业标准、规则、政策协调统一，有效破除地方保护、行业垄断和市场分割。

2. 提升行政服务便利化水平，为流通服务业发展提供效率保障

"十三五"时期是"两个一百年"目标的交汇期，是全面建成小康社会进入决胜阶段，流通服务业更应该充分发挥基础性先导性的作用。在政策制定过程中，应以提质增效为中心，广泛应用新一代信息技术，对流通体系进行优化升级，进一步提升流通服务业现代化水平。自党的十八大以来，以简政放权为核心的行政审批制度改革初见成效，但在简政放权的过程中各级政府存在权限下放不彻底，简化减少的主要是非核心权力。比如新零售采用的是"线上＋线下＋物流"的新模式、新业态，以大数据和云计算等为依托，实现"线上＋线下"的双向融合。但实体零售在各地开店、证照办理上，营业执照办理、银行开户和税务登记等需要多项文件，各省有各省的政策、各市有各市的规章、各区有各区的流程等现象，增加了零售企业的运营成本，降低了运营效率。因此应该转变政府职能，深化行政审批制度改革，进一步深化商事制度改革，优化营商环境，积极推行"五证合一、一照一码"，加快推行电子营业执照，为流通企业开办和成长提供便利化服务，降低创业准入的制度性成本。优化政府服务，推行"互联网＋政务服务"，提升服务水平和效率。

3. 赋予流通服务业主管部门更多的权力，加大流通服务业政策制定的力度

这些年来我国流通服务业发展政策颁布的数量不断增多，政策总效力不断增强，但政策制定力度有待提高。我国流通服务业发展政策总效力和颁布政策的数量在波动中总体呈上升态势，说明我国越来越重视流通服务业发展，但政策总效力的提升主要源于政策数量的增加，而非政策力度的上升或政策措施的加强，即我国流通服务业政策制定的力度不够高。因此要赋予流通服务业主管部门更多权力，加强流通服务业政策制定的力度。

在联合制定流通服务业政策的过程中，服务业主管部门由于权力资源的限制往往受制于掌握资源的核心部门，而有些部门的参与仅仅是为了争取更多经济、政治利益，因此制定的政策数量虽多，但如法律、国家层面的条例和纲要等较少，政策力度普遍偏低，从而影响实施效果。为了提高流通服务业发展政策部门协同的有效性，建立与国际接轨的流通服务业标准体系，应该赋予流通服务业主管部门更多经济和行政权力，使其积极参与本行业政策的制定，加强政策制定力度。

4. 从流通主体、客体、载体、渠道、流通环境等方面完善农产品流通政策

（1）促进流通主体发展。

①鼓励农产品批发商之间的合作。农产品流通主体行为会显著影响农产品的流通效率。通过实地调研发现，受访的农产品批发市场中买卖双方之间的交易大都较为松散。一方面，农产品批发市场缺少相关的市场规范文件对农产品批发商进行约束。另一方面，批发商户仅仅依靠其地缘关系来培育上下游主体之间的合作关系，对违规方的约束力度薄弱。当前的农产品流通主体间的合作规模都不大，很难形成规模效应。因此，需要完善农产品流通主体的合作机制，加强各流通主体之间的合作关系，提升农产品流通主体的表现。在具体政策的实施上，政府部门应着重完善农产品批发市场内部秩序，促进农产品批发市场经营的规范化，规范农产品批发商的经营与管理行为。此外，应对不同流通主体出台相应的保护其合法权益的法律法规，并提升流通主体间的合作水平，从而提升农产品流通效率。

②促进农产品批发商经营的规模化发展。由于农产品的价格较低，因此增大自身的经营规模是各流通主体提高经济收益的主要途径。规模化经营不仅能够增加批发商的经营利润，而且有利于提升京津冀农产品的流通效率。因此，政府部门应当充分重视农产品批发市场在农产品流通中的核心作用，并充分保障和增大农产品批发商经济利益，增大对农产品批发商的扶持力度。在具体政策上，政府可以利用政策补贴、税收优惠等措施来促进农产品批发商的规模化发展，支持农产品批发市场的升级改造，从而提升京津冀农产品流通效率。

③着力培育市场主体规模化和高质量发展。农产品流通体系中的流通主体数量巨大，其实力和发展质量是关乎农产品流通体系运行情况和农产品流通效率的重要力量，现代化农产品流通体系的建设对流通提出了更高的要求。目前来看，农户的分散生产状态不会有太大改变，但要通过有计

划地培育和发展运营规范的新型农业合作组织的壮大，有效提高农产品流通主体的组织化程度和整体实力，合作社代表农民的利益，实力强大的合作社可以使农产品在首次交易阶段更具话语权，可很大程度上保护农民的利益。对于农产品低价销售问题，甚至进大城市难的问题，专业化、懂市场的经纪人队伍可起到传递市场信息、指导农业生产的作用，以避免盲目生产。另外，针对消费者日益增加的个性化、特色化产品的需求，经纪人队伍作为供需的直接纽带，可为小批量、定制化农产品的流通打开通道。具有强大的经济技术力量的农业流通龙头企业往往具有品牌优势，凭借其先进的技术系统，庞大广泛的市场营销网络，更容易获得优质的、大额的订单，因此鼓励众多微小企业合并，或大规模企业收购、并购微小企业，提高企业集中度，打造"领头羊"企业对于发挥集群辐射作用和提高产业整体实力举足轻重。而农产品流通批发零售商应考虑购进农产品的量和结构的问题，通过引进大数据、前置仓、市区配送中心等先进技术和方法，实现精准供应和配送。

④促进龙头企业、农村合作组织建设。加大政策支持力度，培育一批骨干龙头企业，龙头企业一般都具有明显的优势，如企业资金技术优势和信息优势，能够及时获取市场最新行情从而对农业生产进行指导，促进产销对接，以市场需求指导生产，保证农产品生产的销售条件，减少农产品过剩等损害农民利益和资源浪费情况的发生。另外，要促进农村合作组织建设。农村合作组织能够保证农民利益，合作组织在议价权等方面相较于农户个体而言居于有利的谈判地位。

⑤培养创新人才，为高质量发展增添活力。人才是科技发展的根本，是科技创新的关键。随着"互联网+"推进和农产品电子商务的发展，农产品流通服务业对农产品流通从业人员的素质要求越来越高。科学知识的学习是提高农产品流通从业人员专业素养的一个必要手段，农产品流通各环节企业应大力引进高学历、高素质人才，提高从业人员的整体质量。无论是农民还是企业，应通过各种形式加强对流通知识和理论的学习，可以由政府或企业举办讲座，邀请农业生产技术人员、高素质经验丰富的流通服务业技术人员对其进行技术指导和学习交流。例如农民不仅仅只掌握种田的技能，同时应当考虑减少化肥和农药的使用，以实现绿色种植；要注重考查市场需求和变化，及时调整农作物的种植结构，以提高有效供给。农产品流通企业应学习先进的农产品流通管理技术，掌握低消耗的仓储和运输技术，提高供应链管理绩效；积极打造和发扬独立品牌，提升产品附

加值和知名度。

通过企业与高校和科研院所的合作与交流，把高端人才、技术人才、管理人才等引进来，建立良性的人才培养机制，促进农产品流通的专业化人才培养，实现农产品流通专业化，在不断促进技术创新的同时，能够实现企业人才培养和对接，实现双方共赢。鼓励在职职工走进校园再学习、专业素养再提升。另外也要促进农产品流通人才的国际交流，重视对农产品流通人才的国际化培养，不断借鉴发达国家先进经验，在合作中促进农产品流通体系创新发展。

各流通服务企业要加强人才队伍建设，注重识别、培养、凝聚人才，为人才提供交流学习的机会、展现自我的平台，建设一支专业水平高、综合能力强、富有创新精神的人才队伍，为高质量发展提供强大引擎。

（2）提升流通客体的品牌优势。提升流通客体的品牌优势主要从以下几个方面着手。

①着力培育龙头强品牌。大力发展农业产业化龙头企业、农民专业合作社、家庭农场等新型农业经营主体。重点培育市级以上重点龙头、农民专业合作社，培育国家、省、市级示范社，培育一批带动能力较强的龙头企业和农民专业合作社，带动农业产业化发展。

②着力狠抓质量保品牌。以品牌强农为目标，联合农业相关部门，围绕精品粮油、特色果品等特色农产品，突出产业培育品牌、提高质量争创品牌、培育主体创建品牌、加大营销推介品牌。树立"质量为本，以质取胜"理念，加强农业标准生产管理，农产品质量安全检测体系和品牌农产品质量标准体系。推进品牌农产品标准化生产，做到产前、产中、产后各环节标准化管理，使品牌农产品质量过硬，确保品牌长盛不衰，逐步做大做强。

③着力做好营销扩品牌。通过举办各类果品节、农民丰收节等特色活动，组织品牌农业企业、合作社积极参加全国农交会、农洽会、全国绿博会等各种农业展会，利用电子商务进农村为契机，大力开展"互联网＋农业品牌"宣传推介活动，提升优势农产品市场竞争力、群众知晓率，以扩大品牌农产品的知名度和市场占有率，推动农业提质增效转型升级。

④持续发力强力推进。围绕农产品品牌制定发展规划。牢固树立"品牌就是竞争力"的理念，按照"集中力量、整合资源、强化培育、扶优扶强"的思路，研究制定农产品品牌培育发展规划，鼓励、支持特色品牌尽快做大做强，逐步打造成国家级、省级以上著名品牌，形成"培育一批、

提升一批、推荐一批、储备一批"的品牌发展良好格局。

通过实施品牌战略提升品牌优势，明确农产品品牌的地位，将各地区的特色农业、特色农产品优势发挥出来。

（3）优化流通载体。

①建设功能齐全的现代化批发市场。大型农产品批发市场在农产品流通体系中发挥着核心枢纽作用，目前很多地区如京津冀地区传统的批发市场仍然占主导，交易环境差、管理不规范、基础设施不完善、现代流通手段应用率低等问题凸显，不能有效发挥其该有的信息、价格、销售、宣传等服务功能，建立功能齐全的现代化农产品批发市场成为重中之重。第一，定价功能。合理划分产品展示区、交易区和物流区，市场内集中进行预选分级和初加工，推进农产品质量等级化、包装规格化、标识规范化和流通品牌化，促进农产品以质定价和优质优价。大型农产品批发市场可建立农产品信息数据库，通过大量的交易数据形成农产品价格指数，指导生产和销售。第二，产品检验检疫与信息查询功能。京津冀应加快推动检验检测结果互认，强化标准统一。完善农产品市场准入、索证索票、产地查询与信息传递等管理体系，保证交易规范化和产品质量安全。第三，全程冷链集散功能。支持农产品批发市场加快建设具有集中采购和跨区域配送能力的农产品冷链物流集散中心，配备预冷、低温分拣加工、冷藏运输、冷库等冷链设施设备，建立覆盖农产品生产、加工、运输、储存、销售全程的冷链物流体系。第四，市场预测和应急调配功能。一方面，批发市场日成交量巨大，形成的大量数据沉淀会对突发的供给不足或市场需求变化作出敏感反映，应充分利用大数据对未来市场进行预测；另一方面，批发市场作为农产品的集散区域，应针对市场预测充分发挥其仓储和疏通功能，为市场进行应急调配。

②促进农产品批发市场数字化转型升级。目前很多农产品批发市场存在基础设施简陋、结算手段落后、交易方式单一等问题，大大影响批发市场在农产品流通中的作用。批发市场应该从场地规模、硬件设施、业态、经营方式等方面进行升级改造。要不断完善农产品批发市场互联网、物联网的总体布局，促进农产品批发市场的专业化和创新发展。

以金融思维创新流通节点，比如通过免租金入驻的举措吸纳大量的商户到线上交易，大量的资金流入平台，会形成资金沉淀，从而形成一定规模的资金池，通过资金池的形成协同银行和基金一起来做在线供应链金融服务。

平台化发展是农产品批发市场的关键途径，优质的数字经济环境必不可少，但网络交易平台存在的虚假宣传、不良信息、侵权等传统问题尚未得到有效解决，且数字经济的迅速发展又引发出新问题，在新老问题交织出现的情况下，政府数字化治理能力亟须提高。平台治理作为数字化治理的关键内容，可以通过以下途径开展治理工作。其一，明确平台企业责任，即对虚假宣传、销售假货等行为责任予以明确，且成立相关部门对平台内容进行监督；其二，科学合理地规制平台垄断，电商平台已经出现"一家独大"现象，大数据"杀熟""二选一"等问题便随之产生，政府应在保护创新自由和消费者福利的同时，制定合理制度以维持合理动态竞争；其三，保护平台数据产权，我国数据侵权行为频频出现，如顺丰与菜鸟的数据纠纷、新浪微博与脉脉的数据争夺案件等，不同平台间数据的非法使用在侵害平台利益的同时也侵犯了用户的合法权益，政府应该与平台企业共同制定合理规则，在实现数据信息共享的同时保护用户的隐私和企业利益。

③探索"平台＋交易"方式的新型流通载体。由于受农业发展水平和传统交易习惯的限制，我国很多区域对手交易仍然是目前主流的交易方式，这在时间和空间层面很大程度上制约了农产品流通。国外一些国家农产品交易方式的多样化以及电子商务的蓬勃发展，农产品预售交易、合约交易、现货挂牌交易、竞拍交易、现货购销等交易方式，也应成为目前我国农产品流通研究和实践探索的方向。基于我国很多地区生产农户规模小、数量多且分散，消费倾向以少批量高频次为主的现实情况，不能盲目照搬国外模式或经验，而农产品产销异地、产销不同季的矛盾，供应端很大，买家很小或买家很大，但种植大户、饲养大户的规模并不大的矛盾现实存在，各地区应依托互联网，从自身出发探索和发展"平台＋交易"方式、线下与线上结合的流通载体。

结合流通体系的特点，以农产品交易平台为核心，从以下方面对相关交易方式予以本土化创新。

第一，为避免传统订单农业的弊端，在农户和龙头企业之间增设第三方经纪人的模式可极大地促进成交率，即经纪人作为买卖两端的中间人，在订单成立之前向双方收取一定比例的保障金，若到履约日双方可按既定条款成交则成交，若不能顺利成交，则第三方经纪人履行卖方或买方的责任完成订单，收取的保证金作为经纪人损失的补偿。

第二，议价和自动撮合结合的现货挂牌交易。通过交易平台买卖双方发布待交易产品的品种、规格、数量、价格、交货时间和地点等信息，平台中对手方可根据自身需求通过议价接受邀约，这类多是以投资为目的商户；也可以由系统将供需匹配的双方按照"时间优先"和"价格优先"的原则，达成自动成交。从而可实现农产品预售、采购/销售专场，贸易避险、投资等多形式和职能的农产品流通。

第三，高端农产品和特色农产品品权拍卖。农产品标准化是农产品进行拍卖、中远期交易、期货交易等的主要掣肘，鉴于当前京津冀市场条件的限制和消费者个性化、多样化的需求，一方面，可大力发展高端农产品拍卖，一是这类产品档次高、标准化和规格化程度高，利于拍卖；二是将占据卖方市场优势的高端农产品拍卖，满足消费者个性化需求。另一方面，鼓励特色农产品品种权拍卖，通过将有机生态、营养价值丰富的地方特色农产品品种权拍卖，可以吸引更多潜在客户，带来聚集效应，提升农产品品牌价值；也将进一步明确品种区域归属，有利于种子和产品的广泛流通与规范化运营。

④加快交通基础设施建设，完善交通基础设施水平。交通基础设施会显著影响农产品的流通效率，相对贫困的地区往往因为交通基础设施落后，与其他地区的经济距离增大，缩短经济距离不仅可以为相对落后的地区提供更好的发展契机，而且能够增强流通纽带在连接生产和消费之间的信息桥梁作用，因而提高交通基础设施水平有利于提升农产品流通效率。为缩短各地区间的经济距离，需要在增大交通基础设施建设同时，注重基础设施布局中存在着的组织化程度较低与管理不善的问题，厘清农产品物流的管理链，在缩短地区交通时间的同时减少农产品的流通成本，从而提高农产品流通效率。

⑤促进农产品冷链物流建设。很多地区的农产品大部分都用于外销，所以对于冷链物流的建设非常重要。但是我国大部分地区的冷链物流技术开始较晚、发展缓慢、冷链物流应用率低，使得农产品在流通环节中具有损耗大、低效率等特点。通过政府政策支持，促进大型农产品冷链物流企业的规模发展，制定统一的农产品流通的服务标准，推动整体行业服务水平的提高，促进行业资源配置和整合。

（4）流通渠道的创新。

①以中心企业或基地为核心整合流通渠道。以规模以上中心企业或龙头企业为市场核心，向农产品流通的上下游延伸，发展产供销纵向一体化，使市场交易内部化。一是向上游延伸，通过投资兴建农产品产业基地

或通过合并、兼并控股等方式与农产品经销商、加工企业联合；通过优化和精确利益分配机制等与体量大、有稳定货源的产业园或农产品生产商建立长期合作关系等，减少搜寻成本、缩短流通环节，以扁平化流通渠道节省交易成本。例如，大力发展农超对接、农批对接、农校对接、农企对接等直采直供模式，鼓励大型连锁超市、大中型企事业单位建立生产加工基地。鼓励骨干流通企业建立从生产基地到居民餐桌的农产品供应链体系，支持发展"中央大厨房"。

②引导零散、微小的农业生产单位向组织化、集约化、标准化发展。引入高素质流通人才和科技创新技术手段，由供应原料为主向供应半成品、成品甚至定制化产品为主转变，减小微笑曲线凹性，提高产品附加值。鼓励农业生产单位通过电商平台开展生产基地与社区店、生鲜便利店等合作。另外，农产品流通体系可以借"互联网+"和新电子商务的助力，积极探索线上与线下（Online And Offline，OAO）模式，一体化"双店"经营的模式在某种程度上能够打破商品市场的区域界限，有力打击地方保护和市场分割：一方面，可以带动线下市场创新发展，引领产品走出当地，面向更多的消费群体和广阔市场；另一方面，通过将农产品尤其是地方特色农产品或有传统文化元素的农产品品牌在线上宣传，可以吸引城市消费者到农村体验休闲、旅游和养生。

③以物流中心或仓储基地为核心，使流通环节扁平化。通过物流中心或仓储基地的集散功能，有效地把分散的农户、节点企业与规模化的零售终端对接起来。由于生鲜农产品的特殊性质，流通过程中产品大量的损耗和运输时空的矛盾是造成流通低效的主要原因，因此应通过建立物流一体化的物流中心完成流通渠道的系统整合，以物流中心为服务上游环节和下游环节的枢纽，从而提高物流能力，确保农产品的新鲜度和质量。物流中心的选取和构建可以从以下两种思路出发：第一，以各区域中心城市覆盖广泛的连锁零售企业或专业果蔬超市的配送中心向上游延伸和发展，发展"农消对接""农超对接""农产直采直销"等模式，可有效解决市区"最后一公里"的难题。目前有相当一部分实力较强的连锁零售企业拥有自己的配送中心及物流系统，他们应与上游农产基地或合作组织建立长期稳定的供销合作和利益分配机制，形成紧密高效的农产品流通网络。

④向"合作社/农产基地+核心企业/物流基地+零售企业"的农产品流通渠道整合。发挥各区域特有的区位优势，在中心城市建立大型物流中心，在郊区及区域周边建立次级仓储基地，形成优劣互补和相互辅助的物

流体系。加大电子信息技术、先进物流管理体系以及冷链技术的应用，形成拥有多种物流服务和物流设施、集聚各类物流企业的物流服务基地。按照专业化的原则组织农产品流通活动，在存储、运输、装卸、加工、信管、中介等领域进行有机结合和集成，带动综合效应和规模效应的形成，促进各区域农产品物流一体化、集约化发展，从而在基地内形成一个社会化的高效农产品物流体系。"合作社/农产基地＋核心企业/物流基地＋零售企业"因其流通环节少、流通速度快的特点，成为农产品流通渠道整合未来的一个发展方向。

（5）优化流通环境。信息化水平的提高在促进流通体系效率中发挥着越来越重要的作用。尤其是相对落后的区域要加强信息化建设，加强与发达区域的信息沟通，打造集商品生产、加工、包装、仓储、运输、交易、配送等全方位一体的信息服务平台，通过平台服务促进流通各环节之间的有效衔接，促进资源优化配置，提高流通体系效率。

①信息保障与支持政策的完善。

a. 建立商品流通信息数据共享平台。

保障信息畅通以减少信息不对称，各地商务主管部门应联合建设和完善权威的商品流通信息服务平台，将商品生产、加工、包装、仓储、运输、交易、配送等数据信息汇集到商品流通公共信息平台，运用大数据、云计算等技术手段对数据进行分析和匹配，快速、准确地发布市场供需信息，引导生产流通，保证商品流通的质量安全，优化资源配置。实现"商品生产—配送—消费"全过程的信息透明和双向流动，打破渠道信息孤岛现象，弱化渠道主体界限，使原有信息不对称的供应链形成一条环形连续的生态闭环链。

增强商品数字化信息准确指导供给与需求，应基于物联网、区块链及"一物一码"等技术构建商品流通供应链，为每一份商品制作独特的溯源档案，再将大量的流通数据输入中心平台。一方面，通过对商品生产、二次加工、产品包装、产品运输等环节所产生的大量数据进行分析，从中发现新的知识和价值。在供应链的生产环节，生产商对商品数据进行收集、分类，为整个供应链提供基础指导，在之后的每个环节都要对商品数据进行更新和分析，中游企业可以及时知道消费用户的喜好，制定相应的解决策略。另一方面，因为每件商品都被标识了唯一的二维码，记录了商品从生产到流通各环节的所有信息，是生产和配送企业全面展示自身品牌实力、营销优质商品的利器，更是让消费者购买放心商品的依据。另外，引导电商平台以数据赋能生产企业，促进个性化设计和柔性化生产，培育定制消费、智能消费、信息消费、时尚消费等商业新模式。同时通过在中心平台上建立消费者监督端口，消费者可以对有质量问题的商品进行举报，确保商品质量安全，从而保障商品的正常流通。

b. 以信息化建设赋能流通渠道。通过对传统渠道主体培育、植入强大的"电商基因"，使流通企业通过"触网升级"为新型的流通渠道主体，实现渠道内信息公开、透明和共享，从而促进新型渠道主体线上线下以及渠道主体间彼此融合协作，公平参与渠道价值链增值活动，营造一个健康规范的电商环境。依托骨干流通企业，结合产品质量安全追溯，推动将商品流通企业、从业人员等信用状况纳入全国信用信息共享平台。

加快物流信息化建设，积极推动信息技术在冷链物流中的应用。如使用 GPS 技术可以随时掌握大量的、动态的物流信息数据，供相关工作人员进行分析和处理，并可以通过温控系统调整商品运输过程中的储藏温度，保障商品的运输安全。另外，使用 RFID 技术则可以无须打开商品的外包装即可采集温度信息，为商品尤其是易变质商品责任的确定提供现场依据。

c. 通过政策支持助力流通服务业发展。随着流通在国民经济中发挥的关键作用，国家和省市级政府层面对商品流通的理论认识和实践经验也不断深入，大量关于流通方面的支持政策陆续出台。2016 年商务部办公厅发布《关于做好 2016 年绿色流通有关工作的通知》、国家工商行政管理发布《流通领域商品质量监督管理办法》，2019 年国务院办公厅出台了《关于加快发展流通促进商业消费的意见》，提出要促进流通新业态新模式发展，顺应消费升级趋势，运用大数据、云计算等现代信息技术，促进商旅文体等跨界融合，形成更多流通新平台、新业态、新模式。

各地方政府也陆续出台了一些流通政策。以京津冀地区为例，2016 年发改委将"京津冀农产品流通体系创新"纳入京津冀协同发展的工作要点，随后国家发展改革委、农业部、商务部等 6 部门围绕"疏解、协同、创新"三个重点联合制定了《京津冀农产品流通体系创新行动方案》，2017 年进一步明确了构建《环首都 1 小时鲜活农产品物流圈规划》等一系列文件为京津冀农产品流通提出了产业导向。要积极发挥流通服务业对经济的强劲拉动效能，大力发展流通服务业，提高服务业在三次产业中的比重，同时并不代表舍弃或忽视农业作为第一产业的基础性作用，而是着力推动其向规模化、集约化和现代化方向发展。农产品"买难卖难"问题一直是农产品流通体系优化要攻克的难题,在京津冀地区具体表现为河北省农产品进京"卖难",京津地区市民生鲜农产品价高"买难",究其症结在于农产品供求不匹配,产销信息不对称和价格波动,本质上是小农经济与大市场对接困难。对农业要给予政策大力支持,制定完善的政策和机制,增强农业供给结构的适应能力。

d. 促进商品市场信息的流通。从业时间长和网络信息工具使用熟练的批发商能够更准确地把握商品市场信息,及时规避风险,抓住商机,从而扩大经营规模。但商品市场信息资源分散,数量庞大且相互关联,商品市场价格多变,供求之间的矛盾转化较快,商品批发商往往面临较大的经营风险。因此,政府应牵头组织建立综合的商品市场信息监测平台,促进商品信息流通,从而科学合理地引导商品流通各主体对商品市场预期,增强商品流通主体抵御市场风险的能力。在具体措施上,政府需要搭建大数据支撑下商品市场监测预警平台,完善商品价格监管与信息流通,推动商品监测预警在数据标准、采集工具、分析能力、表达方式等方面,向标准化、实时化、智能化和可视化的方向发展。另外,政府应完善商品信息共享机制,鼓励商品流通主体建立商品合作组织与行业协会等,鼓励流通主体间的经验共享和信息共享,实现商品流通主体之间的市场信息共享和信息通畅流通,有利于商品流通主体及时把握商品价格、供求等信息的变化,进行合理决策。

②完善农产品流通体系。加大对农村流通基础设施改造的力度,加快形成以乡镇为中心的流通网络。坚持农业供给侧结构性改革方向,扩大电子商务进农村覆盖面,培训农村电商人才,加快电子商务与农业经济发展、农村基础设施建设紧密结合,优化快递服务,扩大农村消费。

促进农产品流通提质增效。针对农产品流通遇到的瓶颈问题,提出"推公益、强冷链、促互联"三位一体思路,大力提升农产品流通现代化水平。一是积极推动公益性农产品市场发展。各地公益性农产品市场在保障民生、稳定价格等方面发挥有效作用,受到广大人民群众的欢迎。加强公益性农产品市场体系建设,建立从批发到零售的公益性体系。二是强化农产品冷链流通体系建设。开展农产品冷链流通标准化示范,加强标准化和信息化建设,完善冷链标准体系,营造优质优价市场环境。三是创新开展农商互联。召开全国农商互联启动会,建设农商互联地理信息平台,围绕"联产品、联设施、联标准、联数据、联市场",以电商为核心,打造上联生产、下联消费的新型农产品供应链条。四是拓宽金融支持渠道。会同国家开发银行，利用开发性金融支持全国农产品骨干网建设。

10.3　流通服务业高质量发展政策体系实践的条件保障

从系统论的角度来看任何事物都是各种复杂因素综合作用的结果。政策的实施和实践是静态政策体系的动态呈现。流通服务业高质量发展目标的实现，既需要政策支持，也需要探索如何实现政策目标。因此，在完善流通服务业高质量发展政策体系的基础上，还要加强对政策实践过程的改革，为流通服务业高质量发展政策体系的运行提供强有力的保障。因此将从新发展理念的树立、组织体系的构建、运行机制的完善和外部环境的营造等方面，探讨产品、设施、标准、数据和市场"五位一体"的流通服务业高质量发展政策实践体系的条件保障。

10.3.1　新发展理念的树立

任何主体的行为都受思想观念的支配。流通服务业高质量发展的政策主体和流通主体自身在政策制定、实施和监督评价过程中，如何认识流通服务业发展问题，如何理解流通服务业发展政策，在很大程度上影响着政策制定主体和流通主体的政策行为选择。因此，在具体的政策设计和实施活动中，需要用新发展理念去指导各项政策活动。

1. 政府新发展理念的树立

流通服务业高质量发展的顺利推进需要依靠政策支持，以提高政策的协同为抓手、以增强政策的有效性为突破口。政府作为流通服务业高质量发展政策中最重要的主体，其思想观念对政策的制定、实施和监督评价起着关键性作用。中央和地方政府以新发展理念思考流通服务业发展问题，以新发展理念指导流通服务业的政策实践，增强自身的主体责任意识和依法行政意识。政府的责任意识尤其是负责的态度与服务的理念影响着政策制定的目的性、执行的正确性和监督评估的有效性。在政策实践过程中，如果政府责任意识缺失就会出现偏差与错误。

2. 流通各参与主体新发展理念的树立

在流通服务业发展政策实施过程中，各级政府和各参与主体都需要坚持新发展理念。实现政府制定的政策目标，需要政策目标相关群体的配合与支持。批发商、零售商、物流服务方等流通主体作为流通服务业发展政策的目标群体，是否能正确理解与认同相关的流通服务业发展政策，并积极配合执行相关政策，是流通服务业发展政策目标实现的基本前提。然而，流通主体多而分散，一些小的流通主体对自身的主体地位、主体能力以及主体价值认知不足，影响到他们对流通服务业相关政策的关注度与理解度，在政策执行过程中比较被动与保守。因此，转变流通主体自身的价值观念，提高其主体性意识，是实现流通服务业发展政策目标要解决的问题。

10.3.2　组织体系的构建

流通服务业发展政策实践是一个完整的政策实施过程，包括政策制定、颁布实施和政策评价等。在政策实施的具体活动过程中，各行为主体的地位、职责是否清楚，都会直接或间接地影响到政策实施的效果。因此，在坚定不移贯彻创新、协调、绿色、开放、共享的新发展理念，推动流通服务业高质量发展的政策实践的过程中，需要构建起职责明晰的实践组织体系确保政策活动的顺利开展。

1. 建立"一元统筹、多元参与"的流通服务业发展政策决策组织体系

我国流通服务业发展政策的组织体系，从中央层级来看，流通服务业发展政策的制定主要是由国务院统领，由商务部、工业和信息化部、交通运输部、国家市场监督管理总局、财政部等相关职能部门共同参与制定的，主要是政府及各职能部门的"集权式的群体决策"；从地方层级来看，流通服务业发展政策的制定主要是由地方政府根据中央政府的要求制定的，但地方政府在政策制定过程中往往缺乏与相关部门的沟通与协调，制定的政策出现"只对上，不对下"的情况，不符合流通服务业发展的真正需要。因此有必要建立"一元统筹，多元参与"的流通服务业发展政策决策组织体系，发挥群体决策组织模式的优势，提高流通服务业发展政策制定的科学性、有效性。

（1）强化流通服务业发展政策决策过程中的"一元"统筹。"一元"是指政府及其相关职能部门的行政主体。一方面，政府是国家权力的执行机关，也是一个国家政权体系中依法享有行政权力的组织体系；另一方面，政策是一个国家为了实现自己所代表的阶级、阶层的利益与意志采取的具体措施，政策的实质是阶级利益的观念化、主体化、实践化反映。政府作为国家意志的代表，在政策的制定和实施上具有更大的权力、拥有更

多的资源，因此政策组织体系中的"统筹权"交由政府。在流通服务业发展政策决策组织体系中，政府是最重要的"一元"。只有政府在政策决策时做好相关各方的统筹工作，制定出来的政策才可能更加科学合理。具体来讲，政府在流通服务业发展政策决策过程中要做好以下统筹工作：一是要做好各决策主体的召集工作。因为流通服务业发展政策的制定涉及很多部门，在政策制定的过程中，政府需要统筹安排相关各主体参与讨论研究的计划、讨论方案的准备等，为政策决策做好准备。二是要做好政策讨论的组织工作。在各方参与流通服务业发展政策制定的讨论过程中，如何协调好各利益主体间的关系，如何修订与完善原有的政策，促进一致意见的达成等，都是政府必须要做的工作。

（2）突出流通服务业发展政策决策过程中的"多元"参与。"多元"主要包括专家组成员、批发企业、零售企业、物流服务机构等相关利益群体，以上各类群体在流通服务业发展政策决策组织体系中扮演着不同角色，从不同层面上影响流通服务业发展政策的最终决策。因此制定流通服务业发展政策要充分发挥各类主体不同的作用。第一，充分发挥专家组成员的作用。在流通服务业发展政策决策中，专家组成员主要负责向决策组织提供建设性的意见和建议。专家对流通领域有较为深入的研究，熟悉流通领域的问题，提出的建议更有独到性和针对性。因此，通过咨询制度的建立，将对流通服务业发展政策较为深入研究的专家学者纳入政策决策组织体系中来，为政策决策献计献策。第二，充分发挥批发企业、零售企业、物流服务机构等流通主体的作用。在流通服务业发展政策决策中，各流通主体的职责在于负责向决策组织表达本群体的利益诉求，提出自己在流通活动过程中遇到的困难。各流通主体是流通服务业发展政策的直接受益者，他们的感知也最真实可靠。在政策决策中，强调各流通主体的参与，不但可以为决策组织进行决策提供最鲜活、最直接的信息，让决策者可以更全面地考虑到各流通主体的诉求，提高政策决策的有效性。

2. 建立"各负其责、合作共赢"的流通服务业发展政策执行组织体系

政策执行过程包括政策传达、政策分解、组织准备、全面执行等多个环节。而政策执行效果取决于组织体系是否合理完善。若组织结构不合理，将会从根本上影响政策执行的效果。

流通服务业发展政策的执行涉及多个主体，由于各主体之间的利益博弈，导致流通服务业发展政策的执行容易偏离其基本的价值取向，导致职责不清、相互推诿、效率低下等问题的发生。因此建立明晰的政策执行组

织体系是确保流通服务业发展政策顺利执行的基本条件，也是流通服务业发展政策目标实现的基本保障。在流通服务业发展政策实施过程中，需要建立起"各负其责、合作共赢"的政策执行组织体系，各执行主体充分发挥自身的功能作用，确保流通服务业发展政策的有效实施。

（1）明确流通服务业发展政策执行主体的基本职责。首先要理清政府内部的组织层级关系。政府是政策传达、政策分解和全面执行过程中最为重要的主体，因此要建立起清晰的执行组织体系。从纵向上看，中央政府主要负责制定宏观政策，省区县级地方政府主要负责传达政策统筹安排和参与政策执行，政府及其相关的职能部门均参与政策执行，如区县发改委、商务委、财政部门等在流通服务业发展政策执行中都扮演着重要角色。流通服务业发展政策的执行，更需要批发企业、零售企业、物流服务机构等的参与。

（2）加强流通服务业发展政策执行主体间的合作。流通服务业发展政策在执行过程中，各执行主体，特别是各级政府及其职能部门之间为了维护自己的利益容易引发争端，因此需要加强政策执行过程中的利益协调。一方面，上级政府部门需要统筹协调各级政府相关部门之间的利益关系；另一方面，上级政府部门一定要了解下级政府部门和流通相关主体的利益诉求，在流通服务业发展政策制定或修订的过程中，尽可能地实现其合理的利益诉求，确保政策目标的实现。

3. 建立"广泛参与、科学评价"的流通服务业发展政策评价组织体系

政策评价是对政策执行效果的综合性判断。科学准确地对流通服务业发展政策进行评判，有利于政策执行主体在政策实践中，坚持正确的价值取向，实现政策价值的最大化。

（1）构建流通服务业高质量发展的评价体系。要实现流通服务业高质量发展，就需要构建高质量发展的评价指标体系。以往的指标体系主要体现速度、总量等方面，采用单一指标，只能反映出某一方面的数量特征，缺乏整体性与全局观，应该多采用质量效益指标去考核各类主体。从长期与短期、全局与局部、宏观与微观、总量与结构、经济发展与社会发展等多个维度探讨高质量发展指标体系的构建。

（2）发挥政策执行者的作用。流通服务业发展政策执行者，是政策实施的"组织者"，处于政策执行活动中的核心位置。他们对每项政策是否能够满足各流通主体的需求了解得更深刻全面，因此也最有话语权。在执行政策的过程中，他们及时发现存在的问题，并及时地予以调整。

（3）发挥专业评价机构的作用。要推进流通服务业高质量发展，就需要构建高质量的评判体系以及评价组织，我国的专业机构一般包括一些民间的监测评价组织、大学内的政策研究中心或研究所等。目前在流通领域已经有一些方面的评价体系，如在农资流通领域，为了推进农资流通行业信用体系建设，按照国家发改委等相关部门的部署，2019 年，中国农业生产资料流通协会联同专业第三方评价机构在全行业开展了行业企业信用等级评价工作，对行业企业信用等级进行了认真、客观地评估。在电商领域，2019 年是"数权经济元年"，电商数据资产化管理、数权化电商的融合实践已经势在必行，在国家大力推动数字经济发展的背景下，为了实现数据确权、评估、交易、流通机制的建立，为加强新兴业态标准化、规范化、体系化建设，电商数权评价专委会正式成立。

（4）发挥个体评价者的作用。流通连接着生产和消费，任何一个公民都是消费者，无论是政府的工作人员还是从事流通行业的一线人员抑或广大的消费者等，对流通中存在的问题都有自己的切身体会，只要他们愿意，都可以从个人的角度对流通政策进行分析、判断与评价。当每一个公民以个人名义对流通服务业发展政策进行评判时，可以以自己的切身感受来表达个人的认识与看法。虽然他们的评价会受到个人价值观等方面的影响，甚至评价可能是片面的和有缺陷的，但他们的评价也有一定的参考价值。从他们的评价中，政策决策者可以了解到普通消费者对流通服务业发展政策的了解程度，从而提高政策决策水平。

10.3.3　运行机制的完善

运行机制是影响人类社会有规律运动的各种因素的结构、功能及其相互关系，以及这些因素产生影响、发挥功能的作用过程和作用原理及其运行方式。实现流通服务业发展政策的各项目标需要建立一套灵活、高效、协调的政策实践运行机制。具体来讲，主要需要调整与完善流通服务业发展政策实践机制包括政策制定机制、执行机制、评估机制和监督机制。

1. 流通服务业发展政策制定机制的完善

（1）分析问题产生的深层次原因，有针对性地制定政策。政府制定出来的流通服务业发展政策是否可行，取决于对流通领域问题的准确把握。目前，我国流通服务业整体呈现高质量发展态势。流通服务业规模不断扩大，新兴业态正在快速崛起，国际化发展迅猛，流通服务业现代水平也在不断提升，特别是农村流通体系、营商环境等方面的政策法规体系建设，探索出了一条新型的行政管理体制改革的道路。但当前我国流通服务业的运行效率和运行质量与当前人民日益增长的对美好生活的需要之间还存在着较大的差距，我国流通基础设施依然存在短板，制约创新驱动的制度性障碍依然存在，制度性交易成本较高。深入分析这些问题背后产生的深层次原因并进行合理解释是解决流通服务业发展问题的关键。要将流通领域问题纳入我国当前经济高质量发展的大背景下去研究，分清楚是全国性还是区域性问题，哪些应当纳入全国性的指导性政策之中，哪些应当纳入区域性的执行政策之中等。只有加强对流通领域问题的全面分析，才能确保制定出来的政策切实可行。

（2）建立信息公开机制，增强政策制定的透明度。流通服务业发展政策的制定需要流通领域的专家、批发企业、零售企业、物流服务机构等多元主体参与，而完善的信息公开机制才能保证这些主体能够及时、准确地了解到相关信息。一方面，要建立和完善中央及地方各级政府部门之间有效的信息沟通和信息分享机制；另一方面，要在"互联网＋"时代背景下，综合利用数字经济时代的新媒体及时宣传流通服务业发展的相关信息，让参与流通服务业发展政策的制定者能够在掌握信息的基础上提供更有针对性的建议。另外，从政策制定方案的拟订、确定到合法化的整个过程必须坚持信息公开透明，确保制定的政策能够符合绝大多数主体的利益。

（3）建立利益协调机制，预防和化解政策制定中的冲突。流通服务业发展政策的优化需要通过政策设计去调整或改变流通各主体之间的利益关系，从而维护流通各主体利益。但政策要满足所有主体利益是不现实的。在制定流通服务业发展政策的过程中，会影响到其他相关主体的利益。例如，在农产品流通过程中，批发商和零售商处于优势地位，而农户总是弱势群体，在利益博弈过程中获得较少的利益，需要政府管理来实现各方利益的协调和均衡，但政府不能过度干预，只能通过合理合法的政策在利益分配上进行适度的引导。因此，在流通服务业发展政策制定的过程中，要全面分析潜在的各种矛盾，使政策设计尽可能地避免各种利益冲突。

2. 流通服务业发展政策执行机制的完善

（1）加强政策宣传，增强各流通主体对政策的认同度。政策执行一般由"组织落实、宣传、具体实施、监督与检查、政策调整、执行总结、巩固提高"等多个环节组成。因此，在流通服务业发展政策的执行过程中，一定要理顺各环节之间的关系，确保政策执行步步到位。如通过举办政策业务培训，增强政策的透明度、知情面和执行力；加强与电视台、报纸等传统媒体和数字经济时代的新媒体的联系，及时宣传流通服务业发展中的亮点，通过广泛宣传，坚持规范有序地实施政策。

（2）合理选择政策工具。在政策执行过程中，政策能否得到有效执行离不开政策工具的选择。政策工具一般包括自愿性工具、强制性工具和混合性工具。自愿性工具是在自愿的基础上完成预定任务，很少或几乎没有政府干预。强制性工具一般强制或直接作用于目标个人或公司，在响应措施时只有很小的或没有自由裁量的余地。混合性工具兼具自愿性和强制性工具的特征，混合型工具允许政府将最终决定权留给私人部门的同时，可以不同程度地介入非政府部门的决策形成过程。政策工具包括经济手段、行政手段、法律手段和思想诱导手段等。综合使用多种政策工具，才有可能确保流通服务业发展政策执行取得良好效果。

3. 流通服务业发展政策评价机制的完善

（1）将价值评价纳入流通服务业发展政策综合评价体系。每一项政策都是由人制定并实施的，而人是有不同价值倾向的，政策避不开政策主体的价值判断。因此为了保证政策评估的科学性，需要对政策价值评估的标准进行科学的设计与合理的选择。流通服务业发展政策价值的评估，需要重点考虑以下一些问题：一是公平性问题。政策内容是否能确保作为政策目标群体的所有流通主体受益。二是可行性问题。包括流通服务业发展政策实施需要的人、财、物等资源是否充足；实施的外部环境是否稳定等。三是政策的发展性问题。包括流通服务业发展政策是否有助于整个社会的发展；是否有助于各流通主体的发展；是否实现了短期价值与长期价值的有效结合等。四是政策主体的责任感问题。即要确认流通服务业发展政策制定者和执行者是否在公平、公正的原则下履行各自的职责，并努力地追求政策价值的最大化。

（2）将政策评价纳入流通服务业发展政策活动的全过程。在整个政策执行过程中都需要进行政策评价，以便及时发现政策执行过程中出现的问题，并予以及时地进行纠正，提高政策实施的效果。具体来讲，流通服务业发展政策评价可分为三个阶段进行，即事前评价、事中评价、事后评价。事前评价是指在政策制定过程中，要对多种流通服务业发展政策方案进行预判，要评价政策目标能否满足各流通主体的需求，为确定政策方案提供依据；事中评价是在流通服务业发展政策执行过程中，分析判断政策目标实现的程度及执行过程中遇到的问题，明确政策是否按照预想的方案在实施，为后续修订政策方案提供依据；事后评价是流通服务业发展政策实施后，评判政策目标的实现程度，对原有政策方案进行事后验证，确定原有政策方案是否延续或终结。通过全过程的评判流通服务业发展政策，真正实现以评促建、以评促改，确保流通服务业发展政策的科学性和合理性。

4. 流通服务业发展政策监管机制的完善

（1）发挥各类监管主体作用，建立立体化的监管体系。一方面，要加强内部监督，发挥政策制定者、执行者及其相关流通主体的作用，还要强化外部监督，发挥人大、政法部门等社会组织的作用；另一方面，不仅要发挥上级政府对下级职能部门的监督，还要发挥下级对上级职能部门、同级职能部门间的相互监督，只有这样才能真正实现流通服务业发展政策的目标。另外，还要强化市场监管，如在农业品牌方面，要全面加强农业品牌监管，强化商标注册，加大对套牌和滥用品牌惩处力度，综合运用行政和法律等手段，打击采取不正当竞争抢占市场、垄断控制市场交易的行为，清除农产品市场壁垒。

（2）采用多元化的监管手段，强化舆论监督。除了发挥监管主体的作用之外，还需要利用多元化的政策监控手段，提高政策监管的有效性。要不断拓宽监督范围，把监督由"生活圈"延伸到"朋友圈"，把日常监督拓宽到全方位监督，加大工作圈、朋友圈和生活圈的监管力度、构建立体化监管网络等措施，逐步提升监管水平。设立多种监督手段，对事件进行过程监督、结果监督；要监督实体，还要审查虚拟的网络监督，在"互联网＋"的时代大背景下，还要加大对网络空间的监督。通过多种监督手段，实现多元化监督新格局。

要以新思维推进监管手段。在"放"方面，通过电子网络平台实现相关业务在线办理，实现业务全流程透明化的管理。通过监管平台，优化项目审查流程，减少审批环节。在"管"方面，引入大数据分析，让必上必进项目的每个环节都能够线上进行，并对接现有监督平台，全程留痕、永久可溯。在"服"方面，通过互联网实现线上平台为信息共享平台，形成立体化的监督网络，把监督途径由组织监督向舆论监督拓展。

5. 流通服务业发展政策其他机制的完善

除了以上机制外，还要构建合作机制。首先与发改委、商务部、财政部、市场监管等部门建立协调联动机制，做好各个部门之间的政策协调，及时沟通协调解决在政策执行过程中遇到的各种问题。其次要构建扶持机制。综合运用各种政策手段和金融杠杆，创造条件，补齐短板。在有条件的地方设立财政专项资金，加大对流通重点领域的扶持力度。尤其是在农产品流通领域，引导各地将扶贫专项资金、涉农整合资金、对口帮扶资金支持农产品流通市场建设、冷链物流体系建设、农产品品牌建设。加强与银行、证券等金融机构合作，拓宽融资渠道，支持农产品流通体系建设。

10.3.4　外部环境的营造

影响政策制定与实施的自然条件和社会条件的总和均可称为政策环境，主要包括自然环境、政治环境、制度环境、社会经济环境、文化环境、国际环境等，影响政策环境的因素呈现复杂性、动态性、差异性和多样性等特征。政策目标的实现都会受到各种主客观因素的影响。因此，在流通服务业发展政策执行的过程中，需要不断优化以创新、协调、绿色、开放、共享"五大发展理念"为主导的政策环境，减少与降低政策执行中的环境阻滞，为实现政策目标创造良好的外部环境。

1. 营造良好政治环境

政策的政治环境主要包括直接或间接影响政策的政治制度、政治体制和政治文化等，其中最根本的、影响力最大的是政治制度。政治制度对流通服务业的影响，主要体现在决策权力的集中度。决策权力集中度如果过高，流通各主体的活力就会比较差，而决策权力适度分散，流通各主体的活力就会增强。计划经济时期流通是在高度集权的行政管理模式下运行，政府直接管理流通企业，企业自主决策权很有限。随着市场经济改革的不断深入，政府转变了自身职能，政企分开、法制建设不断加强，流通服务业的活力不断增强。

2. 营造良好经济环境

政策的经济环境主要是制约和影响流通服务业发展的经济因素和条件，主要有经济政策、经济结构、经济形势、经济总量以及影响政策运行的世界经济格局等。政府的经济政策是国家干预经济的重要手段，它不仅影响着流通服务业的日常经营活动，还关系到市场供需状况的变化。正确的财政政策、价格政策和产业政策有利于流通服务业的正常运行，政策失误会阻碍流通服务业的正常运转。避免经济决策失误，创造良好的经济运行环境对于流通服务业的发展十分重要。

流通是在一定的经济结构中运行的，国民经济第一、二、三产业的结构，包括生产、分配、交换、消费等方面的构成及其相互关系，对流通运行会产生较大的影响。经济结构合理，流通服务业的发展就比较顺利；经济结构不合理，流通服务业的发展就会受到阻滞，流通服务业的发展速度就会受到限制。

经济总量的大小也会影响流通服务业的发展，经济总量大，人均可支配收入高，社会购买力就比较大，商品流通规模就会扩大；反之，经济总量低，人均可支配收入水平低，商品流通规模就会减少。

3. 改善科技环境

科技对流通服务业的影响主要表现在促进流通服务业生产力的发展和流通服务业劳动效率的提高等方面，科技创新能够对流通服务业发展形成整体凝聚力，借助消费者反馈进一步加速自身科技创新步伐，使流通服务业从区域走向全国，从国内走向国际，企业竞争能力不断提升。随着大数据技术和区块链技术的不断发展，流通服务业不断实现转型升级。科技变革在流通领域体现较为明显的主要是互联网技术和金融技术的革新。互联网时代的流通服务业促使消费方式发生了巨大变化，线上线下融合发展，大多数商品和服务通过线上交易，流通效率提高，流通成本下降，互联网时代的消费者在流通中表现得更加主动，消费者定制化、个性化需求不断增加。

4. 优化市场流通环境

强化消费信用体系建设，加快建成国家、地方和企业标准相衔接、覆盖线上线下的重要产品追溯标准体系。明确各类品种追溯体系建设的技术要求，设计易于操作的追溯规程和查询方式。探索建立国际之间重要产品的追溯体系，逐步推进重要产品追溯标准与国际接轨，打造我国与"一带一路"沿线国家重要产品追溯通用规则，增强中国标准的国际规则话语权。

重拳打击线上线下销售侵权假冒商品等违法行为。聚焦食品、药品等关乎民生问题的集中领域，针对食品、药品、小家电等消费品，加大农村和城乡接合部市场治理力度。推动完善消费品修理更换退货责任规定，倡导企业实行无理由退货制度等。

5. 加强产地市场信息服务功能建设

加强产地市场信息服务功能建设尤其在农产品流通领域，信息是绿色流通的关键要素。要抓好以村户为重点的信息化建设，鼓励产地市场完善电子结算系统、信息处理和发布系统，逐步推进结算信息公开化，完善农产品市场监测、预警和信息发布机制，使农产品供求信息更准确。

6. 积极应对突发公共卫生事件对流通服务业发展的冲击

历史上一次次暴发的重大疫情都使流通服务业遭受重创，应该总结经验教训谋求流通服务业的长远稳定发展，政府层面应该系统谋划、多部门联动出台扶持性政策，最大限度地降低每一次重大疫情对流通服务业发展造成的影响。

（1）发展"互联网＋零售＋配送"模式。支持流通企业整合集互联网＋分享经济、社群电商、新零售为一体的综合性服务平台、线上超市等资源渠道。利用平台 App、小程序、电脑网页版和微信公众号四端同步，尝试改变快递上门、下楼取件传统模式，探索"无接触"服务，鼓励消费者接受"约定方式、指定地点"的服务方式，提倡社区居委会协调居民楼、住宅小区和物业公司等确定快递配送专用区域，由传统的人工取件向智能快件箱取件转变。创新直购、分销、拼团等"社群式"营销模式，让消费者体验最便捷最安全的服务。

（2）建设基础平台支撑和产品流通体系。加强大型农产品产地批发市场的平台建设，提升收储集散能力，保证货源供给、保障市场供应。加强农产品冷链仓储物流的平台建设，完善产地预冷集配、低温加工仓储配送设施。强化大型电商平台和社区电商综合服务平台建设，完善、提升智慧化服务功能。推广应用大数据、云计算、物联网及条形码等信息技术，提升商品流通和市场交易信息化水平。完善农村寄递服务，增加生鲜产品冷库与网销产品仓储网点，打通农产品上行仓储物流链路。

（3）挖掘"宅消费"潜力。着力改变消费者的传统消费习惯。鼓励消费者通过网购、线上远程学习，有效缓解人员聚集的压力。鼓励消费者通过支付宝、微信、网银等电子支付，支持流通企业和商户提供电子发票，减少接触媒介，尽可能减少各类接触等交叉感染。支持电商企业向社区配送居民生活必需品，推进跑腿家政、日用品配送等各种形式的"宅速递"服务进社区。

（4）推广线上服务。借助区块链、人工智能和大数据等现代高科技技术的研发应用，发展无人零售及线上订餐服务，发展"电商＋长短视频＋直播"，提升消费者的体验度。依托网络平台开展企业形象宣传、产品线上推广，大力发展线上办公、线上教育、线上咨询培训、网络诊疗、远程协助、数字娱乐、企业在线运营和知识付费等线上服务，构建全新的流通服务业新业态。

10.4 本章小结

1. 以"创新、协调、绿色、开放、共享"的新发展理念为引领，构建流通服务业发展政策体系

坚持创新理念作为驱动流通服务业高质量发展的第一动力，包括理论创新、制度创新、数字化信息化等科技创新、供应链管理创新、结构调整创新、生活服务创新、消费创新、供给侧改革创新等；坚持协调理念构建流通服务业发展新格局，加强中央政府与地方政府以及各主管部门间的协调，建立政府、行业协会和企业共同组成的综合协调机制；坚持绿色理念培育流通服务业发展新优势，完善绿色流通立法并建立激励与约束相融的绿色流通法律体系，重视绿色通道建设，倡导绿色零售；坚持开放理念拓展流通服务业发展新空间，坚持"走出去"与"请进来"紧密结合，借助电子商务搞活开放型经济，特别要借助"一带一路"的建设，进一步推动流通服务业对外开放；坚持共享理念提高流通服务业运行效率，通过"新零售＋共享经济"实现"生产—流通—消费"三者的资源共享，鼓励共享配送，构建流通共享服务平台，加强物流数据开放共享。

2. 各区域流通服务业高质量发展路径实现的政策支持

流通服务业高质量发展大致分三步走，政府应根据不同区域自身目前所处的阶段类型，制定不同的政策措施，支持不同区域沿着不同的路径发展。

(1) 对于"要素驱动型"增长阶段的区域，该区域流通服务业的发展目前主要依靠劳动力、资本和资源等传统要素投入，流通企业对低要素成本、高市场规模的需求更强烈，该区域的政策环境和制度质量正在不断改善。在实现流通服务业高质量发展的过程中，一是流通企业要提高市场自主调节能力，处理好政府与市场的关系，政府要为流通企业的创新发展营造良好轻松的市场环境，壮大个体、民营和外资流通企业等非国有经济的力量，以市场经济机制鼓励各流通企业全面参与市场竞争，激发流通企业自主研发、全面创新的积极性与主动性。二是要提高政府支持的力度，中央和地方政府对这些区域应给予更多的优惠政策，政府应加大对这些区域中的研究与开发机构的政府资金拨款，政府尤其要加大与技术创新相关活动的支持力度，良好的制度质量也是一个区域的一种比较优势，能够有

效提高资源配置效率和促进区域流通企业的发展。三是要打破国内行政区域划分，消除地区产品市场和要素市场的地域分割，实现要素自由流动，降低交易费用。四是流通企业要培养自主技术创新能力，吸引资源从低效率部门向高效率部门转移，带动流通服务业实现创新驱动，实现高质量发展。五是实行供给侧结构改革旨在从提高供给质量出发，加快要素市场改革，矫正要素配置扭曲，弱化政府对要素资源的配置权力，扩大有效供给。

（2）对于处于"制度依赖型"增长阶段的区域，该区域存在制度优势，但可能不具备技术优势，可以通过技术突破转向创新驱动发展。政府要大力支持该区域技术创新研发活动，杜绝因"寻扶持"而仅仅追求技术创新的数量（如专利数量）的行为，要增强创新成果的市场转化率，通过市场化和产业化最大限度地挖掘创新成果的潜在商业价值，释放高的技术创新质量，实现技术突破，通过技术创新最终实现创新驱动对流通服务业高质量发展的带动作用。

（3）对于"技术依赖型"增长的区域。该区域存在技术优势，但可能不具备制度优势，政府要推动市场中介组织和法律制度环境建设，为推动流通服务业高质量发展提供完善的组织保障和法律保障。要积极转变政府职能，从关注技术转向强调创新、从注重管理转向完善治理，要围绕创新链，建设创新功能性平台，大力扶持和培育创新服务机构，以市场最认可、企业最适用的方式，推进技术成果转移转化，促进大众创业、万众创新。要改革创新导向的制度体系，建立健全激励创新的税收、贸易、技术和人才制度，构建完善的市场制度、创新政策和政府监管的"创新三角"。

（4）对于处于"创新驱动型"增长的区域，该区域既存在技术优势，也具备制度优势。这些区域地方政府具有强劲的推动发展的能力，这些区域既有政府的条件，又有企业的条件，还有科教资源的条件，因此政府要充分利用这些良好的基础条件和优势，率先引领实现更高级别的创新驱动发展，为其他区域流通服务业的发展起到带头和示范作用。

（5）各区域流通服务业高质量发展的其他路径选择的政策支持。根据各区域流通服务业的"要素驱动型""制度依赖型""技术驱动型""创新驱动型"四种不同的增长阶段分别指出了路径选择的不同政策支持侧重，但是全国各区域这四种增长阶段类型的划分是根据实证分析得出的结论，由于受数据和选取指标的限制，实证分析的结论有可能与各个区域的发展实际状况和发展阶段有出入。另外，除了这些路径外，流通服务业也可能通过其他路径实现高质量发展。除了制度质量和技术创新因素外，还有其他因素也会影响影响流通服务业的高质量发展，因此各区域流通服务业在高质量发展的实践中，除了参照以上所提出的路径选择外，还要根据各区域的发展实际情况，结合该区域的制度环境、技术创新等实际情况，采取有针对性的政策措施，只有这样才能真正实现流通服务业的高质量发展。

3. 政策协同促进流通服务业高质量发展

（1）政策制定的部门协同和政策措施协同。要赋予流通服务业主管部门如商务部、交通运输部等部门以足够的权限，提高其参与联合制定政策的积极性和主动性，提高政策的执行效率。全面深化改革，加强颁布流通服务业发展政策措施的协同力度，推进国家治理体系和治理能力现代化。新时代全面深化改革呈现出许多新的内涵和特点，政策制定分量更重。对政策制定顶层设计的要求更高，对政策制定的系统性、整体性、协同性要求更强，相应地政策措施的协同、构建完善的政策体系的任务更重。综合运用各种流通服务业政策措施之间的协同来推进流通服务业的发展。特别是金融措施与引导措施、人事措施与行政措施等要协同发力，共同服务于实体经济。需要更好地发挥金融措施的作用，加大对流通服务业人才的培养力度，尤其在"一带一路"建设背景下，完善金融服务政策，全力支持亚投行建设，为我国出口提供全方位的金融服务。

（2）不同子行业采取不同的政策措施协同。对流通服务业整个行业而言，对税收都比较敏感，减税等积极的财政政策对流通服务业的刺激效果明显，财政措施与行政措施的协同使用能够极大地促进流通服务业发展。金融措施主要体现为信贷支持，由于流通服务业中大型企业相对较少，以中小企业为主，难以获得信贷支持，对于已经获得信贷支持的大型流通企业来说自身的债务风险也随之增加，经营成本增加，经营风险扩大，甚至有些企业可能将资金挪作他用，不利于流通服务业的发展。就流通服务业的三个子行业而言，在批发和零售业中应尽量多采用金融措施与行政措施的协同，在住宿和餐饮业、交通运输、仓储和邮政业中相对减少金融措施与行政措施的协同。在批发和零售业中应相对减少使用引导措施与行政措施的协同，在住宿和餐饮业中适度增加行政措施与引导措施或人事措施的协同；在交通运输、仓储和邮政业中相对增加财政措施与行政措施的协同。

4. 流通服务业高质量发展政策体系实践的条件保障

（1）政府和流通各参与主体都要树立新发展理念。

（2）组织体系的构建。强化政策决策过程中的"政府一元"统筹，突出政策决策过程中包括专家组成员、批发企业、零售企业、物流服务机构等相关利益群体的"多元"参与。建立"各负其责、合作共赢"的政策执行组织体系，明确政策执行主体的基本职责，加强政策执行主体间的合作，建立"广泛参与、科学评价"的流通服务业发展政策评价组织体系。

（3）运行机制的完善。首先是制定机制的完善，分析问题产生的深层次原因，有针对性地制定政策，建立信息公开机制，增强政策制定的透明度，建立利益协调机制，预防和化解政策制定中的冲突；其次是执行机制的完善，加强政策宣传，增强各流通主体对政策的认同度，合理选择政策工具；再次是评价机制的完善，将价值评价纳入政策综合评价体系，将政策评价纳入政策活动的全过程；最后是监管机制的完善，发挥各类监管主体作用，建立立体化的监管体系，采用多元化的监管手段，强化舆论监督等。

（4）外部环境的营造。营造良好的政治环境、经济环境，改善科技环境，优化市场流通环境，加强产地市场信息服务功能建设，减轻突发公共卫生事件对流通服务业发展的冲击等。

第6篇 总 结 篇

引　言

　　本篇在基础研究、路径选择研究、政策协同研究、典型案例分析和政策体系构建的基础上，得出本书研究的主要结论，并指出研究的局限。

第11章　研究结论与研究局限

11.1　主要结论

在流通服务业逐渐发展成为我国国民经济的基础性、先导性和战略性产业的大背景下，通过"基础研究—路径选择研究—政策协同性研究—典型案例分析—政策设计"，构建出"新发展理念—创新驱动—政策协同—流通服务业高质量发展"逻辑分析框架。主要得出以下结论。

1. 国外发展经验

（1）美国流通服务业发展经验。通过法律来规范市场流通行为，推行以市场为主导的流通产业发展政策，广泛应用信息技术及网络系统，调整与优化流通服务业结构，不断推进流通方式的现代化发展，实施顾客服务和信息管理创新战略，适时制定与调整流通服务业发展政策，多渠道加强流通服务业专业人才培养。

（2）日本流通服务业发展经验。拥有完备的流通立法，实行以政府为主导的流通产业政策，注重信息技术及网络系统的应用，促进流通服务业结构合理化，注重流通企业经营创新与流通体制创新，完善流通服务业发展政策，注重产、学、官三者合作及部门监管促进流通服务业发展，加强从业人员专业教育和职业培训。

（3）伦敦流通服务业发展经验。注重保持传统特色，打造文化与艺术相结合的"购物天堂"。

我国流通服务业的发展现状：增加值规模不断扩大，发展增速开始放缓，网络零售发展迅猛，绿色流通发展处于初步探索阶段，就业规模平稳，劳动生产率不断扩大，固定资产投资额不断增加，对国民经济的贡献略有降低。

借鉴国外流通服务业的发展经验结合我国目前流通服务业的实际情况，得出以下几点启示：健全流通服务业的法律法规体系，实行流通政策和制度创新；重视绿色流通发展，建立现代信息系统，通过技术创新实现流通现代化、实现新零售快速发展；通过技术革新，调整流通服务业的产业结构；培养和引进高素质流通人才。

2. 创新驱动对我国流通服务业高质量发展存在明显的门槛效应

在流通服务业实现高质量发展的过程中，都是从要素驱动开始的，在创新驱动效应低于门槛值的初期阶段，流通服务业增长水平的主要动力是劳动力水平、物质资本等要素投入以及产业结构发展水平等因素，创新驱动水平较低时，由于技术壁垒的限制作用，流通服务业增长中的创新驱动效应并不很显著。

有的区域由于具有制度优势，如果能够实现技术突破，更加注重技术平台开发和加强公共设施建设，为发展高技术、高管理和高知识的流通企业提供适宜的土壤，由制度依赖转向技术依赖，通过技术创新最终实现创新驱动。有的区域由于具有技术优势，如果能够营造适宜的制度环境，由技术优势的内驱力通过制度的外在驱动最终实现创新驱动。技术创新与制度质量是流通服务业高质量发展的两大关键因素。其中，技术创新是内生动力，制度质量创新是外部诱因，制度质量创新往往滞后于技术创新。流通服务业高质量发展是技术与制度协同演化的过程，技术创新为流通服务业高质量发展提供了根本动力，制度质量在流通服务业高质量发展的各个阶段对技术创新起着重要的支撑和保障作用。

3. 流通服务业在不同的发展阶段具有不同的特征

（1）要素驱动发展阶段。流通服务业发展初期增长的主要动力来自劳动力资本、物质资本等要素的投入，要素释放出来的价格信号和新产品信息的有效传递能及时反映供求关系，引导企业进行技术创新研发活动，由于受到技术壁垒的影响，此时无论怎样增加初级要素的投入，产业发展都会保持低速或停滞。

（2）制度依赖发展阶段。良好的制度质量是一种比较优势，能够有效提高资源配置效率和促进企业的发展。制度依赖型企业要达到新的发展阶段，需要通过提高技术创新来驱动产业发展。制度对技术创新影响较大，良好的制度环境能够促进技术创新，市场制度提供的创新动力和压力能够激励企业家提高对要素的组合能力。

（3）技术依赖发展阶段。根据新古典内生增长模型，在其他要素不变的情况下，技术水平的提高会增加产业经济增长率，产业发展不再单纯依靠初级要素的投入，而在很大程度上因技术水平影响驱动产业发展，制度质量的不断提高能降低技术创新活动过程中所产生的交易费用，引导和规范技术创新促进流通服务业高质量发展过程中所出现的低效率等问题。技术驱动型企业要达到新的发展阶段，需要通过制度质量的完善和提高最终实现创新驱动发展。

（4）创新驱动发展阶段。创新驱动大致分两种情形：原来企业发展属于技术依赖型，高质量制度更促进了技术研发的高效运行，引致更多的高新技术出现，促使技术创新转变为创新驱动，这时产业达到了创新驱动型发展阶段；原来企业发展属于制度依赖型，通过技术突破实现创新驱动，这时产业达到了创新驱动型发展阶段，实现了由采用新技术的现代流通服务业取代传统流通服务业的更迭，助力流通服务业实现高质量发展。

4. 流通服务业高质量发展动力从要素驱动转换为创新驱动的内在路径

流通服务业高质量发展动力从要素驱动转换为创新驱动的内在路径大致分三步走。第一步，从"要素驱动型"转变为"制度依赖型"或"技术依赖型"；第二步，从"制度依赖型"转变为"技术依赖型"，这一步并非流通服务业高质量发展动力转换的必经阶段，但在流通服务业发展的过程中客观存在；第三步，从"制度依赖型"或"技术依赖型"转变为"创新驱动型"。

甘肃、青海、河南这些区域的流通服务业目前属于"要素驱动型"增长，要实现创新驱动增长，从第一步到第三步需要走的路还比较长，这些地区的创新驱动效应原本就较低且制度质量不高，首先需要得到制度或技术上的支持，从"要素驱动型"转变为"制度依赖型"或"技术依赖型"（或"制度依赖型"再到"技术依赖型"），最后由"制度依赖型"转变为"创新驱动型"或由"技术依赖型"转变为"创新驱动型"。

海南、山西、内蒙古、宁夏、广西这些区域的流通服务业第一步已经走完，目前处于"制度依赖型"增长阶段，制度上具有一定的比较优势，在适宜的制度质量环境下，如果能够通过自主创新取得技术上的突破，可直接通过第三步由"制度依赖型"增长转变为"创新驱动型"增长阶段。如果不能自主创新，那么通过第二步先由"制度依赖型"增长转变为"技术依赖型"，但需要在一定范围内承受可接受的市场与制度建设损失的条件下获取先进技术，通过模仿创新、协同创新或技术引进等，再走第三步，当具备了制度质量优势，也具备了技术创新优势，通过"技术依赖型"增长再转变为"创新驱动型"发展阶段。

福建、黑龙江、吉林、辽宁、河北、天津、重庆、贵州、湖北、湖南、江西、安徽、陕西、四川这些区域第一步已经走完,完成了从"要素驱动型"到"技术依赖型"的转变,目前处于"技术依赖型"增长阶段,技术上具有一定的比较优势,困境主要是由于低制度质量的限制,如政府通过提高制度水平、优化制度结构,释放增长活力,通过创造良好的制度质量环境,直接从第一步走到第三步,在具备技术创新优势的基础上,又具备了制度质量优势,通过"技术依赖型"逐步转变为"创新驱动型"发展阶段。

北京、上海、广东、山东、江苏、浙江这些区域目前处于"创新驱动型"增长阶段,技术和制度质量都具有优势,已经基本上接近高质量发展阶段。

5. 流通服务业政策演变情况

2000 年以前的流通服务业发展政策一直在探索对外开放和对内构建规范的制度框架。在改革开放的推动下,流通服务业不断提高其市场化和国际化水平,从制度机制入手推动流通领域向前发展。"十五"时期政府充分意识到流通服务业在国民经济发展中的先导地位,促进流通服务业各子行业发展的政策文件源源不断地出台,但流通服务业的现代化和国际化仍处于起步阶段。"十一五"时期在政府颁布的多项政策作用下,流通服务业的布局日趋合理、产业结构不断优化升级,初步形成了标准化、国际化的现代流通体系。"十二五"时期为适应经济发展新常态,政府各部门尤其是商务部出台了大量政策促进流通服务业发展,这个时期的政策更加强调创新驱动、"互联网 +"、线上线下融合发展、回归零售商业本质、夯实流通企业供给侧结构性改革等,这些都体现了流通领域理论与实践的创新。"十三五"时期政府部门高度重视流通服务业的发展,促进流通服务业向高质量发展是制定流通服务业政策的主要依据和方向。各项政策的出台和实施有力地推动了流通服务业的标准化、网络化、数字化、智能化、现代化、法治化和国际化。"十四五"时期促进流通服务业向高质量发展是制定流通服务业政策的主要依据和方向,为实现我国流通服务业高质量发展,流通服务业政策应更加体现"创新、协调、绿色、开放、共享"五大发展理念。

6. 流通服务业政策制定实施情况

(1) 从政策颁布数量和政策效力来看,自 1998 年以来,流通服务业发展政策颁布的数量不断增多，政策总效力不断增强，但政策力度偏小。我国流通服务业发展政策总效力和颁布政策的数量在波动中总体呈上升态势，说明我国越来越重视流通服务业发展，但政策总效力的提升主要源于政策数量的增加，而非政策力度的上升或政策措施的加强。

（2）从政策颁布的部门来看，交通运输部是参与制定政策最多的部门。

（3）从部门协同来看，部门联合制定政策的比例总体上不断增加，表明我国政府在制定流通服务业政策时由原来的依靠单一部门制定向多部门联合制定转变，部门间的协同作用明显增强。但掌握行政和经济资源的部门处于部门协同的核心地位，关乎流通服务业发展的主管部门如交通运输部门不掌握足够的经济和行政资源。虽然参与政策颁布的部门众多，但各部门参与积极性较低，整体效率不高。

（4）从联合制定的政策类型来看，大多为通知类等政策力度较低的政策，不利于流通服务业发展长期性、系统性、战略性目标的实现。

（5）从政策措施来看，我国流通服务业发展政策正逐步由依靠单一政策措施向综合利用多种政策措施转变，政策措施协同不断加强，但政策工具的协同差异较大，主要依靠行政措施来推动，且行政措施与其他政策措施协同度最高，其次是引导措施。为此，需要进一步提高流通服务业政策措施的协同度，加强政策工具间的相互配合，同时整合部门力量，实现孤立型政策向协调型政策的转型。

（6）从措施协同的有效性来看，流通服务业的不同子行业各措施之间的协同情况是不同的，对流通服务业整体而言，财政措施和行政措施的协同对流通服务业发展的促进作用最大，行政措施与金融措施和其他经济措施的协同对流通服务业的发展具有阻碍作用。财政措施一般体现在税收方面，流通服务业对税收比较敏感，减税等积极的财政政策对流通服务业的刺激很大，对流通服务业发展可以产生积极的促进作用；在批发零售业中，引导措施、其他经济措施与行政措施之间的协同对行业的发展具有阻碍作用，其中其他经济措施与行政措施的协同对这三个子行业都具有负面的影响，金融措施与行政措施的协同对批发零售行业具有正面的影响，但对住宿餐饮、交通运输仓储邮政业两个子行业都是负面的影响，因为金融措施主要是给予流通服务业信贷支持，但流通服务业中大型企业较少，中小企业众多，负的影响说明大部分中小企业获得信贷支持的机会比较少，而对获得资金支持的大型流通企业而言也增加了自身的债务风险，无形中提高了自身的经营成本，流通企业在扩大自身经营规模的同时也增加了自身的经营风险,甚至有些企业可能将资金用于实现其他的目标,这也从一定程度上阻碍了流通服务业的发展。

7. 京津冀农产品流通的效率及影响因素

近十多年来,京津冀农产品流通整体运行效率缓慢降低。技术创新能力不足和对现有技术缺乏有效利用是抑制京津冀农产品流通效率提高的重要因素。北京对京津冀农产品流通运行效率提升起到拉动作用,技术水平提高是北京农产品流通效率提高的重要原因。天津和河北对京津冀农产品流通运行效率起到抑制作用,缺乏规模效应导致天津农产品流通效率不够高,技术创新能力不足导致河北省农产品流通效率较低。河北省十一个地级市中大部分地级市的农产品流通效率不高,其中衡水市和石家庄市效率下降较为显著,技术创新不足是导致河北省十一个地级市农产品流通效率低下的重要因素。劳动力素质、农产品交易市场集中度、农产品流通资本投入、信息化水平、电子商务水平和物流配送程度对提高农产品流通效率具有积极作用,农产品流通劳动力规模、交通水平、仓储条件和政府对农产品流通相关的财政支出对提高农产品流通效率具有消极作用。

(1)通过对比京津冀农产品批发市场与深圳布吉农产品中心批发市场、深圳市农产品股份有限公司和武汉白沙洲农副产品大市场,可以发现,京津冀农产品批发市场采用的还是传统的要素驱动模式,主要采用线下实体交易,批发市场的发展主要依靠人力和资本投入,技术创新能力不足,对现有技术缺乏有效利用抑制了京津冀农产品流通效率的提高,落后的交易技术在较大程度上降低了批发市场的运行效率。流通服务业要实现高质量发展需要改变传统的要素驱动模式,靠供应链管理创新、数字化、信息化、"互联网 +"模式等科技创新实现创新驱动发展。

(2)京津冀农产品流通的政策协同及有效性。通过分析 1978—2019 年京津冀农产品流通政策,得出了以下几点结论:第一,2010—2019 年,京津冀农产品流通政策的数量开始减少,但是覆盖面逐渐全面;第二,在京津冀农产品政策的部门协同中,颁布政策最多的分别是北京市是粮食局、天津市粮食局和河北农业厅,这些都是农业发展的核心部门。部门协同颁布的农产品政策中,大多数为通知类等力度比较低的政策,不利于京津冀农产品流通发展长期性、系统性、战略性目标的实现;第三,行政措施与其他政策措施协同度最高,我国政府也越来越认识到经济类措施和引导措施协同的重要性;第四,人事措施、财政措施和其他经济措施与行政措施的协同对农产品发展具有正向促进作用,金融措施与引导措施的协同对京津冀农产品流通发展具有促进作用。因此为了提高京津冀农产品流通效率，从宏观层面来看，政府在制定京津冀农产品流通政策时要重视金融措施与引导措施的协同、财政措施与行政措施的协同、人事措施与行政措施的协同，多采取引导措施鼓励农产品流通企业技术创新。从微观层面来看，企业应制定中长期的技术创新投入规划、注重技术创新与管理创新相结合等。

8. 以"创新、协调、绿色、开放、共享"的新发展理念为引领，构建流通服务业发展政策体系

坚持创新理念作为驱动流通服务业高质量发展的第一动力，包括理论创新、制度创新、数字化信息化等科技创新、供应链管理创新、结构调整创新、生活服务创新、消费创新、供给侧改革创新等；坚持协调理念构建流通服务业发展新格局，加强中央政府与地方政府以及各主管部门间的协调，不同子行业采取不同的政策措施协同，建立政府、行业协会和企业共同组成的综合协调机制；坚持绿色理念培育流通服务业发展新优势，完善绿色流通立法并建立激励与约束相融的绿色流通法律体系，重视绿色通道建设，倡导绿色零售；坚持开放理念拓展流通服务业发展新空间，坚持"走出去"与"请进来"紧密结合，借助电子商务搞活开放型经济，特别要借助"一带一路"，进一步推动流通服务业对外开放；坚持共享理念提高流通服务业运行效率，通过"新零售＋共享经济"实现"生产—流通—消费"三者的资源共享，鼓励共享配送，构建流通共享服务平台，加强物流数据开放共享。

9. 创新驱动各区域流通服务业高质量发展路径实现的政策支持

各区域流通服务业高质量发展大致分三步走，政府应根据不同区域自身目前所处的阶段类型，制定不同的政策措施，支持不同区域沿着不同的路径发展。

（1）对于"要素驱动型"增长阶段的区域，该区域流通服务业的发展目前主要依靠劳动力、资本和资源等传统要素投入，流通企业对低要素成本、高市场规模的需求更强烈，该区域的政策环境和制度质量正在不断改善，在实现流通服务业高质量发展的过程中，一是流通企业要提高市场自主调节能力，处理好政府与市场的关系，另一方面政府要为流通企业的创新发展营造良好轻松的市场环境，壮大个体、民营和外资流通企业等非国有经济的力量，以市场经济机制鼓励各流通企业全面参与市场竞争，激发流通企业自主研发、全面创新的积极性与主动性；二是要提高政府支持

的力度，中央和地方政府对这些区域应给予更多的优惠政策，政府应加大对这些区域中的研究与开发机构的政府资金拨款，政府尤其要加大与技术创新相关活动的支持力度，良好的制度质量也是一个区域的一种比较优势，能够有效提高资源配置效率和促进区域流通企业的发展；三是要打破国内行政区域划分，消除地区产品市场和要素市场的地域分割，实现要素自由流动，降低交易费用；四是流通企业要培养自主技术创新能力，吸引资源从低效率部门向高效率部门转移，带动流通服务业实现创新驱动，实现高质量发展；五是实行供给侧结构改革旨在从提高供给质量出发，加快要素市场改革，矫正要素配置扭曲，弱化政府对要素资源的配置权力，扩大有效供给。

（2）对于处于"制度依赖型"增长阶段的区域，该区域存在制度优势，但可能不具备技术优势，可以通过技术突破转向创新驱动发展。政府要大力支持该区域技术创新研发活动，杜绝因"寻扶持"而仅仅追求技术创新的数量（如专利数量）的行为，要增强创新成果的市场转化率，通过市场化和产业化最大限度地挖掘创新成果的潜在商业价值，释放高的技术创新质量，实现技术突破，通过技术创新最终实现创新驱动对流通服务业高质量发展的带动作用。

（3）对于"技术依赖型"增长的区域。该区域存在技术优势，但可能不具备制度优势，政府要推动市场中介组织和法律制度环境建设，为推动流通服务业高质量发展提供完善的组织保障和法律保障。要积极转变政府职能，从关注技术转向强调创新、从注重管理转向完善治理，要围绕创新链，建设创新功能性平台，大力扶持和培育创新服务机构，以市场最认可、企业最需要的方式，推进技术成果转移转化，促进大众创业、万众创新。要改革创新导向的制度体系，建立健全激励创新的税收、贸易、技术和人才制度，构建完善的市场制度、创新政策和政府监管的"创新三角"。

（4）对于处于"创新驱动型"增长阶段的区域，该区域即存在技术优势，也具备制度优势。这些区域地方政府具有强劲的推动发展的能力，这些区域既有政府的条件，又有企业的条件，还有科教资源的条件，因此政府要充分利用这些良好的基础条件和优势，率先引领实现更高级别的创新驱动发展，为其他区域流通服务业的发展起到带头和示范作用。

（5）各区域流通服务业高质量发展的其他路径选择的政策支持。前面根据各区域流通服务业的"要素驱动型""制度依赖型""技术驱动型""创新驱动型"四种不同的增长阶段分别指出了路径选择的不同政策支持侧重，但是全国各区域这四种增长阶段类型的划分是根据实证分析得出的结论，由于受数据和选取指标的限制，实证分析的结论有可能与各个区域的发展实际状况和发展阶段有出入。另外，除了这些路径外，流通服务业也可能通过其他路径实现高质量发展。除了制度质量和技术创新因素外，还有其他因素也会影响影响流通服务业的高质量发展，因此各区域流通服务业在高质量发展的实践中，除了参照以上所提出的路径选择外，还要根据各区域的发展实际情况，结合该区域的制度环境、技术创新等实际情况，采取有针对性的政策措施，只有这样才能真正实现流通服务业的高质量发展。

10. 政策协同促进流通服务业高质量发展

（1）政策制定的部门协同和政策措施协同。要赋予流通服务业主管部门如商务部、交通运输部等部门以足够的权限，提高其参与联合制定政策的积极性，提高政策的执行效率。全面深化改革，加强颁布流通服务业发展政策措施的协同力度，推进国家治理体系和治理能力现代化。新时代全面深化改革呈现出许多新的内涵和特点，政策制定分量更重。对政策制定顶层设计的要求更高，对政策制定的系统性、整体性、协同性要求更强，相应地政策措施的协同、构建完善的政策体系的任务更重。综合运用各种流通服务业政策措施之间的协同来推进流通服务业的发展。特别是金融措施与引导措施、人事措施与行政措施等要协同发力，共同服务于实体经济。需要更好地发挥金融措施的作用，加大对流通服务业人才的培养力度，尤其在"一带一路"建设背景下，完善金融服务政策，全力支持亚投行建设，为我国出口提供全方位的金融服务。

（2）不同子行业采取不同的政策措施协同。对流通服务业整个行业而言，对税收都比较敏感，减税等积极的财政政策对流通服务业的刺激效果明显，财政措施与行政措施的协同使用能够极大地促进流通服务业发展。金融措施主要体现为信贷支持，由于流通服务业中大型企业相对较少，以中小企业为主，难以获得信贷支持，对于已经获得信贷支持的大型流通企业来说自身的债务风险也随之增加，经营成本增加，经营风险扩大，甚至有些企业可能将资金挪作他用，不利于流通服务业的发展。就流通服务业的三个子行业来说，在批发和零售业中应尽量多采用金融措施与行政措施的协同，在住宿和餐饮业、交通运输、仓储和邮政业中相对减少金融措施与行政措施的协同。在批发和零售业中应相对减少使用引导措施与行政措施的协同，在住宿和餐饮业中相对增加行政措施与引导措施或人事措施的协同；在交通运输、仓储和邮政业中相对增加财政措施与行政措施的协同。

11. 流通服务业高质量发展政策体系实践的条件保障

（1）政府和流通各参与主体都要树立新发展的理念。

（2）组织体系的构建。强化政策决策过程中的"政府一元"统筹，突出政策决策过程中包括专家组成员、批发企业、零售企业、物流服务机构等相关利益群体的"多元"参与。建立"各负其责、合作共赢"的政策执行组织体系，明确政策执行主体的基本职责，加强政策执行主体间的合作，建立"广泛参与、科学评价"的流通服务业发展政策评价组织体系。

（3）运行机制的完善。首先是制定机制的完善，分析问题产生的深层次原因，有针对性地制定政策，建立信息公开机制，增强政策制定的透明度，建立利益协调机制，预防和化解政策制定中的冲突；其次是执行机制的完善，加强政策宣传，增强各流通主体对政策的认同度，合理选择政策工具；再次是评价机制的完善，将价值评价纳入政策综合评价体系，将政策评价纳入政策活动的全过程；最后是监管机制的完善，发挥各类监管主体作用，建立立体化的监管体系，采用多元化的监管手段，强化舆论监督等。

（4）外部环境的营造。营造良好的政治环境、经济环境，改善科技环境，优化市场流通环境，加强产地市场信息服务功能建设，减少突发公共卫生事件对流通服务业发展的冲击等。

11.2　研　究　局　限

（1）流通服务业的范围界定不能涵盖新型业态。国内学者试图从不同角度寻找或设计流通服务业的分类方法和研究范围，这导致对流通服务业的分类理论层出不穷。理论上争议比较大的是广义和狭义的流通服务业范畴，国内理论界对流通服务业的范围至今尚无统一的界定。本书定义的"流通服务业"首先是基于狭义"流通"，即商品从生产到消费中间的实物转移过程的定义。其次结合了学界里面接受度较高的观点和统计数据的可得性，对"流通服务业"的范围界定为包括批发业、零售业和住宿餐饮业、交通运输、仓储和邮政业在内的行业集合，不能够全面反映流通服务业的发展情况。

（2）由于所选取政策颁布年份跨度较大，而且流通服务业涵盖的领域比较广泛，所以政策的收集和筛选不能面面俱到，在后续研究中将继续收集筛选政策，完善数据库。

（3）受数据收集限制，本书仅分析了批发和零售业，住宿和餐饮业，交通运输、仓储和邮政业等行业的数据，但快递业、物流业的数据在统计年鉴中没有专门统计，不易收集，使得流通服务业的数据分析不够全面。

附录 京津冀农产品流通调查问卷

您好！

首先，我们是京津冀农产品流通体系研究课题组的成员，非常感谢您能抽出宝贵的时间帮助我们完成此项调查工作，本问卷旨在研究京津冀地区农产品流通效率，从而增大农民、批发商、零售商等农产品流通主体的利益，为政府采取相应政策和措施提供参考。调查结果仅用于学术研究，对您所填写的相关资料也会保密，绝不会用于商业用途，更不会损害您的利益，请您根据自身实际情况、真实想法如实填写！再次对您的协助表示诚挚的感谢！

京津冀农产品流通调查课题组

2019 年 3 月

第一部分 基本经营情况

1. 您的年龄为（　　　）岁。

2. 您的最高学历水平为（　　　　）。

A. 未上学　　　　　　B. 小学　　　　　　　C. 初中

D. 高中　　　　　　　E. 专科　　　　　　　F. 大学

G. 研究生及以上

3. 您从事农产品批发的年限为（　　　）年。

4. 您经营的农产品种类主要有（　　　　　　　）。

5. 近两年肉类产品批发销售成本收益大致情况：

项目	2017 年	2018 年前 10 个月
营业总额/万元		
利润总额/万元		
投入资金总额/万元		
运输、配送费（包括燃油、车辆维护、公路收费等）		
分拣、包装费/万元		
存储、冷藏支出/万元		
摊位面积/平方米		
市场管理费/万元		
其他费用/万元		

6. 2018 年的销售利润率约为（　　　）。

A. 5% 以下　　　　　　B. 5% ~ 10%　　　　　　C. 10% ~ 20%

D. 20% ~ 30%　　　　　E. 30% 以上

7. 国家在运输和销售上给予的补贴或支持情况：（　　　）。

A. 无　　　　　　　　　　　B. 绿色通道

C. 加强流通基础设施建设　　　D. 减免市场管理费

E. 其他补贴

第二部分　生鲜农产品产品流通效率的影响因素

1. 您在生鲜农产品运输中损失的比例是否很高？（　　　）

A. 非常高　　　　　　B. 高　　　　　　　　C. 一般

D. 低　　　　　　　　E. 非常低

2. 您在生鲜农产品存储中损失的比例是否很高？（　　　）

A. 非常高　　　　　　B. 高　　　　　　　　C. 一般

D. 低　　　　　　　　E. 非常低

3. 您用于生鲜农产品的冷藏车比例（即生鲜农产品冷藏车数量占全部藏车数量的比例）为（　　　）。

A. 10% 以下　　　　B. 10% ~ 20%　　　　C. 20% ~ 30%

D. 30% ~ 40%　　　E. 40% ~ 50%　　　　F. 50% 以上

4. 您用于生鲜农产品的冷库比例（即生鲜农产品冷库数量占全部仓库数量的比例）为（　　　）。

A. 10% 以下   B. 10% ~20%   C. 20% ~30%

D. 30% ~40%   E. 40% ~50%   F. 50% 以上

5. 您 2018 年的固定下游客户的生鲜农产品购买量占总交易量的比例为 (   )。

A. 10% 以下   B. 10% ~20%   C. 20% ~30%

D. 30% ~40%   E. 40% 以上

6. 您 2018 年的固定上游客户的生鲜农产品供应量占总供应量的比例为 (   )。

A. 10% 以下   B. 10% ~20%   C. 20% ~30%

D. 30% ~40%   E. 40% 以上

7. 您从生鲜农产品采购完成到售出、交货的时间间隔一般为 (   ) 天。

A. <1 天   B. 1≤天数 <3   C. 3≤天数 <5

D. 5≤天数 <7   E. 其他

8. 您采购和销售生鲜农产品的物流方式分别为 (   ) 和 (   )。（可多选）

A. 自营物流   B. 对方物流   C. 第三方物流

9. 您的采购渠道主要为 (   )。（可多选，并按比例从大到小排列）

A. 农户   B. 加工企业   C. 合作社

D. 其他批发商   E. 自己的屠宰场

10. 您的分销渠道主要为 (   )。（可多选，并按比例从大到小排列）

A. 集贸市场商贩   B. 超市   C. 集团订单

D. 流动摊贩   E. 家庭购买

11. 您的生鲜农产品采购地主要为 (   )。

A. 河北   B. 山东   C. 吉林

D. 辽宁   E. 其他

12. 您对生鲜农产品流通绩效的评价：

绩效	5	4	3	2	1
	完全同意	比较同意	一般同意	不太同意	不同意
能够促进生鲜农产品生产的顺利进行					
能够保证批发商的货源充足					
能够满足市场消费需求					

注：在相应的同意程度上划 "√"。

13. 您是否经常使用微信、QQ、邮件等网络交流工具与生意伙伴沟通？（　　）

    A. 几乎不用　　　　　　B. 偶尔使用　　　　　　C. 一般

    D. 较常使用　　　　　　E. 经常使用

14. 您的生意是否依赖淘宝、天猫、京东等网络销售平台？（　　）

    A. 根本不需要　　　　　B. 不太需要　　　　　　C. 一般

    D. 比较需要　　　　　　E. 非常需要

15. 您在运输过程中的公路收费、停车费等相关收费是否很高？（　　）

    A. 非常高　　　　　　　B. 高　　　　　　　　　C. 一般

    D. 低　　　　　　　　　E. 非常低

16. 您对公路、停车站等交通基础设施是否满意？（　　）

    A. 非常不满意　　　　　B. 不满意　　　　　　　C. 一般

    D. 满意　　　　　　　　E. 非常满意

17. 请您对下列有关农户或收购商、零售商的表现进行评价：

项目	5	4	3	2	1
	完全满意	比较满意	一般满意	不太满意	不满意
总体评价					
农户或收购商交货质量					
农户或收购商交货较为及时					
客户的付款能力和付款方式					

注：在相应的同意程度上划"√"。

18. 您对批发市场的安保、清洁、结算等工作人员的服务质量与态度是否满意？（　　）

    A. 非常不满意　　　　　B. 不满意　　　　　　　C. 一般

    D. 满意　　　　　　　　E. 非常满意

19. 您对批发市场的生鲜农产品质量检测、信息收集发布等基础设备是否满意？（　　）

    A. 非常不满意　　　　　B. 不满意　　　　　　　C. 一般

    D. 满意　　　　　　　　E. 非常满意

参 考 文 献

[1] 埃伦·费希尔. 安全与进步的冲突 [M]. 伦敦：麦克米伦出版公司，1935.

[2] 保田芳昭，加藤义忠. 日本现代流通论（新版）[M]. 江虹，译. 上海：上海大学出版社，2009.

[3] 彼得·德鲁克. 创新与企业家精神 [M]. 彭志华，译. 海口：海南出版社，2000.

[4] 蔡荣，虢佳花，祁春节. 农产品流通体制改革：政策演变与路径分析 [J]. 商业研究，2009（8）：4-7.

[5] 曹厚昌. 商业改革中要把国有资产重组和商品流通渠道重组结合起来——国有商业所有制实现形式初探 [J]. 经济与管理研究，1997（6）：20-23.

[6] 曹金栋，杨忠于. 关于流通业战略性地位的理论探讨及对策分析 [J]. 经济问题探索，2005（2）：108-109.

[7] 常剑. 北京郊区农产品流通体系实证研究 [D]. 北京：中国农业科学院，2009.

[8] 常晓然，李靖华. 我国流通产业创新政策演化分析 [J]. 科技管理研究，2015，35（8）：36-42.

[9] 晁钢令. 商业业态创新是新一轮流通现代化的重要标志 [J]. 中国流通经济，2013，27（9）：14-17.

[10] 陈昌兵. 新时代我国经济高质量发展动力转换研究 [J]. 上海经济研究，2018（5）：16-24，41.

[11] 陈文玲. 流通理论的研究与探索 [M]. 北京：社会科学文献出版社，1997.

[12] 陈文玲. 我国建立和完善现代物流政策体系的选择 [J]. 中国流通经济，2009，23（1）：8-12.

[13] 陈文玲. 现代流通：国家的核心竞争力 [J]. 南京社会科学，2016（3）：1 - 7.

[14] 陈曦，张焘. 试论政府在农产品电子商务平台和流通体系融合中的介入 [J]. 商业经济研究，2017（6）：166 - 167.

[15] 陈曦. 创新驱动发展战略的路径选择 [J]. 经济问题，2013（3）：42 - 45.

[16] 陈宇峰，章武滨. 中国区域商贸流通效率的演进趋势与影响因素 [J]. 产业经济研究，2015（1）：53 - 60.

[17] 陈宇霞. 城市社区的政策执行有效性研究 [D]. 昆明：云南大学，2016.

[18] 陈卓咏. 服务业类型划分的一种新方案 [J]. 统计与决策，2008（11）：29 - 31.

[19] 成力为，孙玮. 市场化程度对自主创新配置效率的影响——基于 Cost - Malmquist 指数的高技术产业行业面板数据分析 [J]. 中国软科学，2012（5）：128 - 137.

[20] 程虹. 竞争政策与高质量发展 [J]. 中国市场监管研究，2018（5）：9 - 13.

[21] 程瑞芳. 中国流通产业组织结构优化目标模式与实现机制 [J]. 中国流通经济，2004（1）：17 - 20.

[22] 程书强，刘亚楠，许华. 西部地区农产品流通效率及影响因素研究 [J]. 西安财经学院学报，2017，30（3）：88 - 94.

[23] 崔时雨. 我国流通现代化区域差异问题的实证研究 [D]. 北京：首都经济贸易大学，2017.

[24] 崔卫华，胡玉坤. 中国农产品流通体系竞争力的时序变化与地区差异 [J]. 财经问题研究，2016（11）：106 - 112.

[25] 戴欧阳. 山西农产品流通体系效率及其影响因素研究 [D]. 太原：太原科技大学，2015.

[26] 丁俊发，张绪昌. 跨世纪的中国流通发展战略 [M]. 北京：中国人民大学出版社，1998.

[27] 丁俊发. 供给侧结构性改革下流通业的先导作用 [J]. 中国流通经济，2017，31（2）：3 - 9.

[28] 丁俊发. 重新认识流通（上）[J]. 中国流通经济，2003（1）：21 - 24.

［29］董誉文．中国商贸流通业增长方式转换及效率评价——来自1993—2014 年省际面板数据的实证研究［J］．中国流通经济，2016，30（10）：12 – 23．

［30］杜卓君，韩振芳，杨正勇．水产品的流通及市场监管相关政策分析［J］．现代管理科学，2014（6）：108 – 110．

［31］樊纲，王小鲁，张立文，朱恒鹏．中国各地区市场化相对进程报告［J］．经济研究，2003（03）：9 – 18，89．

［32］方琳娜，陈印军，易小燕，钱小平．日本路边站式"地产地消"农产品流通方式及其启示［J］．中国农业资源与区划，2016，37（7）：61 – 65．

［33］方远平，阎小培，陈忠暖．服务业区位因素体系的研究［J］．经济地理，2008，28（1）：44 – 48．

［34］菲利普·科特勒．营销管理［M］．北京：中国人民大学出版社，2005．

［35］冯锋，汪良兵．协同创新视角下的区域科技政策绩效提升研究——基于泛长三角区域的实证分析［J］．科学学与科学技术管理，2011，32（12）：109 – 115．

［36］冯俏彬．我国经济高质量发展的五大特征与五大途径［J］．中国党政干部论坛，2018（1）：59 – 61．

［37］福井清一．菲律宾蔬菜水果流通和顾客关系［J］．农林业问题研究，1995，118．

［38］高培勇，袁富华，胡怀国，刘霞辉．高质量发展的动力、机制与治理［J］．经济研究，2020（4）：4 – 19．

［39］高爽．区域流通业发展水平与人口集聚空间耦合协调性分析［J］．经济问题探索，2020（3）：100 – 103．

［40］高铁生．更好地发挥政府在流通领域中的作用［J］．中国流通经济，2014，28（12）：4 – 7．

［41］高照军，武常岐．制度理论视角下的企业创新行为研究——基于国家高新区企业的实证分析［J］．科学学研究，2014，32（10）：1580 – 1592．

［42］顾鸿浩．扬州市商贸流通业发展中政府作用研究［D］．扬州：扬州大学，2014．

［43］郭冬乐，宋则．中国商业理论前沿Ⅱ［M］．北京：社会科学文

献出版社, 2001.

[44] 郭敬哲. 商贸流通服务业在国民经济中的影响力研究 [J]. 商业时代, 2016 (8): 11 – 13.

[45] 郭月梅, 田文宠. 关于我国流通业发展的税收政策研究 [J]. 税务研究, 2013 (6): 3 – 7.

[46] 郝瑶. 商贸流通业对经济先导性作用再检验及细分行业异质性探讨 [J]. 商业经济研究, 2015 (17): 52 – 53.

[47] 郝正亚, 王菊红. 中西部区域商贸流通业促进新兴产业承接问题思考 [J]. 商业经济研究, 2015 (35): 120 – 121.

[48] 何小洲, 刘丹. 电子商务视角下的农产品流通效率 [J]. 西北农林科技大学学报 (社会科学版), 2018 (1): 58 – 65.

[49] 贺爱忠. 我国新兴流通产业发展对策初探 [J]. 财贸经济, 2004 (11): 59 – 64.

[50] 贺兴东. 产业视角下的运输服务业内涵分析 [J]. 综合运输, 2013 (1): 58 – 63.

[51] 洪涛, 郑强. 城市流通力的内涵及其相应指标体系的建立 [J]. 商业经济与管理, 2002 (11): 10 – 14.

[52] 洪涛. 流通产业是一个基础产业——重视流通基础产业论的研究 [J]. 中国商人: 经济理论研究, 2005 (3): 64 – 71.

[53] 洪银兴. 论创新驱动经济发展战略 [J]. 经济学家, 2013 (1): 5 – 11.

[54] 胡基学. 支持物流业发展的财税政策研究 [D]. 北京: 财政部财政科学研究所, 2014.

[55] 胡敏. 高质量发展要有高质量考评 [N]. 中国经济时报, 2018 – 01 – 18 (5).

[56] 黄国雄, 曹厚昌. 现代商学通论 [M]. 北京: 人民日报出版社, 1997.

[57] 黄国雄. 论流通产业是基础产业 [J]. 财贸经济, 2005 (4): 61 – 65.

[58] 黄丽萍, 李慧. 支持我国流通业发展的税收优惠政策探析 [J]. 税务研究, 2013 (6): 30 – 33.

[59] 黄鸥翔, 黄清. 从战略产业的高度认识流通业 [J]. 绿色中国, 2004 (10): 41 – 42.

[60] 贾莹，王铁山，徐玲．生产性服务业对制造业转型升级的作用机制研究 [J]．技术与创新管理，2016，37（1）：76-81.

[61] 贾志芳，王金曼．新时期流通产业的战略地位探索 [J]．商业时代，2013（27）：21-22.

[62] 江尻弘．流通论 [M]．东京：中央经济社，1992.

[63] 姜长云，赵佳．我国农产品流通政策的回顾与评论 [J]．经济研究参考，2012（33）：18-29.

[64] 蒋华东．加快建立健全农产品流通体系的思考 [J]．农村经济，2007（10）：108-110.

[65] 金赛美．我国农产品流通效率测量及其相关因素分析 [J]．求索，2016（9）：129-132.

[66] 金永生．论流通产业组织及其创新 [J]．南京经济学院学报，2003（3）：16-21.

[67] 荆林波．关于"十三五"期间我国流通发展趋势的分析判断 [J]．晋阳学刊，2017（1）：137-141，145.

[68] 瞿淦．中国商贸流通企业发展的国际比较 [J]．商业时代，2018（8）：89-91.

[69] 科林·克拉克．经济进步的条件 [M]．纽约：圣马丁出版社，1957.

[70] 寇荣，谭向勇．论农产品流通效率的分析框架 [J]．中国流通经济，2008（5）：12-15.

[71] 匡远配，詹祎蕊．中美日3国农产品流通特征比较分析 [J]．世界农业，2016（1）：114-118，153.

[72] 匡跃辉．科技政策评估：标准与方法 [J]．科学管理研究，2005（6）：62-65，79.

[73] 李达勇．商贸流通业转型升级中政府管理创新研究——以浙江省金华市为例 [D]．金华：浙江师范大学，2011.

[74] 李定珍，张颖．湖南农村流通现代化水平地区差异实证研究 [J]．吉首大学学报（社会科学版），2015，36（6）：24-31.

[75] 李飞．商品流通现代化内涵的探讨 [J]．北京工商大学学报（社会科学版），2003（5）：1-6.

[76] 李飞．中国商品流通现代化的构成要素 [J]．中国流通经济，2003（11）：23-26.

［77］李红侠．促进我国物流业发展的财税政策取向［J］．税务研究，2013（6）：18 - 21.

［78］李江帆．第三产业经济学［M］．广州：广东人民出版社，1990.

［79］李骏阳．电子商务时代的流通组织创新［M］．北京：中国商务出版社，2005.

［80］李丽萍．基于税收政策改革谈我国商贸流通业内部产业结构优化路径［J］．商业经济研究，2017（4）：110 - 112.

［81］李铜山，韩苏玉．论粮食产业发展的流通政策体系［J］．河南工业大学学报（社会科学版），2017，13（1）：1 - 7.

［82］李伟．高质量发展的六大内涵［J］．中国林业产业，2018（Z1）：50 - 51.

［83］李晓青．我国农产品流通效率的区域性差异及影响因素分析［D］．大连：东北财经大学，2013.

［84］李阳，谭柯．刘强东：打造现代流通体系，推动经济高质量发展［N］．重庆商报，2018 - 3 - 10.

［85］李杨超，祝合良．中国流通现代化区域性差异实证分析［J］．中国流通经济，2014，28（10）：29 - 35.

［86］李志博，米新丽，安玉发．农产品流通政策体系的现状、问题及完善方向［J］．价格理论与实践，2013（8）：46 - 47.

［87］李志萌．现代农产品流通体系的构建与完善［J］．江西农业大学学报（社会科学版），2005（1）：69 - 71.

［88］廉晓玉．山东省农产品流通体系研究［D］．北京：首都经济贸易大学，2018.

［89］梁潇．基于政府职能变革的商贸流通产业发展探讨［J］．商业时代，2014（32）：12 - 14.

［90］林红．构建福建现代服务业发展的支点［N］．福建日报，2016 - 9 - 27（9）.

［91］林文益．论我国现阶段商品流通的特点和有序化问题［J］．财经理论与实践，1995（5）：11 - 15.

［92］林文益．贸易经济学［M］．北京：中国财政经济出版社，1995.

［93］林翱，陈俊滨．中国省域流通产业发展的时空格局分析［J］．产经评论，2015，6（6）：92 - 103.

[94] 林勇,王健. 我国现代物流政策体系的缺位与构建 [J]. 商业研究,2006 (18):183-187.

[95] 林兆木. 关于我国经济高质量发展的几点认识 [N]. 人民日报,2018-01-17 (7).

[96] 铃木武,王哲,陈晋. 现代流通政策和课题 [M]. 北京:中国商业出版社,1993.

[97] 刘彬斌. 新常态下我国商贸流通服务业与制造业的融合 [J]. 商业经济研究,2016 (22):181-183.

[98] 刘成龙. 我国流通业税收政策存在的主要问题与对策 [J]. 税务研究,2013 (6):13-17.

[99] 刘东明. 流通国际化模式探讨 [J]. 商业时代,2013 (15):26-27.

[100] 刘凤朝,孙玉涛. 我国科技政策向创新政策演变的过程、趋势与建议——基于我国 289 项创新政策的实证分析 [J]. 中国软科学,2007 (5):40-48.

[101] 刘根荣. 基于全局主成分分析法的中国流通产业区域竞争力研究 [J]. 中国经济问题,2014 (3):79-89.

[102] 刘国光. 加快流通产业向先导产业的转化 [J]. 价格理论与实践,2004 (6):23.

[103] 刘建颖. 商贸流通业发展国际观察 [J]. 商业时代,2013 (30):20-22.

[104] 刘金全,郑挺国. 我国货币政策冲击对实际产出周期波动的非对称影响分析 [J]. 数量经济技术经济研究,2006 (10):4-15.

[105] 刘莎. 呼和浩特市回民区商贸流通业发展中的政府作用研究 [D]. 呼和浩特:内蒙古大学,2017.

[106] 刘涛. 我国"互联网+流通产业"发展的突出问题及建议 [J]. 经济纵横,2016 (9):47-52.

[107] 刘依林. 河北省农产品流通体系建设研究 [D]. 北京:首都经济贸易大学,2017.

[108] 刘怡君,彭频. 发达国家共同配送政策措施和发展模式分析与借鉴 [J]. 企业经济,2015,34 (3):175-178.

[109] 刘迎秋. 四大对策应对高质量发展四大挑战 [N]. 中华工商

时报，2018－01－23（3）.

[110] 刘增佳. 区域流通产业发展差异的空间统计分析［D］. 杭州：
浙江工商大学，2013.

[111] 柳思维，黄福华. 新兴流通产业发展研究［M］. 北京：中国
市场出版社，2007.

[112] 路红艳. 政府规制理论对流通领域政府职能转变的启示［J］.
商业经济研究，2015（2）：8－9.

[113] 路红艳. 中日流通体制比较与启示［J］. 中国流通经济，
2014，28（11）：15－21.

[114] 吕娟娟. 安徽省流通服务业促进制造业发展研究［D］. 合肥：
安徽大学，2015.

[115] 吕雅甯. 中部地区流通产业竞争力评价与比较［D］. 兰州：
兰州财经大学，2016.

[116] 马欢欢. 国外农产品流通模式对我国农产品流通的启示［J］.
商业经济研究，2017（5）：152.

[117] 马克思，恩格斯. 马克思恩格斯全集（第二十四卷）［M］. 中
共中央马克思恩格斯列宁斯大林著作编译局，译. 人民出版
社，1975.

[118] 马克思，恩格斯. 马克思恩格斯全集［M］. 中共中央马克思
恩格斯列宁斯大林著作编译局，译. 人民出版社，1957.

[119] 马龙龙. 流通产业经济理论研究［M］. 北京：中国经济出版
社，2010.

[120] 马龙龙. 马克思论批发商品流通［J］. 财贸经济，2005（1）：
42－47，97.

[121] 孟旭，张树青. 关于服务定义研究视角的探讨［J］. 商业时
代，2009（15）：17－18.

[122] 孟子敏. 试论我国流通生产力要素系统的构建和完善［J］. 财
贸经济，2002（9）：34－37.

[123] 芈凌云，杨洁. 中国居民生活节能引导政策的效力与效果评
估——基于中国1996—2015年政策文本的量化分析［J］. 资
源科学，2017，39（4）：651－663.

[124] 沐潮. 前海深港现代服务业合作区现代物流业发展政策体系研
究［J］. 物流技术，2014，33（9）：18－21，35.

［125］聂霞．促进中国物流业发展的政策分析［D］．长春：吉林大学，2013．

［126］欧阳小迅，黄福华．我国农产品流通效率的度量及其决定因素：2000—2009［J］．农业技术经济，2011（2）：76－84．

［127］潘涛．基于细分行业异质性的商贸流通业对经济先导性作用再检验［J］．商业经济研究，2015（19）：40－41．

［128］庞世辉．京津冀交通一体化发展现状与面临的主要问题［J］．城市管理与科技，2015，17（6）：12－15．

［129］彭纪生，孙文祥，仲为国．中国技术创新政策演变与绩效实证研究（1978—2006）［J］．科研管理，2008（4）：134－150．

［130］彭纪生，仲为国，孙文祥．政策测量、政策协同演变与经济绩效：基于创新政策的实证研究［J］．管理世界，2008（9）：25－36．

［131］蒲晓晔，Jarko Fidrmuc．中国经济高质量发展的动力结构优化机理研究［J］．西北大学学报（哲学社会科学版），2018，48（1）：113－118．

［132］任保平，文丰安．新时代中国高质量发展的判断标准、决定因素与实现途径［J］．改革，2018（4）：5－16．

［133］任博华．中国农产品流通体系的现状及优化建议［J］．北方经贸，2008（10）：58－62．

［134］任晓．高质量发展的内涵与路径［N］．温州日报，2018－02－26（6）．

［135］任友德．政府在现代商贸流通业发展中的作用研究［J］．价格月刊，2016（6）：72－75．

［136］芮明杰，刘明宇，陈扬．我国流通产业发展的问题、原因与战略思路［J］．财经论丛，2013（6）：89－94．

［137］沈文捷．政府干预对我国商贸流通业影响的实证分析［J］．商业经济研究，2018（1）：24－26．

［138］沈艳．国外农产品流通现代化模式的借鉴意义［J］．企业导报，2014（2）：141，143．

［139］舒莉．流通现代化水平的测度及其对经济增长的影响研究［D］．杭州：浙江工商大学，2013．

［140］宋则，王京．新时期流通业的发展与经济结构的调整［J］．财

贸经济，2002（11）：26 - 31.

[141] 宋则，张弘．中国流通现代化评价指标体系研究 [J]．商业时代，2003（11）：2 - 3.

[142] 宋则．流通产业地位和效能需要重新看 [J]．中国经贸导刊，2003（19）：37.

[143] 宋则．中国流通创新前沿报告 [M]．北京：中国人民大学出版社，2004.

[144] 孙斌，彭纪生．中国知识产权保护政策与创新政策的协同演变研究 [J]．科技管理研究，2010（1）：37 - 39.

[145] 孙前进．日本现代流通政策体系的形成及演变 [J]．中国流通经济，2012，26（10）：13 - 18.

[146] 孙冶方．社会主义经济的若干理论问题 [M]．北京：人民出版社，1979.

[147] 孙钰，卢同，崔寅．京津冀交通一体化水平提升研究 [J]．生产力研究，2019，（11）：6 - 9.

[148] 唐未兵，傅元海，王展祥．技术创新、技术引进与经济增长方式转变 [J]．经济研究，2014（7）：31 - 43.

[149] 陶长琪，彭永樟．从要素驱动到创新驱动：制度质量视角下的经济增长动力转换与路径选择 [J]．数量经济技术经济研究，2018，35（7）：3 - 21.

[150] 田翠．我国商贸流通业先导作用机制研究——以上市公司为例 [J]．商业经济研究，2018（9）：28 - 30.

[151] 田村正纪．流通原理 [M]．吴小丁，王丽，译．北京：机械工业出版社，2007.

[152] 田岛义博．流通的活力 [M]．于淑华，译．北京：中国商业出版社，1999.

[153] 涂洪波，李崇光，孙剑．我国农产品流通现代化水平的实证研究——基于 2009 年省域的数据 [J]．北京工商大学学报（社会科学版），2013，28（1）：20 - 27，43.

[154] 涂洪波，赵晓飞，孙剑．我国农产品流通现代化的模糊综合评价 [J]．华中农业大学学报（社会科学版），2014（1）：78 - 85.

[155] 涂洪波．中美日法农产品流通现代化关键指标之比较 [J]．中国流通经济，2013，27（1）：22 - 27.

[156] 汪婷."营改增"背景下指出物流业发展的税收政策研究 [D].广州:暨南大学,2015.

[157] 汪旭晖,李璐琳.新常态下跨境电商的商业模式创新与政策体系设计 [J].当代经济管理,2018,40 (7):22-27.

[158] 汪渊.浙江省商贸流通现代化的测度及其对社会经济发展的影响分析 [D].杭州:浙江工商大学,2015.

[159] 王冲,肖洪安,王燕.我国农产品流通体系建设的政策体系构建 [J].农村经济,2012 (11):94-95.

[160] 王春宇,仲深.流通业对城市经济发展促进作用的实证分析——基于2001—2006年省会城市面板数据 [J].财贸经济,2009 (1):109-113.

[161] 王芳.流通业基础性和先导性作用研究——基于投入产出模型分析 [J].改革与战略,2016,32 (6):132-135.

[162] 王海燕,郑秀梅.创新驱动发展的理论基础、内涵与评价 [J].中国软科学,2017 (1):41-49.

[163] 王海燕.农产品流通体系效率测评与优化措施探索 [J].商业经济研究,2016 (4):166-168.

[164] 王家旭.我国农产品流通体系效率评价与优化路径 [D].哈尔滨:哈尔滨商业大学,2013.

[165] 王菊红,郝正亚.商贸流通业的产业先导作用、约束机制与路径选择 [J].商业时代,2014 (16):4-6.

[166] 王珺.以高质量发展推进新时代经济建设 [J].南方经济,2017 (10):1-2.

[167] 王洛忠,张艺君.我国新能源汽车产业政策协同问题研究——基于结构、过程与内容的三维框架 [J].中国行政管理,2017 (3):101-107.

[168] 王民浩.我国物流业税收政策研究及改革探讨 [D].成都:西南财经大学,2013.

[169] 王仁祥,孔德树.中国农产品流通效率评价模型构建及其应用 [J].辽宁大学学报 (哲学社会科学版),2014,42 (4):64-73.

[170] 王绍飞.论商品经济和社会主义的统一性 [J].财贸经济,1990 (6):3-10.

［171］王伟新，祁春节．我国农产品流通现代化评价指标体系的构建与测算［J］．经济问题探索，2013（1）：128 - 133.

［172］王先庆，房永辉．流通业成为"先导性产业"的约束条件和成长机制［J］．广东商学院学报，2007（6）：25 - 28, 86.

［173］王晓东，陈梁，武子歆．流通业效率对制造业绩效的影响——兼论供给侧结构性改革中的流通先导性［J］．经济理论与经济管理，2020（4）：82 - 99.

［174］王笑宇，廖斌．商贸流通业基础性和先导性作用的再认识——基于投入产出模型分析［J］．北京工商大学学报（社会科学版），2014, 29（3）：39 - 47.

［175］王德章，刘丽丽．现代流通业竞争力对区域经济发展的作用——以珠江三角洲为例［J］．商业研究，2006（13）：28 - 30.

［176］王德章，宋德军．流通业促进城市经济发展的实证分析［J］．财贸经济，2007（10）：98 - 102.

［177］王德章，张平．对我国商贸流通业发展方式转变的探讨［J］．中国流通经济，2014, 28（5）：21 - 26.

［178］王智庆．商贸流通业对区域经济发展的先导性作用及发展策略［J］．商业经济研究，2016（24）：200 - 202.

［179］威廉·配第．政治算术［M］．陈冬野，译．北京：商务印书馆，2014.

［180］吴建华．对现代服务概念的再认识——赴美商务考察的启示［J］．上海商业，1995（Z1）：226 - 227.

［181］吴金明．"二维五元"价值分析模型——关于支撑我国高质量发展的基本理论研究［J］．湖南社会科学，2018（3）：113 - 129.

［182］吴敬琏．中国流通业缺陷与出路［J］．商业时代，2003（1）：11 - 12.

［183］吴宪和，陈顺霞．流通经济学教程［M］．上海：上海财经大学出版社，2000.

［184］武钰敏．基于全球价值链的我国商贸流通业国际竞争力提升路径探讨［J］．商业经济研究，2015（30）：7 - 8.

［185］夏春玉，瞿春玲，李飞．中国商品流通现代化研究综述［J］．商业经济与管理，2010（9）：5 - 11.

［186］夏春玉，任博华．中国流通政策的构建——基于美日流通政策的比较研究［J］．经济与管理研究，2006（8）：48-54．

［187］夏春玉．商品流通产业的历史发展及其理论解说［J］．财经问题研究，1998（2）：71-76．

［188］夏春玉．中国物流政策体系：缺失与构建［J］．财贸经济，2004（8）：45-50，96．

［189］夏杰长．我国服务业发展的实证分析与财税政策选择［J］．经济与管理研究，2007（2）：20-24，60．

［190］夏锦文，吴先满，吕永刚，李慧．江苏经济高质量发展"拐点"：内涵、态势及对策［J］．现代经济探讨，2018（5）：1-5．

［191］夏天．创新驱动过程的阶段特征及其对创新型城市建设的启示［J］．科学学与科学技术管理，2010，31（2）：124-129．

［192］夏征农．辞海［M］．上海：上海辞书出版社，2003．

［193］向佐谊．民族地区流通产业发展研究［D］．长沙：中南大学，2012．

［194］肖湘，陈潇潇．标准化对商贸流通业国际竞争力影响实证研究［J］．商业经济研究，2020（13）：22-24．

［195］熊涓，左宇珊．浅论我国商贸流通产业发展路径与策略［J］．商业经济研究，2016（17）：15-16．

［196］徐从才．流通经济学：过程组织政策［M］．北京：中国人民大学出版社，2006．

［197］徐多，韩曙平．发达国家农产品流通模式经验及其启示［J］．商业经济研究，2020（10）：142-145．

［198］徐丽．长江经济带商贸流通业区域差异及影响因素分析［D］．重庆：重庆工商大学，2015．

［199］徐永安．加快推进浙江流通产业现代化的对策研究［J］．商业研究，2006（14）：75-78．

［200］许春华，金虹．论构建与国际接轨的农产品流通体系［J］．经济纵横，2001（5）：41-43．

［201］旭昕．中国商贸流通产业市场竞争力提升策略［J］．改革与战略，2017，33（6）：162-163，169．

［202］晏维龙．论我国流通产业现代化［N］．经济日报，2002-12-23．

［203］杨昌俊．社会主义商品经济条件下的生产和流通［J］．商业经济文荟，1987（3）：36－38.

［204］杨承训．改革主题：开发商品经济活力［J］．社会科学辑刊，1988（3）：37－41.

［205］杨光．新常态经济下流通产业发展趋势研究［J］．商业时代，2014（36）：4－5.

［206］杨龙志．流通产业在国民经济中起到先导性作用了吗——基于 VAR 格兰杰因果的实证研究［J］．财贸经济，2013（5）：62－70.

［207］杨伟民．贯彻中央经济工作会议精神推动高质量发展［J］．宏观经济管理，2018（2）：13－17.

［208］姚今观．建立新的农产品流通体系［J］．经济研究参考，1996（ZC）：42－43.

［209］姚瑶．基于供给侧结构性改革视角的中国流通业先导作用分析［J］．商业经济研究，2018（5）：14－16.

［210］叶舟．我国商贸流通业内部产业结构与税收的协调关系［J］．物流技术，2015，4（10）：26－28.

［211］依绍华．流通产业公共支撑体系构成及政府介入方式［J］．中国流通经济，2014，28（3）：17－22.

［212］殷华方，潘镇，鲁明泓．中国外商直接投资产业政策测量和有效性研究（1979—2003）［C］//2006 年江苏省哲学社会科学界学术大会论文集（上），2006：382－390.

［213］殷志扬，田春霞，傅进．农村地区商贸流通业现代化进程研究［J］．商业经济研究，2017（6）：158－160.

［214］余斌．经济高质量发展阶段中的转型升级与挑战［J］．中国经贸导刊，2018（3）：20－21.

［215］余欣．宏观产业政策对现代商贸流通业发展的影响［J］．商业经济研究，2020（6）：21－23.

［216］俞彤晖，郭守亭．中国流通效率的区域差异研究［J］．河南社会科学，2014，22（5）：66－70.

［217］俞彤晖．中国流通产业发展水平测度及其空间分布动态演进［J］．河南师范大学学报（哲学社会科学版），2018，45（3）：54－58.

［218］喻学德. 北京市流通服务业效率提升研究［D］. 北京：首都经济贸易大学，2017.

［219］袁平红，荆林波. 美国流通业对外直接投资的特征、经验及启示［J］. 国际经济评论，2018（2）：131 – 145.

［220］约瑟夫·熊彼特. 经济发展理论［M］. 何畏，等译. 北京：商务印书馆，1990.

［221］张宝友，朱卫平. 标准化对我国物流产业国际竞争力影响的实证研究［J］. 上海经济研究，2013，25（6）：50 – 59.

［222］张闯. 流通国际化背景下的流通政策比较研究［J］. 财贸经济，2005（2）：60 – 63.

［223］张程. 从服务产品到服务商品——服务商品概念的确立、考察和启示［J］. 南京医科大学学报（社会科学版），2005（3）：203 – 205.

［224］张得银，陈阿兴，丁宁. 基于使用价值的流通地位与作用研究［J］. 商业研究，2014（1）：55 – 59，131.

［225］张国兴，高秀林，汪应洛等. 我国节能减排政策的测量、演变与协同——基于1978至2012年政策数据的研究［C］. "管理学在中国"学术研讨会，2013 – 10 – 18.

［226］张国兴，高秀林. 我国节能减排政策措施的有效性研究［J］. 华东经济管理，2014，28（5）：45 – 50.

［227］张红程，韩红莲. 日本与美国鲜活农产品流通体系比较［J］. 世界农业，2013（3）：37 – 38，89.

［228］张鸿，贺瑞娟. 基于大数据的农产品流通效率实证研究［J］. 商业经济研究，2017（20）：128 – 130.

［229］张军扩. 高质量发展怎么看、怎么干？［N］. 经济日报，2018 – 02 – 01（14）.

［230］张军扩. 加快形成推动高质量发展的制度环境［J］. 中国发展观察，2018（1）：5 – 8.

［231］张来武. 科技创新驱动经济发展方式转变［J］. 中国软科学，2011（12）：1 – 5.

［232］张磊，王娜，谭向勇. 农产品流通效率的概念界定及评价指标设计［J］. 华东经济管理，2011，25（4）：18 – 21.

［233］张磊，王娜，张桂梅. 蔬菜一级批发商技术效率研究——基于

寿光农产品物流园蔬菜批发商户的调查 [J]. 商业研究, 2018 (1): 19 – 27, 86.

[234] 张蕾, 秦全德, 谢丽娇. 中国新能源汽车产业的政策协同研究——评估与演化 [J]. 北京理工大学学报 (社会科学版), 2020 (3): 26 – 35.

[235] 张丽霞. 商贸流通业发展的国际经验借鉴及启示 [J]. 国际经济合作, 2016 (4): 83 – 86.

[236] 张丽. 中部地区省会城市流通业竞争力比较 [J]. 商业时代, 2016 (7): 197 – 198.

[237] 张涛. 高质量发展的理论阐释及测度方法研究 [J]. 数量经济技术经济研究, 2020 (5): 23 – 42.

[238] 张文超. 现代流通业与高端服务业的价值链融合路径创新 [J]. 商业经济研究, 2017 (15): 158 – 160.

[239] 张小兰. 我国商贸流通业的税负水平及税收政策优化 [J]. 商业经济研究, 2016 (10): 106 – 107.

[240] 张晓萍, 石伟, 刘玉坤. 物流系统仿真 [M]. 北京: 清华大学出版社, 2008.

[241] 张永安, 马昱. 区域技术创新政策布局及量化评价 [J]. 统计与决策, 2017 (7): 54 – 57.

[242] 张永强, 张晓飞, 刘慧宇. 我国农产品流通效率的测度指标及实证分析 [J]. 农村经济, 2017 (4): 93 – 99.

[243] 张玉辉. 信息化与商贸流通服务业深度融合的发展路径研究 [J]. 中国商论, 2017 (1): 138 – 140.

[244] 张云华, 张天阳. 试析推动我国流通业发展的税收政策 [J]. 税务研究, 2013 (6): 8 – 12.

[245] 赵昌文. 推动我国经济实现高质量发展 [N]. 学习时报, 2017 – 12 – 25 (1).

[246] 赵大全. 实现经济高质量发展的思考与建议 [J]. 经济研究参考, 2018 (1): 7 – 9, 48.

[247] 赵尔烈, 于淑华. 借鉴日本经验, 建立我国市场经济的流通政策体系 [J]. 经济研究参考, 1993 (Z7): 370 – 380.

[248] 赵尔烈, 于淑华. 论日本流通政策体系及对我国的借鉴意义 [J]. 日本学刊, 1993 (6): 58 – 71.

［249］赵锋. 我国流通产业发展水平的测度与区域差异分析——基于
1997—2012 年数据的实证研究［J］. 广西社会科学，2014
（3）：79 - 83.

［250］赵锋. 中国流通产业发展水平区域差异实证研究［D］. 长沙：
中南大学，2013.

［251］赵锦. 中国网约车服务业的协同治理研究［D］. 武汉：华中
师范大学，2016.

［252］赵霖，吴苏楠. 我国商贸流通服务业在经济系统中的作用空间
效应——基于世界投入产出网络的实证分析［J］. 商业经济研
究，2017（18）：181 - 183.

［253］赵启纯. 制度质量对技术创新产出的门槛效应研究［J］. 宏观
经济研究，2017（5）：91 - 96.

［254］赵娴. 流通先导作用辨析［J］. 中国流通经济，2007（10）：
11 - 14.

［255］郑佳. 中国基本公共服务均等化政策协同研究［D］. 长春：
吉林大学，2010.

［256］郑书莉，盛亚，曹玉香. 浙江省流通产业区域竞争力评价［J］.
经济研究参考，2014（70）：76 - 81.

［257］郑轶. 供给侧改革背景下商贸流通业先导作用机制剖析［J］.
商业经济研究，2017（24）：5 - 7.

［258］郑有贵. 粮食流通体制改革：政策演变及其绩效分析［J］. 当
代中国史研究，1998（4）：24 - 35.

［259］中商流通生产力促进中心. 中国城市流通竞争力报告 2012
［M］. 北京：中国经济出版社，2013.

［260］仲为国，彭纪生，孙文祥. 政策测量、政策协同与技术绩效：
基于中国创新政策的实证研究（1978—2006）［J］. 科学学与
科学技术管理，2009，30（3）：54 - 60，95.

［261］周桂良，毛丽娜，吴鼎新，赵钢. 苏北农村现代化商贸流通市
场体系的构建、评价及发展对策［J］. 江苏农业科学，2014，
42（2）：385 - 387.

［262］周丽群. 新常态下我国内贸流通发展特点与政策建议——全
国内贸专家座谈会综述［J］. 中国流通经济，2015，29（3）：
17 - 23.

［263］周凌云，顾为东，张萍．新时期加快推进我国流通业现代化的战略思考［J］．宏观经济研究，2013（9）：32－38，76．

［264］周强，姜向阳．推进长沙商贸流通管理体制创新的路径选择［J］．湖南经济管理干部学院学报，2003（1）：37－38．

［265］周志忍，蒋敏娟．整体政府下的政策协同：理论与发达国家的当代实践［J］．国家行政学院学报，2010（6）：28－33．

［266］朱斌，尹月，辛路．商贸流通业的产业特性与地位研究［J］．商业经济研究，2016（16）：12－14．

［267］朱子云．中国经济增长的动力转换与政策选择［J］．数量经济技术经济研究，2017（3）：4－21．

［268］祝合良，叶萌．标准化对我国商贸流通业国际竞争力影响实证研究［J］．中国流通经济，2017，31（5）：3－11．

［269］Andersen K V，H K Hansen，A. Isaksen，and M. Raunio. Nordic City Regions in the Creative Class Debate – Putting the Creative Class Thesis to a Test［J］．*Industry and Innovation*，2010（17）：215－240．

［270］Anrooy R V. *Vertical Cooperation and Marketing Efficiency in the Aquaculture Products Marketing Chain：A National Perspective from Vietnam*［R/0L］．FAO Working Paper，2003．

［271］Arrow K J. Economic Welfare and the Allocation of Resources for Invention［J］．*NBER Chapters*，1962，12：609－626．

［272］Barrell R，Dury K，Hurst I. International Monetary Policy Coordination：An Evaluation Using A Large Econometric Model［J］．*Economic Modelling*，2003，20（3）：507－527．

［273］Birkinshaw J，Hamel G，Mol M J. Management Innovation［J］．*Academy of ManagementReview*，2008，33（4）：825－845．

［274］Burgess P M. Capacity Building and the Elements of Public Management［J］．*Public Administration Review*，1975（35）：705－716．

［275］Carley S. Decarbonization of the U. S. Electricity Sector：Are State Energy Policy Portfolios the Solution？［J］．*Energy Economics*，2011，33（5）：1004－1023．

［276］Carter D. Urban Regeneration，Digital Development Strategies，and the Knowledge Economy：Manchester Case Study［J］．*Journal of the Knowledge Economy*, 2013（4）: 169 – 189.

［277］ Challis L, Fuller S, Henwood M and et al. *Joint Approaches to Social Policy: Whatever happened to JASP* ［M］. Cambridge: Cambridge University Press, 1988.

［278］ Chen C, Wiser R, Mills A, et al. Weighing the Costs and Benefits of State Renewables Portfolio Standards in the United States: A Comparative Analysis of State – Level Policy Impact Projections ［J］. *Renewable & Sustainable Energy Reviews*, 2009, 13（3）: 552 – 566.

［279］ Clark Fred E. Criteria of Marketing Efficiency ［J］. *The American Economic Review*, 1921, 11（2）: 214 – 220.

［280］ Cools M, Brijs K, Tormans H, et al. Optimizing the Implementation of Policy Measures Through Social Acceptance Segmentation ［J］. *Transport Policy*, 2012, 22（4）: 80 – 87.

［281］ Daisukelda. Optimal Monetary Policy Rules in a Two – Country Economy with a Zero Bound on Nominal Interest Rates ［J］. *The North American Journal of Economics and Finance*, 2013, 24（1）: 223 – 242.

［282］ Fare R, Grosskopf S, Norris M, et al. Productivity Growth, Technical Progress, and Efficiency Change in Industrialized Countries ［J］. *American Economic Review*, 1994, 84（5）: 1040 – 1044.

［283］ Fischer C, Newell R. G. Environmental and Technology Policies for Climate Mitigation ［J］. *Journal of Environmental Economics and Management*, 2008, 55（2）: 142 – 162.

［284］ Furman J L, Hayes R. Catching up or Standing still? National Innovative Productivity among 'Follower' Countries, 1978—1999 ［J］. *Research Policy*, 2004, 33（9）: 1329 – 1354.

［285］ Furman J L, Porter M E, Stern S. The Determinants of National Innovative Capacity ［J］. *Research Policy*, 2002, 31（6）: 899 – 933.

［286］ Gittelman M. National Institutions, Public – Private Knowledge Flows, and Innovation Performance: A Comparative Study of the Biotechnology Industry in the US and France [J]. *Research Policy*, 2006, 35 (7): 1052 – 1068.

[287] Gray D Libecap. Economic Variables and Law Development: A Case of Western Mineral Property [J]. *Economic History Journal*, 1978, 12 (4): 16 – 49.

[288] Griliches Z. Issues in Assessing the Contribution of Research and Development to Productivity Growth [J]. *Bell Journal of Economics*, 1979, 10 (1): 92 – 116.

[289] Haken H. Synergetics: An Introduction [M]. Berlin: Spring – Verlag, 1983.

[290] Hansen B E. Inference When a Nuisance Parameter Is Not Identified Under the Null Hypothesis [J]. *Econometrica*, 1996, 64 (2): 413 – 430.

[291] Hansen B E. Sample Splitting and Threshold Estimation [J]. *Econometrica*, 2000, 68 (3): 575 – 603.

[292] Hansen B E. Threshold Effects in Non – Dynamic Panels: Estimation, Testing, and Inference [J]. *Journal of Econometrices*, 1999, 93 (2): 345 – 368.

[293] Herzog B. Coordination of Fiscal and Monetary Policy in CIS – Countries: A Theory of Optimum Fiscal Area? [J]. *Research in International Business & Finance*, 2006, 20 (2): 256 – 274.

[294] Hughes C E, Ritter A, Mabbitt N. Drug Policy Coordination: Identifying and Assessing Dimensions of Coordination [J]. *International Journal of Drug Policy*, 2013, 24 (3): 244 – 250.

[295] Iglesias G, Rio P D, Dopico J A. Policy Analysis of Authorisation Procedures for Wind Energy Deployment in Spain [J]. *Energy Policy*, 2011, 39 (7): 4067 – 4076.

[296] Jaffe A B. Technological Opportunity and Spillovers of R&D: Evidence from Firms' Patents, Profits and Market Value [J]. *American Economic Review*, 1986, 76 (5), 984 – 1001.

[297] Kung H, Schmid L. Innovation, Growth, and Asset Prices [J]. *Journal of Finance*, 2015, 70 (3): 1001 – 1037.

[298] Lamberg J A. Changing Sources of Competitive Advantage: Cogni-

tion and Path Dependence in the Finnish Retail Industry 1945—
1995 [J]. *Industrial & Corporate Change*, 2006, 15 (5): 811 –
846.

[299] Lorenzen M, Andersen K. Centrality and Creativity: Does Richard
Florida's Creative Class Offer New Insights into Urban Hierarchy?
[J]. *Economic Geography*, 2009, 85 (4): 363 – 390.

[300] Maier, Nina. Coordination and Cooperation in the European Marine
Strategy Framework Directive and the US National Ocean Policy
[J]. *Ocean & Coastal Management*, 2014 (92): 1 – 8.

[301] Mansfield E. *Industrial Research and Technological Innovation* [M].
New York: W W North, 1968.

[302] Matei A, Dogaru T. Coordination of Public Policies in Romania:
An Empirical Analysis [J]. *Procedia Social and Behavioral Sci-
ences*, 2013, 81 (2): 65 – 71.

[303] Mccarthy E J. *Competition advantage* [M]. NewYork: Free Press,
1999.

[304] Meijers E, Stead D. *Policy Integration: What Does it Mean and
How Can it Be Achieved? A Multi-disciplinary Review* [C]//Berlin
Conference on the Human Dimensions of Global Environmental
Change: Greening of Policies – Interlinkages and Policy Integra-
tion. 2004: 1 – 15.

[305] Metcalfe L, International Policy Co – Ordination and Public Man-
agement Reform [J]. *International Review of Administrative Sci-
ences*, 1994, 60 (2): 271 – 290.

[306] Mulford C L, & Rogers D L. *Definitions and Models* [M]//Rogers
D L & Whetten D A (Eds.). Interorganizational Coordination:
Theory, Research, and Implementation. Ames: Iowa State Univer-
sity Press, 1982: 9 – 31.

[307] Nishimura K G. The Distribution System of Japan and the United
States: a Comparative Study from the Viewpoint of Final-goods Buy-
ers [J]. *Japan & the World Economy*, 1993, 5 (3): 265 – 288.

[308] OECD. Regulation and Performance in the Distribution Sector [R].
Paris: OECD Working Papers, 1997, 5 (75): 1 – 68.

[309] Olaya Y, Dyner I. Modeling for Policy Assessment in the Natural Gas Industry [J]. Journal of the Operational Research Society, 2005, 56 (10): 1122 - 1131.

[310] Peters B G. Managing Horizontal Government: The Politics of Co - Ordination [J]. *Public Administration*, 1998, 76 (2): 295 - 311.

[311] Philip Kotler. The Role Played by the Broadening of Marketing Movement in the History of Marketing Thought [J]. *Journal of Public Policy & Marketing*, 2005, 24 (1): 114 - 116.

[312] Pollitt C. Joined-up Government: A Survey [J]. *Political Studies Review*, 2003, 1 (1): 34 - 49.

[313] Romer P M. Endogenous Technological Change [J]. *Journal of Political Economy*, 1990, 98 (5): 71 - 102.

[314] Shepherd G. S. *Agricultural Price Analysis* [M]. Ames: University of Iowa Press, 1963: 45.

[315] Singelmann J. From Agriculture to Services: The Transformation of Industrial Employment [J]. *Sage Library of Social Research*, 1978 (68): 165 - 171.

[316] Solow R M. Technical Change and the Aggregate Production Function [J]. *Review of Economics & Statistics*, 1957, 39 (3): 312 - 320.

[317] Sorensen C H, Longva F. Increased Coordination In Public Transport - Which Mechanisms Are Available? [J]. *Transport Policy*, 2011, 18 (1): 117 - 125.

[318] Suh H. Macroprudential Policy: Its Effects and Relationship to Monetary Policy [Z]. *Federal Reserve Bank of Philadelphia Working Paper*, 2012: 12 - 28.

[319] Theodore H Poister. *Public Program Analysis: Applied Research Methods* [M]. University Park Press, 1978.

[320] Vinciguerra S, Frenken K, Hoekman J, et al. European Infrastructure Networks and Regional Innovation in Science - Based Technologies [J]. *Economics of Innovation & New Technology*, 2011, 20 (5): 517 - 537.

图书在版编目（CIP）数据

流通服务业高质量发展的路径选择与政策体系构建/
李丽著.—北京：经济科学出版社，2022.2
国家社科基金后期资助项目
ISBN 978 - 7 - 5218 - 3260 - 0

Ⅰ.①流… Ⅱ.①李… Ⅲ.①商品流通 - 服务业 - 经济
发展 - 研究 - 中国 Ⅳ.①F724

中国版本图书馆 CIP 数据核字（2021）第 250564 号

责任编辑：刘 丽
责任校对：王苗苗
责任印制：范 艳

流通服务业高质量发展的路径选择与政策体系构建
李 丽 著
经济科学出版社出版、发行 新华书店经销
社址：北京市海淀区阜成路甲 28 号 邮编：100142
总编部电话：010 - 88191217 发行部电话：010 - 88191522
网址：www. esp. com. cn
电子邮箱：esp@ esp. com. cn
天猫网店：经济科学出版社旗舰店
网址：http：//jjkxcbs. tmall. com
固安华明印业有限公司印装
710 × 1000 16 开 21.25 印张 360000 字
2022 年 2 月第 1 版 2022 年 2 月第 1 次印刷
ISBN 978 - 7 - 5218 - 3260 - 0 定价：108.00 元
（图书出现印装问题，本社负责调换。电话：010 - 88191510）
（版权所有 侵权必究 打击盗版 举报热线：010 - 88191661
QQ：2242791300 营销中心电话：010 - 88191537
电子邮箱：dbts@ esp. com. cn）